帝国真相

AMERICA UNVEILED

昆仑支　著

新华出版社

序言
FOREWORD

摆在读者面前的，是一本关于美国历史的书，一本非比寻常的书。

非常之处在哪里？不妨先回顾近年一些重大涉美新闻。

2025年4月2日，美国总统特朗普在白宫签署行政令，宣布对全球贸易伙伴征收所谓"对等关税"。当白宫将这天称为美国"解放日"并为此庆祝新的美国工业"黄金时代"到来时，欧盟、加拿大、意大利、澳大利亚、巴西等贸易伙伴纷纷批评美国，经济学家们担忧这增加了美国经济衰退的风险，《经济学人》周刊封面写下"毁灭日：特朗普总统的盲目关税将引发经济浩劫"。

2025年1月，一场燃烧数十天的山火，将美国西海岸加利福尼亚州逾1.6万栋建筑和超5.5万英亩（约合222平方公里）土地烧毁，吞噬了近30条人命。就在灾区民众流离失所、前线消防员穿梭火场之时，美国却陷入"政治火海"，民主、共和两党政客就山火追责"点燃"骂战。

2024年12月1日，时任美国总统拜登宣布对其子亨特·

拜登进行特赦。特朗普在社交媒体上称拜登的赦免决定是"滥用司法"。而仅一个多月后，2025 年 1 月 20 日，特朗普重返白宫第一天即签署行政令，赦免约 1500 名"国会山骚乱"参与者，并为 14 名"国会山骚乱"参与者减刑。

2024 年 11 月 26 日，在纽约联合国总部举行的"声援巴勒斯坦人民国际日"纪念大会上，在加沙工作的美国儿科医生塔尼娅·哈吉·哈桑提及当地儿童的生存困境时声泪俱下。她对美国否决联合国安理会加沙停火决议的行为表示了谴责，各国代表纷纷为她鼓掌。在国际共识面前，美国的声音冷漠而孤单。

2024 年 7 月 13 日，特朗普在宾夕法尼亚州巴特勒市举行的竞选集会上发表演讲时，遭遇"未遂刺杀"。这起袭击是 1981 年时任总统罗纳德·里根遭枪击以来，针对美国总统或总统候选人的最严重刺杀图谋。美国政治"深度极化"导致政治暴力加剧的现象再次受到关注。

2023 年 10 月 3 日，美国众议院以 216 票赞成、210 票反对的投票结果罢免了当时的众议院议长凯文·麦卡锡。麦卡锡在当年年初经过 15 轮投票勉强当选众议长，履职仅 9 个月后就被迫下台，成为美国历史上首位被投票罢免的在任众议院议长。美国皮尤研究中心调查显示，近三分之二美国人对其国家的政治制度未来没有信心。

2022 年 6 月 24 日，美国联邦最高法院推翻近半个世纪前在联邦层面确立堕胎权的判例"罗诉韦德案"，意味着女性堕胎权将不再受美国宪法保护。大量美国民众走上街头抗议，支持堕胎和反堕胎的民众严重对立。

2021 年 8 月 16 日，美军撤离阿富汗首都喀布尔，仓皇起飞的 C-17 运输机上掉落多名试图搭机的阿富汗人。"一场史无前例的灾难"，美国国会议员麦考尔这样评价这场逃离行动。

2021 年 1 月 6 日，数千名美国人冲入首都华盛顿国会大厦，造成多人伤亡，议员狼狈逃走。社交媒体狂欢中，国会山骚乱画面瞬间传遍世界。

震惊世界的新闻，在美国时不时就会出现。21 世纪以来的美国大新闻，尤其让人深思。

这个世界头号强国怎么了？为何走到今日地步？它是否已经道义破产？

"我们撒谎、我们欺骗、我们偷窃，我们还有一门课程专门来教这些。这才是美国不断探索进取的荣耀。"2019 年 4 月 15 日，美国时任国务卿迈克·蓬佩奥在得克萨斯州农工大学的一次演讲中这样说。号称全球第一的国家政界要员，大庭广众之下如此厚颜无耻，令世界瞠目。

今日的新闻是明日的历史。新闻呈现的现实表象折射其背后本质和历史渊源。要想理解今天的美国，需要回顾它的过去。然而，阅读现有的美国历史书籍，人们可能很难找到解释这个国家现状的满意答案。

世界需要重新解读和认识美国的历史。基于这样的问题意识，于是有了这本《帝国真相》。

本书的新意，不在于新发掘了多少史实史料，而在于结合近年来的新闻现象，对既有史料的新阐释、新观察、新洞见。换个角度讲，本书至少有"三新"。

第一，史观之新。与以往西方史学者多抱持的精英史观不同，本书采用的是人民创造历史的史观。

马克思、恩格斯指出，历史活动是群众的活动。历史由人的实践活动构成，每个人都是历史的参与者。本书引用的人物有工人、农民、艺术家、家庭主妇，也有普通公务人员、学者等各行各业人士，他们的切身经历和感受汇成美国历史真实的底色。

根据新加坡国立大学柯成兴教授的研究，在 1980 年至 2010 年的 30 年间，美国是唯一一个占人口总数 50% 的底层民众平均收入下降的主要发达国家。美国白人工人阶级曾怀抱着过上更好生活的美国梦。如今，正如普林斯顿大学经济学者安妮·凯斯所说，现实和梦想之间横亘着"绝望之海"。美国已经成为一个由富豪统治的国家，所谓"民有、民治、民享"口号如今只不过是"极少数人有、极少数人治、极少数人享"。2020 年 9 月发布的最新社会进步指数显示，包括营养、安全、自由、环境、健康、教育等衡量一国居民的生活质量，美国的世界排名从第 19 位下降至第 28 位。《纽约时报》专栏作家纪思道证实了"日益加剧的痛苦和绝望"①。

第二，视角之新。与欧美人撰写美国史书时习惯的"西方中心论""美国中心论""美国例外论"等视角不同的是，本书采用的是全球史视角。而全球史视角又不同于西方学者所谓的"世界史"视角。全球史的视角更为宏大、全面，是属于 21 世纪的历史视角，它顺应发展中国家大觉醒的潮流，强调各个国家无论大小强弱一律平等。

---

① 转引自［新加坡］马凯硕《亚洲的 21 世纪》，全球化智库（CCG）译，中信出版集团 2023 年版，第 22—25 页。

在以西方或美国为中心的历史叙事下，我们在史书中较少听到非西方国家、非美国白人的声音。这是曾经的殖民者的惯用手段，伴随着优越论的假设，淡化所谓边缘国家、其他民族的记忆。美国政府描述的"光荣与梦想"，对于印第安人、墨西哥人、菲律宾人、阿富汗人、伊拉克人、非洲人，乃至美国国内移民、少数族裔等群体来说，是浸透纸背的血泪与心酸。

本书引用的很多故事、人物的来源地不只在美国，还在拉美、在中东、在非洲、在亚洲……不仅仅是新闻，更是一张张记忆拼图，从不同地域视角的故事带领读者重新认识美国和美国人。

21世纪对全球历史的叙述者不应只由西方人担任。这个世纪的历史记忆必将由更多国家人民的参与，现代化知识的创造也必将来自他们。

第三，价值之新。本书的一个重要出发点是深刻检视长期以来美国自诩的高高在上的美式价值，启发读者思考在21世纪的全新全球历史发展大势中，什么才是真正符合全人类利益的共同价值。

美国原有历史叙事中，长期强调"山巅之城""上帝选民""天定命运"等宗教思想以及"自由、民主、人权"等其认为的普世价值。这些"美国价值"曾一度伴随美国走上世界霸权地位而被广泛传播。而透过历史的棱镜，人们可以看到这些美式价值并非其真实的动机和追求。事实上，从一开始，美国就带有商业利益驱动和开疆拓土冲动的暴力基因，是金钱政治下赤裸裸的社会达尔文主义。

在霸权美国的历史足迹中，民主、自由、人权成了美国全球干涉主义的托词，所谓民主成为颠覆别国政权，所谓保护人权成为侵犯人权，所谓自由成为个人主义过度……在"虚构美国"与"真实美国"这两个美国的张力间，读者可以感受到历史的力量。

不能否认，20 世纪的美国成长为世界最强大国家。但同时，美国想要维护永恒霸权的观念是对全人类的真正威胁。

作为全球系统中的重要国家，美国的举手投足都会对世界造成外溢影响。应该看到，美国霸权衰落是一个较长的历史过程，在这个过程中美国仍然保持着国力最强国家的地位。霸权衰落也并不等于美国综合国力的衰弱。当前的国际体系，包括联合国体系、西方盟国体系和国际货币金融体系是二战后由美国主导建立的，现在美国仍然具有决定性影响力。

在这一情况下，我们更应警惕美国权界包藏的祸心，对其建起"小院高墙"、无所不用其极打压追赶者的行为要做好防范。

以史为鉴，察往知来。

在这个动荡变革期中，世界对美国历史的新认知将使我们保持一份战略清醒。

是为序。

昆仑支

2025 年 4 月 7 日

导　言

今日美国，一切似乎都在逆转。

"天选之地""山巅之城""自由国度""民主灯塔"……昔日种种光环，纷纷褪色。

国内，嫌贫爱富，资本无节，枪支失控，滥杀无辜，种族主义，空虚堕落……一个号称全球第一的国家却成为很多人物质和精神上的无依之所。

国外，长臂管辖，全球攫取，制造冲突，输出战争，挑拨离间，颜色革命……一个自诩领导世界的国家，俨然已是唯恐天下不乱的邪恶霸权。

那些曾经的所谓美好，诱人的美式价值，仿佛虚构的幻象、骗人的法术。

根源何在？

近年来，全球史学界出现反思美国历史研究的思潮。历史学家和教育家纷纷指出美国历史教科书及长期历史教学实践中对真实历史的扭曲。

这种扭曲主要体现在四个方面。

首先，美国历史教学和研究长期忽视种族主义，甚至为种族主义历史辩护。1995 年出版的《老师告诉你的谎言》① 一书分析了 12 本历史教

---

① James W. Loewen，*Lies My Teacher Told Me*：*Everything Your American History Textbook Got Wrong*，The New Press，1995.

科书，其中只有 5 本在索引中专门列出"种族主义""种族偏见"等专门名词。

其次，美国历史研究中对于奴隶制的描述充满偏差，缺乏对奴隶制本质的揭批，扭曲了民众的理解。例如，美国皮尤研究中心的调查报告显示，美国大多数成年人认为美国内战的原因是"州权之争"，而不是奴隶制存废之争。

再次，美国历史研究过于以白人历史为中心，对内忽视了少数族裔对美国的贡献，缺乏足够的代表性；对外缺乏对其他国家历史的公允评价，缺乏平衡性。《美国的重新发现：原住民与美国历史的毁灭》[①] 一书认为，传统美国历史研究坚称美洲"被发现"、坚持"欧洲人的优越性"，持续滋生排斥和误解。

最后，美国历史研究受到较强的政治和党派影响，不同地域的历史教科书往往对同一历史事件采信带有明显政治倾向的不同观点。《纽约时报》分析加利福尼亚州和得克萨斯州 8 本常用美国历史教科书，发现数百处差异，在资本应受到什么样的限制、移民是不是国家的负担、奴隶制在多大程度上带来负面影响等问题上存在着迥然不同的观点。

历史如镜。审视今天的美国，需要戳穿那些曾经粉饰的历史妆容。世界需要新编的美国史，需要重新审视和解构那些被偷换的现实、被美化的价值。

本书共分十章，选取十个侧面，呈现那些被选择性忽视的美国历史另一面。

第一章直视美国的身份困境。以文化视角看，曾经让人羡慕的"大熔炉"理论描述的自由公平、种族平等、文化融合图景，不过是种想象。"盎撒—新教文化"所衍生出的系统性种族主义始终存在。进入 21 世纪，美国人口构成变化更催生出尖锐的文化认同冲突。

---

① Ned Blackhawk，*The Rediscovery of America：Native Peoples and the Unmaking of U. S. History*，Yale University Press，2023.

第二章聚焦北美原住民血泪史。哥伦布发现美洲大陆的事件总被描绘成一部英雄史诗。然而，对于早已生活在这片土地上的印第安人等原住民而言，这却是他们近乎种族灭绝的开端。殖民者带来致命瘟疫，带来战争与杀戮，让万千印第安人命丧迁移途中。殖民者更带来对原住民文明的摧毁，寄宿学校成为数十万原住民儿童的恐怖梦魇。时至今日，原住民依然"被隐形"在美国社会之中。

第三章反思美国的种族歧视，呈现黑人在美国历史中的悲惨处境。从17世纪初第一批非洲黑人被贩运至北美殖民地，就埋下种族主义和不平等的国家基因。奴隶制度、种族隔离、被压迫的民权，直到今天仍让人"无法呼吸"。

第四章分析美式民主的虚伪。近年来美国种种政治乱象令人质疑，曾经自认为"历史终结"的美式制度早已沉疴难治。回望美国政治制度史，不难发现，从设计之初起，公民就从未被赋予平等的政治权利。经过多年运作，本应服务于公共目的的政治制度，已被强大的私人利益集团绑架。金钱政治占据美国民主的中枢，政治极化导致矛盾冲突日趋激烈。运行200多年的美国政治体系已出现"机能性障碍"。

第五章揭穿"美国梦"的谎言。自英国移民抵达北美大陆，"美国梦"便如一条金线穿梭于美国历史。它的意涵不断被改变、重塑，但美国文化的剥削基因让它始终具有极强两面性：一面是实现梦想的少数人；另一面是踏脚石、牺牲品，是禁锢在不平等社会结构中的大多数。这般"美国梦"塑造了高度不平等的美国社会，无疑是"最危险的迷思"。

第六章讲述"美国例外论"的"国家幻想"。在此之上衍生的"人权外交"和"民主输出"根本无关"人权""民主"，而是美国维护全球霸权和战略地缘目标的工具。这名自诩的"世界人权判官"以保护"人权"为名，行破坏干预之实，是全球和平发展的破坏者、人权进步的绊脚石。

第七章剖析美国热衷暴力的历史基因。尽管自称热爱和平，战争却贯穿美国历史并影响每一代美国人。为军事扩张和对外战争赋予正当性的思想理论根植于美国历史各个阶段，它们深入美利坚民族身份认同，成为治国方略的指导原则。

第八章解析美国的金融"炼金术"。从"黄金美元"到"石油美元"，再到"军力美元"，美元霸权的确立、巩固和演化具有鲜明的战争和强权烙印。为维护美元，美国不惜动用军事干预、金融战、贸易战等一切手段。同时，美联储深陷"特里芬难题"，在"开闸放水""落闸限流"之间，将问题转嫁给世界，从世界"吸血"。

第九章打开"美国盗版"的历史逻辑。建国200多年，美国人看待知识产权观点深刻变化，从窃取技术有理、盗版侵权有凭，到专利体系复杂、合规代价巨大。美国联邦政府政策从拒不承认外国专利，到强推全球保护体系。究其根源，无非利益。早期发展"抄近道"，确立优势"讲霸道"。在"盗版者"和"卫道士"之间的角色切换，与美国国际地位变化同步，见证价值和理想之下的美式现实主义。

第十章聚焦美国科技垄断。从起初靠"借"英国技术来实现自身工业化发展，到二战后大规模窃取德国技术以增强本国科技实力，再到为赢得冷战对苏联实施技术遏制战略，又到无所不用其极地打压他国科技发展……美国科技霸权主义的背后，是其称霸全球的野心和不择手段。

美国的另类历史，令人扼腕。道义的崩塌，更令人唏嘘。

从欧洲殖民者登岸起，这块北美大陆就不再是平静的乐土。美国自身的知识界，也不乏清醒的思考。

"他们不再尊敬美国，这情有可原"，《纽约时报》专栏作家托马斯·弗里德曼承认。"精英朽坏"，历史学家尼尔·弗格森叹息。

不可小觑的是，祛魅的霸权，依然掌控着强大力量。若约束不力，这种力量对于全世界，可能是毁灭性的负能量。美国何去何从？是今日世界的重大挑战。

世界需要看到美国暗黑的过去，认清它暴戾的现实，警惕它危险的未来。

第一章　合众与分裂

"美国是上帝的坩埚……德意志人和法兰西人，爱尔兰人和英格兰人，犹太人和俄罗斯人——他们都同你一同进了这口坩埚？上帝正在制造美国人……东方和西方，南方和北方，棕榈和松树，极地和赤道——伟大的炼金术士将怎样运用自己的净化之火才能把它们熔解并融合在一起！"

——1908 年美国戏剧《大熔炉》①

2023 年，迪士尼翻拍的真人版《小美人鱼》电影上映，引起了一场全美范围的大辩论。实际上，辩论从 2022 年 9 月电影预告片披露时就开始了，数月都没有停歇。

争论在于，美人鱼公主爱丽儿是黑人，是迪士尼历史上第一位黑人公主，打破了"公主都是白人"的迪士尼传统。一些人说，迪士尼利用种族来赚钱；有人发问：谁能说出从小就崇拜的虚构黑人超级女英雄或公主吗；也有人说，"她看起来像我"，"这证明了代表性的重要性"②；还有人说，她非常伤心，因为爱丽儿是黑人，"她不再感到自己

---

① Israel Zangwill, *The Melting Pot*, New York: The Macmillan Co., 1909, pp. 37, 199; https://www.gutenberg.org/files/23893/23893-h/23893-h.htm; https://reimaginingmigration.org/excerpt-from-the-play-the-melting-pot/.

② Remy Tumin, "A New Ariel Inspires Joy for Young Black Girls: 'She Looks Like Me'", Sept. 14, 2022, https://www.nytimes.com/2022/09/14/arts/little-mermaid-trailer-halle-bailey.html.

有代表性"① ……

这种争论，乃至争斗、冲突，甚至是"战争"，已经越来越成为美国社会的一个显著特征。其背后，是美国人的身份和代表性之争，是盎格鲁-撒克逊白人身份与其他种族身份的碰撞；往更深层次讲，是美国历史与文化之争，也是各个群体、集团、党派240多年来，或者更远一些，400多年来的权力之争。

美国宪法并没有定义谁是美国人民。那么，何谓美国人，关乎如何诠释美国的过去，也关乎如何定义美国的未来。

一　谁是美国人？

谁是美国人？

是印第安人等北美大陆原住民？

是哥伦布发现美洲大陆后自愿从欧洲迁徙的人？

是清教徒、流放犯、士兵、海员、妓女、被拐骗的女子和仆役？

是白种人、瓦斯普白人［White Anglo-Saxon Protestant（WASP），盎格鲁-撒克逊白人新教徒］、红种人、黑种人、黄种人、棕色人？

是2020年人口普查中总数约4400万的外来移民？②

……

人，是一切社会关系的总和，是认识一个民族、一个国家的基本单位，是了解一国历史的关键切入点。

然而，谁是美国人，长期以来却是个大问题。

人们提到美国人的历史，往往把"哥伦布大发现"作为开端。而事

---

① Karen Attiah, "I asked people for a favorite Black princess or superheroine. They struggled", June 7, 2023, https：//www.washingtonpost.com/opinions/2023/06/07/ariel - black - superheroines - princesses/.

② U. S. Census 2020 American Community Survey 5-year Estimates, https：//www.ilctr.org/quick-us - immigration - statistics/? gclid = EAIaIQobChMIkLXf1Nrq _ wIVUXdgCh3meAN8EAA YAiAAEgIGQvD _ BwE.

实上，在 15 世纪 90 年代欧洲人远航探险之前的数千年，这片广袤的大陆就迎来了最早的定居者，并且发展了文明。

古人类学家长期以来认为，美洲的首批定居者是来自西伯利亚的那些擅长猎获大型动物的游牧部落。这些旅居者跨过了连接东北亚和阿拉斯加的陆桥进行迁移。①

20 世纪初，在现今伊利诺伊州东圣路易斯附近，即密西西比河与密苏里河的交汇处，考古学家发现了一个始于公元 600 年的大规模的定居社区，称其为卡霍基亚。大约在 1150 年，也就是哥伦布远航之前约 300 年的时候，卡霍基亚发展到其文明的顶峰时期，人口大约有 1.5 万人，控制着一片与纽约州类似大小的区域，成为贸易、商业、手工业以及宗教和政治活动的主要中心之一。这是现今美国土地上第一个真正的城市中心。②

还有更多的是，这片大陆的北部、东部、东南部等地都有着人口稠密、丰富多彩而高级的文明，贸易中心星罗棋布，他们的祖先都可以追溯到数千年前。

不过，在美国人认定的历史中，卡霍基亚，或者其他早期北美城市或中心，并没有在美国文明中占据一席之地。

后哥伦布时期，一批批欧洲人陆续踏上了这片土地。在大约一个世纪欧洲各国的各类人群向北美移民的角逐中，英国人首先站稳了脚跟。随即，他们以"定居者"自居，自认为是这片大陆的"主人"。而早已诞生文明的北美大陆在他们眼中只是一块空白的写字板。

作为美利坚合众国前期的有组织移民，一般从 1607 年 100 多名英国

① 古人类学家观点综合自［美］马克・C. 卡恩斯、约翰・A. 加勒迪编著《美国通史》（第 12 版），吴金平、许双如、刘燕玲等译，吴金平校订，山东画报出版社 2008 年版；［美］加里・纳什等编著《美国人民：创建一个国家和一种社会》（第 8 版），刘德斌等译，北京大学出版社 2018 年版；［英］苏珊-玛丽・格兰特《剑桥美国史》，董晨宇、成思译，新星出版社 2017 年版。

② ［美］加里・纳什等：《美国人民：创建一个国家和一种社会》（第 8 版），刘德斌等译，北京大学出版社 2018 年版，第 11 页；［美］马克・C. 卡恩斯、约翰・A. 加勒迪编著：《美国通史》（第 12 版），吴金平、许双如、刘燕玲等译，吴金平校订，山东画报出版社 2008 年版，第 11 页；卡霍基亚官网，https：//cahokiamounds.org/learn/。

人在詹姆斯敦登陆算起。不过历史学家更重视的事件是 1620 年"五月花"号的抵达。这一事件的意义不仅是英国移民在普利茅斯建立了第一个殖民地,而且上岸之前在船上通过了著名的《五月花公约》,为日后美国的建国模式和政治文化打下了基础。

建立美利坚合众国的人们,也是北美殖民地的那些人,他们认为自己是"定居者",而非"移民"。这样自我定位的意识深刻影响了美利坚民族的形成和发展。

定居者和移民的称谓是有根本区别的。在美国,immigrant(移民)这一名词是在 18 世纪 80 年代才出现于英语之中,指当时外来的移民者,以区别于早先的定居者。

政治学家塞缪尔·亨廷顿这样定义:定居者是离开一个现有的社会,通常是成群出走,以便建立一个新的群体,其位置是在一个新的、通常是遥远的疆域。他们充满了一种集体目的感,他们或明或暗地恪守一个协约或章程,它构成他们所建立的群体的基础并界定他们与自己祖国的关系。相比之下,移民并不是建立一个新社会,而是从一个社会转移到一个不同的社会。这种人口流动通常是个人采取的行动,涉及的是个人及其家属,以个人的方式界定他们与原居国和新居国的关系。①

殖民初期,殖民地的主要"定居者"是英国人,这就决定了美国的主流人群在欧洲人中最主要的是盎格鲁-撒克逊人。社会学家米尔顿·戈登这样解释他们作为"定居者"的行为意识:他们极少意识到自己仅仅是美国居民中的一个群体,他们认为自己居住在美国,而其他人不过是以各自"群体"的方式生活在美国而已。人们有时会提到一个具有荒谬讽刺想象的俚语,即鱼儿永远也不会发现水。②

这些大陆后来者却变身为"定居者"主体的盎格鲁-撒克逊人,根据人种和民族属性及文化,尤其根据宗教信仰来界定这个社会,并且在寻

---

① [美]塞缪尔·亨廷顿:《谁是美国人?——美国国民特性面临的挑战》,程克雄译,新华出版社 2010 年版,第 31 页。

② [美]米尔顿·戈登:《美国生活中的同化:种族、宗教和族源的角色》,马戎译,译林出版社 2015 年版,第 3 页。

求独立的时候，又创造了"新世界""新人类"的说法。

实际上，在北美大陆，德国人、苏格兰人、苏格兰—爱尔兰人、荷兰人、法国人、瑞典人、芬兰人，及其他民族的一些散居者、一部分葡萄牙和西班牙的犹太人也来了。不过，他们只分配到了"移民"的角色。

从历史上看，美国的特性涉及四个主要组成部分：人种、民族属性、文化（最突出的是语言和宗教）以及意识形态。

人口结构上体现出了所谓"定居者"与"移民"的区别。在 1790 年，美国人口，除印第安人以外，共 392.9 万人，其中 69.8 万人是奴隶，不被视为美国社会成员。白人当中，60% 是英格兰人，加上英国其他地方来的人，不列颠人共占 80%，其余白人主要是德意志人和荷兰人。从宗教信仰看，98% 是新教徒。除黑人以外，美国从人种、民族属性和宗教来看，当时都是一个高度均质的社会。①

从文化上来看，美国人在 18 世纪后期实现独立时，人口不多，而且基本上是白人（当时黑人和印第安人还不具有公民身份），是英裔人和新教徒，有着共同的文化，绝大多数人忠于《独立宣言》、宪法及其他开国文献中所体现的政治原则。他们的价值观、体制和文化深刻影响了美国的发展。

历史学家大卫·哈克特·费舍尔在他的学术著作《阿尔比恩的种子》中指出，17 至 18 世纪从英国来此定居的人按照他们在英格兰的原籍、社会经济地位、所属教会以及定居时间来看，可分为四大类。这四个群体有很多共同的特质：都说英语，是新教徒，大多数人遵循英国法律，并崇尚英式自由。"从文化上来讲，大多数美国人不论其先辈如何，都属于英国人后裔……在现今美国这个有自由意志的社会里，早期英裔定居者的四种民风的遗产依然是最强有力的决定因素。"②

文化地理学家威尔伯·泽林斯基将这一现象称作"第一有效定居理

---

① ［美］塞缪尔·亨廷顿：《谁是美国人？——美国国民特性面临的挑战》，程克雄译，新华出版社 2010 年版，第 34 页。

② David Hackett Fischer, *Albion's Seed*：*Four British Folkways in America*，New York：Oxford University Press，1989，pp. 6-7.

论"。他认为,在新的疆域,"能有效建立一个有生命力的、能自我延续社会的第一批人,其特性对该地区此后的社会和文化地理具有决定性的意义,不论这头批定居者人数多少都是如此……就持久影响而言,最初垦殖者即使只是几百人甚至几十人,其活动对该地文化地理所具有的意义,也可能远远大于几代人之后的成万新移民的贡献"①。

就像移民史学家约翰·海厄姆所说的,在独立革命以前,英国殖民者认为"自己是开创者、定居者或先驱者,是那些殖民社会的形成者,而不是移民。这里的政体、语言、工作和生活模式以及许多的习俗都是他们的,而移民必须适应这一切"②。这意味着,最初的英格兰或称盎格鲁-撒克逊"定居者"的生活方式几乎控制着整个社会,并且发展出居主导地位的政治文化、政治体制、语言、工作和居住模式以及许多的习俗,而后来的"移民"必须适应这些。

自美国独立后,无论是自居的"定居者",还是被视作的"移民",都摇身一变成了美国人。如此,可称作美国历史上最初的同化浪潮,即盎格鲁-撒克逊"定居者"对其他欧洲"移民"的融合与同化,从而产生了"美国人"或称"美利坚民族"。

这就不能不提到闻名于世的世纪之问——克雷弗克之问。1759 年,出生在法国的一位浪漫作家兼农学家埃克托尔·圣约翰·克雷弗克前往美洲殖民地,娶了一位当地女子为妻,并在纽约殖民地一处农场定居下来。独立战争期间,克雷弗克观察着横空出世的美国"新人",写下了一本小书《来自一个美国农民的信》。在书中,他提出了一个著名的问题:究竟什么是美国人,这个新人种呢?

他给自己的提问提供了一个答案:"他是一个美国人,抛弃了他所有的古老偏见和习俗,同时从他所诚心接纳的全新生活方式、所服从的新

---

① Wilbur Zelinsky, *The Cultural Geography of the United States*, Englewood Clifs, NJ: Prentice Hall, 1992, pp. 13–14.

② John Higham, *Sent These to Me: Fews and Other Immigrants in Urban America*, New York: Atheneum, 1975, p. 6.

政府和所享有的新社会地位中，接受新的偏见和习俗。美国人就是那种依照新规则行事的新民族……在这里，原先来自各国的人口逐步融合为一个全新的民族。"①

不过，克雷弗克所说的美国"新人"，所畅想的融合出的全新的美利坚民族，只是"英格兰人、苏格兰人、爱尔兰人、法兰西人、德意志人和瑞典人的合成体"。而北美大陆上，并不是只有这些人。

米尔顿·戈登看清了这一点，他认为美利坚"新人"只是一个神话，一个海市蜃楼。他说，站在一定距离之外来看，大厦上飘扬的是包括了所有美国人在内的美利坚民族性的旗帜，但是更仔细地审视，这只是一个特定族群（盎格鲁－撒克逊白人新教徒）的俱乐部旗帜。在这些框架下，向具有其他族群背景的人所发出的任何一种人们所能想到的"邀请"都是勉强和虚伪的，而且也必然会变为空洞的许诺。②

二　熔炉还是嬗变炉

2023 年 1 月，美国大学理事会提供的一门教授非洲裔美国人历史的大学预修课程（AP 课程）在佛罗里达州被阻拦——保守派共和党人罗恩·德桑蒂斯领导的佛州政府以课程"向学生灌输政治理念、无教育价值"为由，禁止本州学校开设该课程。③ 此举招致大学理事会强烈批评。美国教师联合会主席兰迪·温加滕在社交媒体推特上发文质问："如何抹得掉整个（美国）黑人历史？"④

① J. Hector St. John Crèvecoeur, *Letter from an American Farmer and Sketches of 18th-Century America*, New York: Penguin, 1981, pp. 68, 70.

② ［美］米尔顿·戈登：《美国生活中的同化：种族、宗教和族源的角色》，马戎译，译林出版社 2015 年版，第 102 页。

③ Patricia Mazzei and Anemona Hartocollis, "Florida Rejects A. P. African American Studies Class", Jan. 19, 2023, https: //www. nytimes. com/2023/01/19/us/desantis - florida - ap - african - american - studies. html.

④ Taylor Penley, "Randi Weingarten lambasts DeSantis over AP African-American Studies course ban: 'Stop the race baiting' ", Feb. 2, 2023, https: //www. foxnews. com/media/randi - weingarten - lambasts-desantis-ap-african-american-studies-ban-stop-race-baiting.

佛罗里达州不是第一次出现关于美国历史教育的争斗。2022 年 4 月，佛罗里达州教育部门发出禁令，在 132 本拟用于公立学校的数学教科书中，有 42 本受禁，给出的原因是这些书包含了敏感话题和未经政府批准的策略，包括社会情感学习和批判性种族理论。①

这似乎是 20 世纪八九十年代围绕美国全国历史教科书改革大辩论的历史回响，当时的矛头直指本科生必修的西方文化课。

1987 年，斯坦福大学西方文化的核心课程引发了一场争议。那一年，民权运动领袖杰西·杰克逊牧师领着一群斯坦福大学生高唱"嘿，嘿，嗬，嗬，西方文化靠边走"②，立刻使斯坦福成为全国关注的焦点。他们指责西方传统文化实际上是"白色男性有产者"建立的文化，③ 从本质上是反对并压迫其他非西方种族的，要求在文化史的课程中以第三世界的文学历史和女权主义的作品来代替柏拉图、荷马和马基雅维利等人的传统西方经典著作，从而彰显其文化本源的尊严。斯坦福的学生们迫使校方修改了课程，随后，哥伦比亚、芝加哥、密歇根、威斯康星、加州等地区的一大批大学也采取了不同形式的改革。

历史不仅仅是一门学科，它在国家走向未来的过程中扮演着独特的角色。历史之于国家就像回忆之于个人。一个人被剥夺了记忆，会感到无助和迷失，全然忘记他去过哪里或即将前往何处。④

如何解释历史关系到如何塑造未来。那么，如何给美国和美国文明下一个定义？问题的焦点是，如何看待美国历史，即美国的历史是否应该从根本上改写，不再承认白人基督教文明的主流地位。

对此，塞缪尔·亨廷顿曾提出了一串问题：美国的特性是由其欧洲

① Dana Goldstein, "Florida Rejects Math Textbooks, Citing 'Prohibited Topics'", April 18, 2022, https://www.nytimes.com/2022/04/18/us/florida-math-textbooks-critical-race-theory.html.

② [美] 弗朗西斯·福山：《身份政治：对尊严与认同的渴求》，刘芳译，中译出版社 2021 年版，第 101 页。

③ 资中筠：《20 世纪的美国》，商务印书馆 2018 年版，第 309 页。

④ [美] 小阿瑟·施莱辛格：《美国的分裂：对多元文化社会的思考》，王聪悦译，上海译文出版社 2021 年版，第 23 页。

传统和体制所决定的？美国是不是像"美国例外论"的鼓吹者 200 多年来所说的那样，有自己独特的文明？美国是多文化的，还是双文化的，抑或是单文化的；是一幅镶嵌画，还是一个大坩埚？[①]

在美国建国 240 多年、21 世纪的当下，这些问题对于美国人来说依然存在，且愈发突出。

不少美国史书把美国和美国文明的形成与发展描绘成一场"相遇"，即欧洲白人与美洲原住民和非洲黑人的三方相遇。

当人们相遇时，将会发生什么事情呢？他们的"相遇"是这样一幅图景：殖民征服、军事占领、为容纳多个族群而对疆域进行的重新划定、大规模的贸易和传教活动、土著人的重新安置，还有使人口族群构成变得更加复杂的移民等。在整个过程中，白人征服者按自己的意愿对这片大陆进行安排。

一些社会学家和文化人类学家用诸如"同化"或"文化适应"这些术语来描述族群之间的"相遇"过程和结果。如人类学家罗伯特·雷德菲尔德、拉尔夫·林顿和梅尔维尔·赫尔斯科维兹给"文化适应"下的定义是："文化适应"包括的是如下现象，当具有不同文化的各群体进行持续而直接的接触后，双方或一方原有文化模式因之而发生的变迁。[②]

而在《社会学词典》中，"同化"被定义为：不同文化或代表不同文化的个人或群体融入一个同质性单元的过程。本质上，同化是一种民族性模式对另一种民族性模式的取代。一般而言，力量较弱或数量上处于劣势的群体不得不对自身进行这些修正。[③]

于是，人们认为，在"相遇"后，无论是经过适应，还是同化，一

---

①　［美］塞缪尔·亨廷顿：《谁是美国人？——美国国民特性面临的挑战》，程克雄译，新华出版社 2010 年版，第 7—8 页。

②　Robert Redfield, Ralph Linton, and Melville J. Herskovits, "Memorandum for the Study of Accul-turation", *American Anthropologist*, Vol. 38, No. 1, January–March 1936, p. 149.

③　Henry Pratt Fairchild, ed., *Dictionary of Sociology*, New York: Philosophical Library, 1944, pp. 276–277.

种新的文化体系渐渐形成。它是盎格鲁-撒克逊群体与其他移民群体生物学的合并，是文化的混合，是"熔炉"的产物。

美国的"熔炉"理论在文明"相遇"的过程应运而生。

1908 年，俄裔犹太血统作家伊斯雷尔·赞格威尔编写的戏剧《大熔炉》在美国上演，引发了广泛的讨论，还得到了西奥多·罗斯福总统的赞许。那个时期正是美国南北战争结束以后的新移民的新高潮——从那时到第一次世界大战结束的半个世纪中，新移民达 2700 万人，略超过美

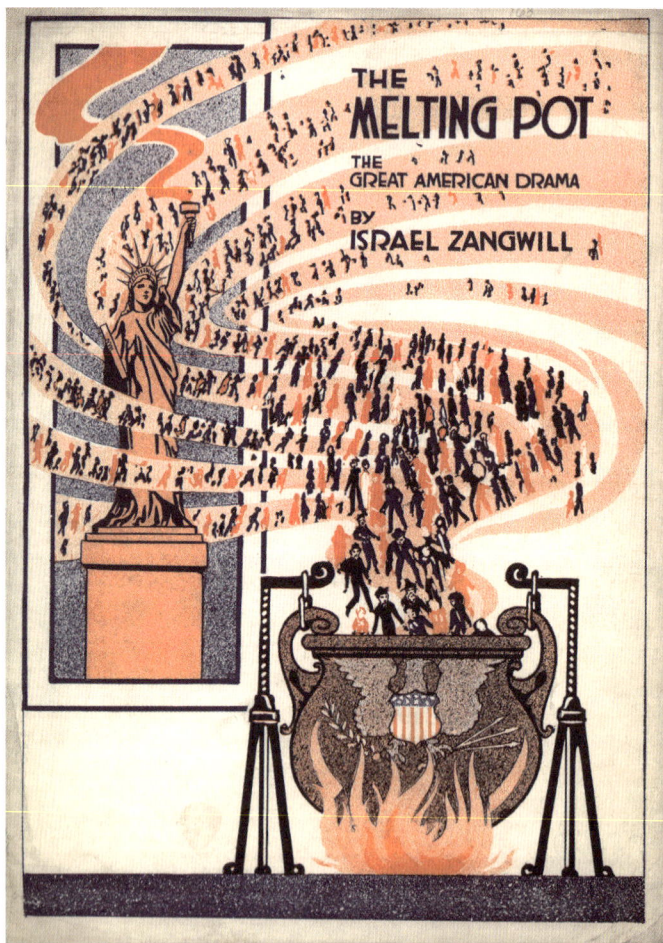

图 1-1　美国戏剧《大熔炉》海报

资料来源：西奥多·罗斯福中心网站（Theodore Roosevelt Center, TR Center）。

国 1850 年时的全部人口。

《大熔炉》讲述了一位年轻的俄裔犹太剧作家，在纽约克服种族羁绊，与信仰基督教的美丽女孩结为夫妇。高潮场面在戏剧的结尾，在曼哈顿一处居民楼的屋顶花园，夕阳映衬下，自由女神像闪闪发光，剧作家和爱人一起喊出“大熔炉”，并说：是的，东方和西方，南方和北方，棕榈和松树，极地和赤道——伟大的炼金术士将怎样运用自己的净化之火才能把它们熔解并融合在一起！⋯⋯在美国，所有的种族和民族来到这里一起工作并期待着未来。①

美国真的是民族和文化混合的“熔炉”吗？

美国人通常把 18 世纪后期诸如乔治·华盛顿、约翰·亚当斯、本杰明·富兰克林、亚历山大·汉密尔顿、约翰·杰伊、托马斯·杰斐逊、詹姆斯·麦迪逊等赢得美国独立以及制定宪法的人称作“开国先辈”。不过，在“定居者”眼中，美国人的历史要比美国的历史长得多——不是始于 1775 年列克星敦的枪声，也不是 1776 年《独立宣言》，或是 1787 年的宪法诞生，而是始于 1607 年、1620 年和 1630 年的头几批“定居者”群体。他们带来了盎格鲁-撒克逊新教的社会与文化，而此后建立的美国，其实是这一社会和文化的产物，这也成为美国“熔炉”的底料。

《大熔炉》试图描绘一幅美国和谐的种族融合的图景。这一切实际上指明了美国“熔炉”的本质：原先不同的族群身份彻底淹没在美利坚民族之中。这种熔合并不是毫无偏见和公正的。现实是，由于盎格鲁-撒克逊的文化、体制等早已在建国时就被当作规范，盎格鲁-撒克逊人在人数上居统治地位，且英语无所不在，后来的移民们被浇铸进了已成型的盎格鲁-撒克逊模子中，他们及其后裔都要接受盎格鲁—美国社会的文化和价值观。

就像西奥多·罗斯福曾说的，美国“这个坩埚把所有新类型熔炼并

---

① Israel Zangwill, *The Melting Pot*, New York: The Macmillan Co., 1909, pp.37, 199; https://www.gutenberg.org/files/23893/23893-h/23893-h.htm; https://reimaginingmigration.org/excerpt-from-the-play-the-melting-pot/.

合制为一个类型，它是在 1776—1789 年定型的，在华盛顿那一代人的年代，我们的民族性在它所有的基本方面已经明确地定型了"①。如此，熔炉铸造出的，就是"五月花"号，就是乔治·华盛顿，就是亚伯拉罕·林肯……

历史学家乔治·斯图尔特的比喻更为贴切。他认为美国是一个"嬗变炉"：在这个炉子里，"所有的配料成分都被转型和同化成为一种理想性的'盎格鲁-撒克逊'模式"②。

如此，所谓熔炉之说其实是不曾有过熔炉，它以对盎格鲁-撒克逊新教文化的认同为基础，要求无论是"定居者"还是来自不同国家与地区的不同种族和宗教等的"移民"都应当放弃原生文化，转而认同盎格鲁-撒克逊新教文化，为美国描绘出一种想象中的自由公平、种族平等、文化融合的图景。

对美国而言，美国文化以盎格鲁-撒克逊文化为主体，其支配地位从殖民地时代即已开始，这一文化统治在美国至今未受到严重的威胁，仍是美国社会生活的核心。"熔炉说"毫无疑问且不可避免地变成"盎格鲁-撒克逊"口味。

美国历史的主流叙事也不可避免地由盎格鲁-撒克逊文化主导。如历史学家小阿瑟·施莱辛格所说，美国历史的撰写很长时间内是为了迎合盎格鲁-撒克逊白人男性新教徒的利益。非白人盎格鲁-撒克逊新教徒在美国的历史上都是"看不见的人（和女人）"③。

综观美国历史，可以大致梳理出三次移民浪潮。因循移民浪潮，美国盎格鲁-撒克逊人对"他者"进行着不同阶段的同化。

1820 年至 1860 年，可被看作第一波移民潮。这些移民主要来自英伦

① ［美］米尔顿·戈登：《美国生活中的同化：种族、宗教和族源的角色》，马戎译，译林出版社 2015 年版，第 112 页。
② Geroge Stewart, *American Ways of Life*, New York: Doubleday and Co., 1954, p. 23.
③ ［美］小阿瑟·施莱辛格：《美国的分裂：对多元文化社会的思考》，王聪悦译，上海译文出版社 2021 年版，第 29—30 页。

三岛和西欧，他们的主要工作是开拓美洲内陆，他们虽然不是先期一波的"定居者"，但同属盎格鲁-撒克逊人。

第二波移民潮，发生在19世纪后半段开始的工业化和城市化期间，爱尔兰人和德国人大量涌入，还有大批南欧人、东欧人、天主教徒和犹太人。这一时期，美国掀起一波同化高潮。1918年美国国庆日，纽约上演了一场声势浩大的7万新移民大游行，来自40多个国家的移民在第五大道进行了10个小时的游行集会，热切地表示要认同美国和美国文化。此后在第一次世界大战后、20世纪20年代，美国启动了限制移民的措施，移民人数也随之锐减。

到了第二次世界大战后，尤其是20世纪60年代民权运动后，开启了新一波移民浪潮，持续了至少半个世纪之久，移民大多来自拉丁美洲和亚洲。不过，受民权运动影响，美国国内民众的民族意识、身份意识急剧抬升，盎格鲁-撒克逊的新一波同化并不完整。

1776年美国独立时，北美13州的人口总共只有250万；建国100年之后（即1876年），总人口才达到5000万；到20世纪80年代中期的200年间，外来移民共5000多万。①

实际上，在南北战争之前来到美国的人已经完成同化及美国化了，而此后，移民的迅速增长使得同化问题变得越来越突出。

在美国，同化工作始于公共教育。英语教育是最普遍的美国化活动。早在殖民时期，弗吉尼亚公司的创办者就曾强调："该公司关注的不只是利润，还有灵魂。"该公司曾给其殖民地总督托马斯·盖茨下达指令，让他捕获一些当地小孩，确保他们"说你们的语言，以你们的生活方式长大"。弗吉尼亚公司对待美洲土著的这种手段一直沿用到20世纪。②

商业公司是对移民实施美国化的一个主要场所。一些大型企业招收

---

① ［美］卢瑟·利德基：《美国特性探索》，龙治芳等译，中国社会科学出版社1991年版，第67页。

② ［英］苏珊-玛丽·格兰特：《剑桥美国史》，董晨宇、成思译，新星出版社2017年版，第32、41—42页。

移民，就在工厂内成立移民培训学校，让他们学习英语和美国价值观。比如，福特汽车公司曾开办英语学习班，要求移民必须参加。1916年，福特公司组织了大型爱国主义演出，舞台中心是一座大熔炉，大批的身着异国服装和原国名标语的移民工人从后台出来，鱼贯进入大熔炉，然后源源走出熔炉，这时都整整齐齐穿着西装，一人打着一面小的美国国旗。[①]

　　作为培养下一代的沃土——学校，特别是公立学校，是完成同化和铸造美利坚认同的基本工具与途径。伍德罗·威尔逊总统曾说："公立学校就是美利坚'大熔炉'，在那里，我们成长为美国人，不同人种、不同籍贯、不同阶层的人把他们的孩子统统送到那里，或者说理应送到那里。在那里，这些青少年统一接受美利坚精神的'荡涤'，最终变成真正的美国人。"[②]

　　南北战争前，美国只有6个州要求公立学校开设美国历史课，到1900年这样做的州已达到23个。到19世纪90年代，各个州相继通过立法规定中小学一律设置美国历史课和公民课，学生们开始懂得1620年乘"五月花"号轮船来北美定居的第一批清教徒、独立战争时自愿入伍的民兵、开国元勋、拓荒者和一些伟大总统的光荣业绩。[③] 及至今日，公立学校系统都是美国"嬗变炉"最重要的机构，发挥着"盎格鲁—美国化"的核心作用。学校教师们努力给移民的孩子们灌输美国国民身份感。教科书都着重谈美国的体制和政治历史，以及为国家作出了杰出贡献的英雄模范人物。此外，"在阻止移民群体向他们在美国出生的子女灌输其原有文化方面，公立学校所起的作用超过了任何别的因素"[④]。

---

① ［美］塞缪尔·亨廷顿：《谁是美国人？——美国国民特性面临的挑战》，程克雄译，新华出版社2010年版，第99页。

② ［美］小阿瑟·施莱辛格：《美国的分裂：对多元文化社会的思考》，王聪悦译，上海译文出版社2021年版，"前言"第10—11页。

③ Wilbur Zelinsky, *Nation into State*, The University of North Carolina Press, 2009, pp. 29, 56, 150.

④ Stephen Steinberg, *The Ethnic Myth：Race，Ethnicity and Class in America*, New York：Atheneum, 1981, p. 54.

肉体奴役往往也从精神开始。历史上，西方文明相关的课程被处心积虑地设计，用来贬损非西方传统并给各族人民拓上烙印。文学方面，那些"经典"，那些必读书目，都被视为白人权力结构的工具。①

公立学校的美国化教育，让从这一体系中走出的白人学生，把自己的身份认同视为理所当然，而其他族裔的美国学生则面临去文化的危机。

1989 年，美国"少数族裔特别工作小组：公平与卓越"提交了一份报告，指出非洲裔美国人、亚裔美国人、波多黎各人/拉美裔以及美洲原住民都是学术与教育压迫的牺牲品，几个世纪以来，这种压迫持续影响着美国和欧洲中心主义的美国世界所具有的文化、制度特点。报告说，欧洲文化及其衍生品的系统性偏见对非洲裔、亚裔、拉美裔以及美洲原住民年青一代心智产生毁灭性影响。②

小阿瑟·施莱辛格这样认为，西方文化的广泛传播并不是因为什么先天禀赋优势，而是随西方国家的权力延展而传播的。也就是说，欧洲古典乐风靡全球不能证明该乐种极富吸引力，而是"帝国主义模式的证据，即被征服者的文化被征服者同化"③。

三　海狸与老鼠

柯立芝总统时期的劳工部部长詹姆斯·戴维斯曾这样将生物学和移民问题放在一起。他将人类分为两种动物：海狸和老鼠，并且直接用了一本儿童书的故事：海狸建造家园、储存食物；老鼠却进入阁楼、窃取食物。他说，"只有像海狸的人多于像老鼠的人，一个文明才会崛起"，

---

① ［美］小阿瑟·施莱辛格：《美国的分裂：对多元文化社会的思考》，王聪悦译，上海译文出版社 2021 年版，第 39 页。

② New York State Special Task Force on Equity and Excellence in Education，"A Curriculum of Inclusion：Report of the Commissioner's Task Force on Minorities：Equity and Excellence"，https：//eric. ed. gov/? id = ED338535；https：//www. edweek. org/education/new – yorks – multicultural – plans – draw–fire–from–two–sides/1990/08.

③ ［美］小阿瑟·施莱辛格：《美国的分裂：对多元文化社会的思考》，王聪悦译，上海译文出版社 2021 年版，第 100 页。

"要当心美国正在滋生的老鼠"①。

这里，海狸代指美利坚这个国家的建造者，即盎格鲁-撒克逊人，而老鼠则是千百万的非盎格鲁-撒克逊移民。这个比喻诉诸生物本性，带有天生的种族主义思想。此间传递出的信息是：理想的美国人是天生的，而不是后天塑造的。

这种说法在美国历史上并不鲜见。这是因为，种族不平等的历史比美国历史还要久远。② 无论是同化也好，"熔炉"也罢，都充斥着盎格鲁-撒克逊人的种族主义的意味，这也给美国当下的种族矛盾、文化冲突埋下了思想根源。

美国《独立宣言》宣称："人人生而平等，造物主赋予他们若干不可剥夺的权利，其中包括生存权、自由权和追求幸福的权利。"实际上，这些如此冗长的"真理"只对那些白人男性精英群体有效。从历史上看，美国人认为人种的优劣是天生的，而不是环境决定的。人们广泛认为按照优劣程度排列的四大人种依次是高加索人种、蒙古人种、印第安人种和非洲人种。美国白人将自己明确区别于印第安人、黑人、亚洲人和墨西哥人，把这几种人排斥于美国社会之外，"白人至上"的思想统治了几个世纪。

从思想根源上说，17世纪的英国正是殖民帝国上升期，以白人至上为核心的帝国主义理论也应运而生。在被征服的有色人种面前，"白种人优越论"被视为理所当然。来到新大陆的盎格鲁-撒克逊人深信自己是上帝的选民，其中自然包括对种族优越的自信。

英属北美时期马萨诸塞湾殖民地首任总督约翰·温斯罗普的一场布道可以解释盎格鲁-撒克逊人这样的世界观。在1630年抵达殖民地之前，

---

① James J. Davis, *The Iron Puddler*: *My Life in the Rolling Mills and What Came of It*, Indianapolis: The Bobbs-Merrill Company, 1922, pp. 27, 60, https://www.gutenberg.org/files/1297/1297-h/1297-h.htm.

② ［美］伊布拉姆·肯迪：《天生的标签：美国种族主义思想的历史》，朱叶娜、高鑫译，社会科学文献出版社2020年版，第2页。

这位清教移民领袖发出宣言："我们会成为山巅之城，所有人的目光都将注视我们……全世界都将传扬我们的故事和格言。"① 这句话 400 多年来被无数美国人反复吟咏，逐步形成美利坚民族是"上帝选民"的民族意识。"上帝选民"四个字，就让他们将异教徒、土著人等视为异类。他们自以为蒙受神恩，就可以理直气壮地任意处置他们眼中的"异类"。

1859 年，哲学家约翰·斯图亚特·密尔出版了著作《论自由》。他在书中说，自治权"只适用于那些天生禀赋达到了成熟程度的人类"，许多"种族"整体不具备理性行动的能力。密尔的观点在美国白人中很有市场。当时美国经济的增长主要依赖于黑人奴隶的劳动，美国领土的扩展导致另一个非白人群体——印第安人——丧失家园、流离失所，对墨西哥人居住领土的征服也被视为对非白人的征服。②

同样是 1859 年，达尔文进化论面世。此后，英国社会学家赫伯特·斯宾塞将其应用于社会学研究，认为人类历史是不同民族群体为生存而斗争的历史。如生物界规律一样，优胜劣汰，适者生存。这种社会达尔文主义对美国影响颇深。此后，人种之间固有的不平等在美国已被认为是一个科学事实，更为排斥非白人群体提供了理由。

美国白人对自己的种族优越性深信不疑。于是，各式各样的后来移民，从爱尔兰人、意大利人、犹太人等白人到亚洲的有色人种，无论是红种人、黑种人、黄种人还是棕色人种，都曾先后因深刻的种族主义偏见而备受排斥和歧视。

一个突出的表现是，白人先来者根据自己的需要在身份限定和移民限制上做文章，以决定接纳还是排斥。

关于"谁应该是"和"谁不应该是"美国公民的激烈争吵在美国历

① John Winthrop, "A Modell of Christian Charity（1630）", https：//history. hanover. edu/texts/winthmod. html；John Winthrop Dreams of a City on a Hill, 1630；https：//www. americanyawp. com/reader/colliding-cultures/john-winthrop-dreams-of-a-city-on-a-hill-1630/.

② ［美］埃里克·方纳：《19 世纪美国的政治遗产》，王希编译，北京大学出版社 2020 年版，第 117—118 页。

史上并不新鲜。美国宪法中也没有任何条文明确界定过谁是美国公民。

1790 年，美国国会通过第一部《归化法》，规定新移民成为美国公民的条件。国会没有经过任何辩论，就将归化程序限制在"自由白人"的范围之内，即只有白人移民才能通过归化程序成为美国公民。这一限制延续很长时间，且对不同种族限制不同。黑人在 1870 年被准许进入归化程序，亚裔则要等到 20 世纪 40 年代才获得进入归化程序的资格。①

南北战争产生的第一部关于美国联邦公民资格的法律，即 1866 年《民权法案》，宣布所有在美国出生的人（印第安人除外）都是美国联邦公民。1868 年第十四条宪法修正案规定，美国公民资格的获得是在美国领土上出生或在美国完成归化程序，各州不得剥夺任何公民的"特权和豁免权"或拒绝给予他们"平等的法律保护"。然而，在这个信奉自由、民主的国家，种族平等的观念真正进入主流思想还是在 20 世纪 60 年代平权运动之后。直到现在，种族歧视依然根深蒂固。

1880 至 1920 年，以种族主义为所谓科学，美国的排外主义空前泛滥，产生了形形色色的对移民限制的措施或法案。1879 年加利福尼亚州宪法提出议案，宣称"中国人、痴呆和精神病人，或被宣判犯有可耻罪行的人"无权"行使州内的选民特权"。此外，加州任何商业活动都不允许雇佣"中国人和蒙古人"。1882 年，第一部《联邦移民法》颁布，将罪犯、疯子、贫民以及那些有可能成为公众负担的人群排除在外。同年，《排华法案》通过，这部法案最初是为了阻止西方进口廉价中国劳工，后来却成为移民管制的参考模板。1907 年，排除日本移民的《君子协定》签订。

这一时期的总统，依然继承了美国从立国以来的白人至上特别是盎格鲁-撒克逊至上的思想，西奥多·罗斯福和伍德罗·威尔逊或隐或显都是盎格鲁-撒克逊种族优越论者。

这一时期，美国社会的族群文化正在发生重大转变。1900 年时，

① ［美］埃里克·方纳：《19 世纪美国的政治遗产》，王希编译，北京大学出版社 2020 年版，第 114 页。

60%的美国人还是来自英国。传统的英语文化在美国还是占有统治地位。但这种情况正在迅速转变，来自东欧、南欧的族群正在迅速增长。到1920年，来自英国的美国人已经下降到美国总人口的41%。美国开始关上大门，致力于保持一个单纯的"盎格鲁-撒克逊"人口的社会。

第一次世界大战带来的恐惧进一步推动新的限制移民法案的诞生。美国国会于1921年、1924年和1929年先后三次颁布法令和决议，确立了旨在限制入境移民人数、选择民族来源的移民限额制度，限制南欧和东欧移民，禁止亚洲移民。在国会听证会上，这些新来的移民，尤其是意大利人和犹太人，被称为威胁国家种族纯洁的低等"堕落者"。

20世纪20年代的美国社会最为恐怖的表现就是三K党的复兴。三K党是美国历史上一个奉行白人至上主义的极端组织，第一波运动在南北战争后兴起。1915年，电影《一个国家的诞生》上映，片中三K党成员被包装成高尚的战士。电影后来在白宫放映，伍德罗·威尔逊总统赞不绝口，称它"宛如以闪电刻画历史"。这部电影点燃了三K党的复活。同年，新的三K党是由曾经当过牧师的威廉·西蒙斯建立的，只招收本土出生的白人新教徒。

实际上，这一时期，美国进步主义运动兴起。进步主义者试图帮助穷人、妇女、外来移民。但是，进步主义的改革有一个薄弱环节，就是种族问题。原因是，许多主流改革派是白人精英，不是本人有种族优越感，就是回避种族问题。他们强调经济平等，但多数不关心种族平等，无视当时尖锐的种族隔离和黑人的处境。有些人是公开的种族主义者。

直到1965年，美国政府才颁布了新的移民法，废除了原有法规中十分明显的种族歧视条款，把各国的移民限额建立在比较公平合理的基础之上。尽管如此，法案中更加隐蔽的种族歧视仍然存在。直到20世纪90年代中期，亚洲和拉丁美洲国家的移民仍然是美国政府限制的主要对象，而欧洲移民在入境时享受的优惠待遇也十分明显。[①]

---

① 梁茂信：《1940—1990年美国移民政策的变化与影响》，《美国研究》1997年第1期。

进入 21 世纪，拉美裔人口显著增长。2003 年，拉美裔美国人超过非洲裔美国人成为美国最大的少数族群。[①] 预计到 2060 年，28% 的美国人都是拉美裔人。[②] 拉美裔人对美国文化的影响与日俱增，拉美裔移民成为最受美国排斥的对象。

2016 年美国总统选举，反移民是唐纳德·特朗普赢得胜利的一个重要选举战略。在总统四年任期内，针对拉美裔移民，特朗普政府修建边境墙，并主张废除临时保护非法移民的联邦项目——"童年入境者暂缓遣返计划"（DACA）和"临时保护身份"（TPS）。2017 年，特朗普政府宣布取消 TPS 项目，来自萨尔瓦多、海地、洪都拉斯和尼加拉瓜的超过 30 万在美国的美洲人面临被驱逐出境的境况。对于 DACA 项目，特朗普政府 2018 年 4 月初开始对非法移民采取"零容忍"政策，超过 2300 名未成年非法入境者在与墨西哥接壤的美国西南边境由执法人员带离父母等家人。2020 年 3 月，特朗普政府推出名为"第 42 条"的法令，以防疫为由授权边境执法人员驱逐越境移民。这些做法都得到了保守派的支持。

其实在当选前，特朗普身上就有美国学者给贴的以下标签：愤怒的偏执者候选人、三 K 党候选人、拦截盘查候选人、边境墙候选人，一个说过拉美裔法官不可能客观以及"非裔美国人和西班牙裔"生活在"地狱"的候选人……[③]特朗普这一政治现象的出现，反映美国国内涌动的在全球化、科技进步以及金融危机三重作用下迅猛抬头的种族主义，也反映白人人口比例多年来加速下降而愈演愈烈的白人至上主义。

即使是贝拉克·奥巴马成为美国第一位黑人总统，即使是卡玛拉·哈里斯成为第一位非洲裔和亚裔的女副总统，这些也并不意味着美国这

---

① Lynette Clemetson, "Hispanics Now Largest Minority, Census Shows", Jan. 22, 2003, https：//www.nytimes.com/2003/01/22/us/hispanics-now-largest-minority-census-shows.html.

② United States Census Bureau, "Hispanic Population to Reach 111 Million by 2060", Oct. 9, 2018, https：//www.census.gov/library/visualizations/2018/comm/hispanic-projected-pop.html.

③ ［美］伊布拉姆·肯迪：《天生的标签：美国种族主义思想的历史》，朱叶娜、高鑫译，社会科学文献出版社 2020 年版，"前言"第 1 页。

个种族主义国家调头转向。奥巴马当时的竞选对手、后来成为其副总统、而后 2020 年击败特朗普当选总统的拜登，也曾给奥巴马贴了一个充满歧视的标签："他是第一个口齿伶俐、聪明、干净、长相好看的主流非洲裔美国人。"① 拜登的评论成为未来的征兆。这个国家距离达到"后种族"状态还很远，奥巴马当选所预示的新时代在种族问题上更为复杂，有可能为保守派和基于种族的剥削制造新的裂痕。②

图 1-2　布莱克在会上号召恢复白人权力

注：1982 年 9 月 25 日，美国亚拉巴马州三 K 党在温斯博罗郊外举行吸收新党徒大会。大龙头布莱克站在燃烧的十字架旁，周围有武装卫士荷枪警戒。

资料来源：传真照片（新华社发）。

---

① Clarence Page，"Biden's remark articulates a gap in understanding"，Feb. 7，2007，https：//www. chicagotribune. com/news/ct - xpm - 2007 - 02 - 07 - 0702070021 - story. html；David Gregory，"Sen. Biden apologizes for remarks on Obama"，Feb. 1，2007，https：//www. nbcnews. com/id/wb-na16911044.

② Michael C. Dawson，"Not in Our Lifetimes：The Future of Black Politics"，https：//press. uchica-go. edu/ucp/books/book/chicago/N/bo11936683. html.

如小阿瑟·施莱辛格所说："我们美国白人在法律、制度、风俗、条件反射上甚至灵魂上都是坚定的种族主义者。种族主义的祸端始终是美国试验的一大败笔、美利坚理想的尖锐矛盾所在以及美国社会生活的痼疾。"①

四　"文化战争"

2023 年 6 月 29 日，美国联邦最高法院以 6∶3 的表决结果表作出了一项具有历史性影响的裁定：哈佛大学和北卡罗来纳大学的"平权行动"招生原则违宪，全美大学在招生时不得考虑种族因素。② 这一由保守派占绝对多数的最高法院作出的裁决意味着，美国高校招生政策可能会彻底改变，可能会减少黑人和拉美裔学生的数量。

这一裁决颠覆了美国几十年来实践的"平权法案"，接下来可能会引起连锁反应，不仅在高等教育领域，而且可能扩大到中小学，甚至美国经济、教育和社会生活的各个方面都会受到影响。

20 世纪 60 年代美国黑人运动和妇女运动风起云涌，在这一背景下，平权法案诞生，被认为是一项提升多样化的措施。法案集中关注教育与就业问题，旨在对少数族裔、美国原住民、妇女等历史上被排斥的群体给予关照。不过，平权行动也是美国教育界最具争议的问题之一。右翼保守派认为，关于种族配额或大学入学的性别配额等扶持行动被批评为"逆向歧视"，侵占了白人和亚裔的利益。

联邦最高法院首席法官约翰·罗伯茨是平权行动计划的长期批评者。这一次，他为最高法院多数派撰写了判决书。他写道，"长期以来，大学

① ［美］小阿瑟·施莱辛格：《美国的分裂：对多元文化社会的思考》，王聪悦译，上海译文出版社 2021 年版，"前言"第 7—8 页。

② Nina Totenberg, "Supreme Court guts affirmative action, effectively ending race-conscious admissions", June 29, 2023, https：//www.npr.org/2023/06/29/1181138066/affirmative-action-supreme-court-decision.

错误地认定一个人身份的核心是其肤色，而不是克服挑战、掌握技能、吸取教训的能力"，认为美国高校在招生时必须使用"色盲标准"①。

就像平权法案饱受争议一样，最高法院的裁决也立即引发了争论。比如，作为最高法院自由派大法官，索尼娅·索托马约尔就提出了异议，认为这项裁决"实际上纵容了美国的系统性种族主义"。她说，"忽视种族不平等不会使其消失……今天的决定对国家强加了一条肤浅的种族失明规则……道德弧线将向种族正义倾斜"②。美国民众对平权行动的看法也有很大分歧，一些民调显示超过 60% 的人支持平权行动，而另一些民调则显示不到 50% 的支持。③

平权行动凸显了保守派和自由派法官之间的深刻鸿沟，更广一点说，也凸显了美国政治、社会、文化的巨大鸿沟。

《华盛顿邮报》这样一条评论或许正说出美国当下矛盾的现状。评论说：这正是在一个仍然饱受种族主义困扰的社会中，弱势少数族裔学生将要写的——并且一直在写的——所有这些申请者仅仅因为他们在白人多数人眼中的表现方式而面临不利、成见和彻底的歧视。只有在虚构世界中，才有一群从未经历过一丝歧视的少数族裔学生。④

持续几十年的围绕平权法案的斗争，其实也是白人逆向平权的一个表现，这背后是日益上升的白人民族主义。

美国是一个种族成分复杂、族群文化多样的国家。根据 2020 年人口普查（每 10 年进行一次），美国总人口有 3.314 亿，白人仍是美国人数

① Nina Totenberg, "Supreme Court guts affirmative action, effectively ending race-conscious admissions", June 29, 2023, https：//www.npr.org/2023/06/29/1181138066/affirmative-action-supreme-court-decision.

② Zach Montague, "Inside the courtroom, justices exchanged divergent views of the ruling", June 29, 2023, https：//www.nytimes.com/live/2023/06/29/us/affirmative-action-supreme-court/inside-the-courtroom-justices-exchanged-divergent-views-of-the-ruling? smid=url-share.

③ Nina Totenberg, "Supreme Court guts affirmative action, effectively ending race-conscious admissions", June 29, 2023, https：//www.npr.org/2023/06/29/1181138066/affirmative-action-supreme-court-decision.

④ Jennifer Rubin, "Why the right's affirmative action victory is empty", July 2, 2023, https：//www.washingtonpost.com/opinions/2023/07/02/affirmative-action-swallows-rule/.

最多的人口群体，但占比由 10 年前的 63.7% 降至 57.8%，是历史最大降幅。少数族裔中，拉美裔是人口第二大群体，占比增至 18.7%，是 10 年间人口增幅最大的群体；非洲裔群体占比降至 12.4%；亚裔群体占比增至 6%。18 岁以下美国人口中非白人已经占总人口的 53%。①

由于不同族裔的生育率和移民等因素，美国的种族和族裔构成正显著改变。40 年前，即 1980 年，白人居民几乎占全国人口的 80%，拉美裔只占 6.4%。如今，美国 50 个州里有 6 个州和华盛顿特区，白人已是少数族裔；全美 100 个最大的都市区中有 27 个，白人是少数族裔人口。②如果按目前的趋势继续下去，到 2050 年，白人将成为美国的少数族裔。

族裔构成变化给美国盎格鲁-撒克逊白人主流文化带来挑战和冲击，让习惯了自身代表核心地位和价值观的白人群体生出了深深的忧虑，乃至恐惧，担心美国不再"白"了。

实际上，白人的这种心态早已有之。自美国民权运动以来，主张族裔多样性和文化多元性的呼声渐高。20 世纪 70 年代，美国兴起了一场多文化主义运动，想要用主要与种族相联系的各种文化来取代美国主流的盎格鲁—新教文化。多文化主义实质上是反欧洲文明，"反对欧洲中心论价值观的单文化霸权，因为这一单文化霸权普遍排斥其他种族的文化价值观"，"反对狭隘欧洲中心论的关于美国的民主、文化和特性的理念"③。不过，这场运动随后遭遇反击，从而引发了 20 世纪 90 年代的"文化战争"。

"文化战争"这一名词，由当时弗吉尼亚大学教授詹姆斯·戴维森·

---

① 数据来源：United States Census Bureau，https：//www.census.gov/library/stories/2021/08/2020-united-states-population-more-racially-ethnically-diverse-than-2010.html。

② William H. Frey，"New 2020 census results show increased diversity countering decade-long declines in America's white and youth populations"，August 13，2021，https：//www.brookings.edu/articles/new-2020-census-results-show-increased-diversity-countering-decade-long-declines-in-americas-white-and-youth-populations/.

③ William H. Frey，"New 2020 census results show increased diversity countering decade-long declines in America's white and youth populations"，August 13，2021，https：//www.brookings.edu/articles/new-2020-census-results-show-increased-diversity-countering-decade-long-declines-in-americas-white-and-youth-populations/；［美］塞缪尔·亨廷顿：《谁是美国人？——美国国民特性面临的挑战》，程克雄译，新华出版社 2010 年版，第 125 页。

亨特提出。他认为，这是一场"控制大众文化象征的斗争"，在五个领域进行的战争最激烈，即家庭、教育、通俗媒介、法律、选举政治。[①] "文化战争"两方争着用自己的方式来诠释美国的过去，设计美国的未来，"最后是有关国家性质界定的竞争——美国的意义是什么"[②]。

亨特写完《文化战争：定义美国的一场奋斗》一书还是 20 世纪 90 年代，他希望通过他的书引起人们的关注，以帮助美国化解紧张和冲突。他或许并未预料到，美国在 21 世纪会再次进入"文化战争"，而且其中一方依然是盎格鲁-撒克逊文化。

近些年来，当许多社区的移民人口达到一定数量时，移民开始抵制曾经被认为不可抗拒的美国化或同化。

1998 年的一天，美国内布拉斯加州南奥马哈，夜幕降临，玛丽亚·哈辛托正在与丈夫和五个孩子合住的小房子的厨房里拍玉米饼准备晚餐。哈辛托所在社区的大多数居民是墨西哥移民，只会说西班牙语的她强调需要保持家族的墨西哥血统。她前一年成为美国公民，但她并不觉得自己像美国人，还担忧自己的孩子被美国文化同化。"我想我仍然是墨西哥人"，她说。[③]

哈辛托的想法和很多墨西哥裔或者拉美裔的一样，拒绝美国文化。历史学家戴维·肯尼迪曾这样解释："墨西哥裔美国人能做到以往的移民做不到的事情。他们有足够的凝聚力，在一定地区保持足够多的人，因此，只要他们愿意，他们可以把自己的独特文化无限期地保存下去。他们最终还有可能做到以往的移民做梦都不敢想的事：向现有的文化、政治、法律、商业和教育制度提出挑战，不仅要求根本改变语言，还要根

---

① ［美］J·D·亨特：《文化战争：定义美国的一场奋斗》，安荻等译校，中国社会科学出版社 2000 年版，201 页。

② ［美］J·D·亨特：《文化战争：定义美国的一场奋斗》，安荻等译校，中国社会科学出版社 2000 年版，52 页。

③ William Branigin, "Immigrants Question Idea Of Assimilation", May 25, 1998, https://www.washingtonpost.com/archive/politics/1998/05/25/immigrants-question-idea-of-assimilation/0be64ec5-b129-4254-8849-db974ad903ef/.

本改变体制。"①

当少数族裔人口比例上升，拒绝美国文化，甚至要求改革美国核心文化的意识也日益增加。尤其是 21 世纪以来，随着白人人口比重逐渐下滑、非基督教人口比例有所上升，美国不再是一个完全围绕盎格鲁—新教文化及白人身份认同构建的国家，白人危机意识加剧，这些都催生了种族矛盾背后更深刻的文化认同冲突。西奥多·罗斯福总统在 1917 年说过："我们只能有一种国旗。我们也只能有一种语言，这就是独立宣言、华盛顿告别演说、林肯葛底斯堡演说和第二次就职演说所使用的语言。"②这突出反映了盎格鲁-撒克逊白人的心态。

此外，近几十年来，一些利益集团和非民选的政府官员一直推进少数种族优惠或赞助性行动、扶助少数种族语言和文化等政策。这些做法有利于黑人和非白人移民，让白人产生了"逆向歧视"的情绪。商界精英推进经济全球化，使就业机会向海外转移，加剧了国内收入不平等和美国工人实际工资的降低。同时，拉美裔人大量地、源源不断地涌入美国，威胁到白人盎撒—新教文化的首要地位和英语作为全国唯一语言的地位。③

政治学家卡罗尔·斯温这样描述白人民族主义者：他们认为"美国正迅速变成由非白人统治的国家"；他们认为种族是文化的源泉，人的种族属性是固定不变的，所以文化也是固定不变的，因而美国种族对比的变化意味着文化对比的变化；他们认为白人文化使美国伟大，而黑人和棕色人种文化在知识上和道义上均劣于白人文化，可是现今却可能将白人文化取而代之；他们认为这是国家衰落之路；要使美国继续成为美国，

---

① David M. Kennedy, "Can We Still Afford to Be a Nation of Immigrants?", *Atlantic Monthly*, November 1996, p. 68.

② Theodore Roosevelt, "One Nation, One Country, One Government, One Flag", Library of Congress, https://www.loc.gov/item/rbpe.15903100/.

③ [美] 塞缪尔·亨廷顿：《谁是美国人？——美国国民特性面临的挑战》，程克雄译，新华出版社 2010 年版，第 227 页。

就必须使其保持为白人的美国。[①]

这些都能够解释特朗普的言行，若是放在其他任何一个人身上，恐怕都会终结其政治生涯，然而特朗普在其核心支持者中人气一直很高。他的很多支持者，中下层男性白人，可能并不认同特朗普的言语或行为，但就是喜欢他无惧于政治正确、复兴白人身份的态度。自 2016 年特朗普崛起成为一种现象，白人民族主义越来越走进美国政治主流，至今发挥着作用。

在这样的背景下，白人本土文化保护主义、白人民族主义乃至白人至上主义已经成为美国当今社会的突出现象。盎格鲁-撒克逊白人，大多是工人阶级和中产阶级男性白人，愈加感到自己的社会地位和经济地位降低了，自己的职业被移民和外国人抢走了，自己的文化被扭曲、语言被替代，自己国家的特性被损害甚至消失殆尽了，觉得这一切必须加以扭转。中产阶级和下层白人都觉得自己处于少数地位，越来越摆出一种受害者的姿态。于是，排外运动日渐抬头，目标集中在反对拉美裔、黑人以及其他外来移民。这种恐惧和担忧在美国历史上并不是什么新鲜事，几次大规模的移民浪潮都产生了强烈反弹，1882 年的《排华法案》和 19 世纪 20 年代三 K 党的卷土重来即典型表现。

2017 年 8 月，在美国“开国三杰”之一托马斯·杰斐逊的家乡——弗吉尼亚州夏洛茨维尔市，爆发了 10 年来最大的白人至上主义游行。这场名为“团结右翼”的集会把白人至上主义团体（其中包括另类右翼、新纳粹主义、三 K 党、白人民族主义与极右翼团体）聚集到一起，手持火炬，高呼“血与土”[②]，以反对该市 2017 年早些时候决定拆除市内一座内战时期南方将领罗伯特·李的雕像，同时呼吁白人团结起来对抗少数族裔。白人至上主义团体与反对者的对峙演变为暴力冲突。一辆汽车冲

---

① Carol M. Swain, *The New White Nationalism in America: Its Challenge to Integration*, New York: Cambridge University Press, 2002, pp. 15-17.

② 纳粹德国意识形态的核心，“血”代表种族主义的民族血统，“土”代表以土地为基础的农村生活美德和传统价值。

入了反对集会的人群，造成了一名 32 岁女性死亡、19 人受伤。①

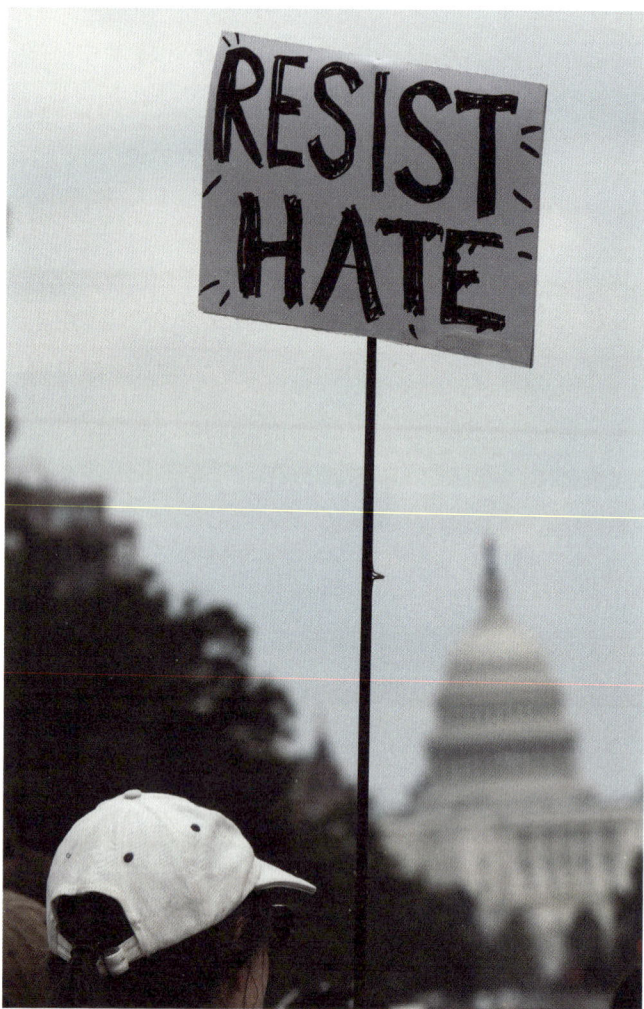

图 1-3　美民众抗议白人至上主义

注：2018 年 8 月 12 日，美国弗吉尼亚州夏洛茨维尔"白人至上"骚乱发生一周年，在美国华盛顿白宫附近的自由广场，一名女子手举"抵制憎恨"标语参加抗议白人至上主义的集会。

资料来源：新华社发（刘杰摄）。

---

① Phil McCausland, Emmanuelle Saliba, Euronews and Moira Donohue, "Charlottesville Rally Turns Deadly：One Killed After Car Strikes Crowd", Aug. 13, 2017, https：//www.nbcnews.com/news/us-news/charlottesville-rally-turns-deadly-one-killed-after-car-strikes-crowd-n792116.

这样的暴力事件在这些年层出不穷。2022 年 5 月 14 日，受白人至上主义影响，携带战术装备并佩戴头盔的 18 岁白人男子佩顿·金德伦从家里驾车超过 300 公里来到纽约州布法罗市非洲裔聚集区，在一家超市内外开枪射击。事件共造成 10 名非洲裔美国人死亡，另有 3 人受伤。①

2023 年 3 月，美国反诽谤联盟发布了一份新报告，发现过去一年，白人至上主义者大幅加大了种族主义的宣传力度，包括散发传单、张贴横幅、制作海报等宣传活动达到了创纪录的 6751 起。这一数字比 2021 年的 4876 例的先前高点增长了 38%。报告还说，与 2021 年一样，除夏威夷外，美国每个州都报道了白人至上主义宣传事件。除了作为招募工具外，宣传还使极端主义团体能够向更广泛的受众传播他们的世界观，并且骚扰受害者。②

1991 年，亨特出版《文化战争：定义美国的一场奋斗》。30 年后，他目睹了 2021 年年初的国会山骚乱。他感到，文化战争已经扩展到整个政治领域，并且给美国的未来带来了危险。1991 年，政治似乎还是能够解决文化分歧的工具；现在，政治主要是由分歧推动，政客们通过煽动"取消文化"的不满情绪来获得权力。亨特说，20 世纪下半叶的文化战争在某种程度上是"主要发生在白人中产阶级内部的文化冲突"。但是，今天，随着冲突的加剧，"现在不仅仅是文化战争，而是一种阶级文化冲突"，这种冲突已经超越了宗教信仰的简单界限。③

美国波士顿艺术博物馆，陈列着一幅保罗·高更的画。画上是一群裸胸的波利尼西亚女人在树林密布的岸边，背景是海洋，远处的陆地显出黯淡的轮廓线。在角落里，艺术家加上了一行字："我们从哪里来？我

---

① Nicole Acevedo, Jonathan Dienst, Dennis Romero and Minyvonne Burke, "10 killed, 3 wounded in racist shooting at Buffalo supermarket, officials say", May 15, 2022, https://www.nbcnews.com/news/us-news/buffalo-supermarket-mass-shooting-leaves-7-dead-law-enforcement-source-rcna28883.

② "White Supremacist Propaganda Incidents Reach All-Time High in 2022", March 8, 2023, https://www.adl.org/resources/press-release/white-supremacist-propaganda-incidents-reach-all-time-high-2022.

③ Zack Stanton, "How the 'Culture War' Could Break Democracy", May 20, 2021, https://www.politico.com/news/magazine/2021/05/20/culture-war-politics-2021-democracy-analysis-489900.

们是谁？我们到哪里去？"①

文化战争在告诉美国，从哪里来，往哪里去。②

数百年来，盎格鲁-撒克逊民族凭借先来者的身份成为美国的主人，并且同化、熔炼合成掉其他民族和后来的移民。如美国国徽正面印着的拉丁文铭文——合众为一（E Pluribus Unum）。

如今，"合众为一"的共识正在发生动摇。英国《经济学人》杂志和民调机构舆观调查公司（YouGov）在 2022 年进行的一项调查显示，超过 40% 的美国人认为，美国可能在未来 10 年内爆发内战。

今天的美国已变成滚滚沸腾、处于爆裂边缘的"大火锅"。

---

① ［美］大卫·哈克特·费舍尔：《阿尔比恩的种子：美国文化的源与流》（上、下），王剑鹰译，广西师范大学出版社 2018 年版。

② ［美］J·D·亨特：《文化战争：定义美国的一场奋斗》，安荻等译校，中国社会科学出版社 2000 年版，第 305 页。

第二章 血泪新大陆

"有什么能比他们的历史更让人伤感呢？……白人所到之处，他们消失了，我们听到他们的脚步声远去，如同秋日枯落的黄叶。"

——美国法官约瑟夫·斯托里 1828 年 9 月 18 日在纪念
马萨诸塞州塞莱姆殖民地建立大会上的演讲

每年 10 月的第二个星期一，这是什么日子？

如果在半个世纪前提出这个问题，美国人的回答很可能十分一致："哥伦布日"，为纪念意大利航海家哥伦布"发现"北美洲新大陆而设，是美国的公共假日。

如今，同样的问题，询问美国人，还会得到另一个答案：这一天是美国"原住民日"。

自 1989 年起，美国陆续有州和城市决定用"原住民日"取代"哥伦布日"，以纪念印第安人等美国原住民历史文化，也为纠正那些被"洗白"的美国历史——在"白色"美国历史中，哥伦布这样的欧洲探险家被描绘成富于冒险精神的英雄，他们残忍对待印第安人部落的恶行要么被一笔带过，要么则完全被忽略。

截至 2022 年 10 月 10 日，美国已有逾 12 个州、130 个城市决定不庆祝"哥伦布日"，或用"原住民日"取而代之。[①] 自 2021 年起，美国总

---

① Scott Gleeson, "What is Indigenous People's Day? Is offensive to celebrate Columbus Day? Everything to know", USA Today, October 10, 2002, https://www.usatoday.com/story/news/nation/2022/10/09/when-what-is-columbus-day-indigenous-peoples-day/8185066001/.

统拜登每年也发布公告，纪念"原住民日"。当然，放在全美范围内，这种试图为历史"纠偏"、寻求跳脱"白人叙事"的做法仍是少数。拜登的公告也只代表一种"态度"，丝毫不影响官方层面这一天依然是"哥伦布日"公众假期。

不过，这至少意味着人们已经开始反思不能只从单一视角看历史，开始承认哥伦布的另一个身份是"曾经攻击和杀戮原住民的人"[1]。毕竟，难以忽视的真相是，当白人踏上"新大陆"，留给印第安人的就只剩下一条"血泪路"。

一 "文明人"来敲门

1492 年，当哥伦布首次踏上美洲的土地时，他认为自己抵达了亚洲的印度，因此将当地人称为"原住民"或"印第安（印度人）"[2]，这个称呼沿用至今。如今，提到美国原住民，主要指代的就是印第安人。[3]

从 15 世纪中叶到 17 世纪，初来乍到的欧洲殖民者虽从未将印第安人当成与自己平等的人，但因极度缺乏在北美大陆生存下去的能力，需要印第安人的帮助，加之人口数量有限，双方尚能比邻相待。事实上，在双方交往中，白人殖民者是获益更多的一方。新移民从印第安人处获取了新的农业技术，这些新技术明显比殖民者带来的欧洲技术更能适应北美大陆的自然条件。殖民者还发现了新的作物，其中最有价值的是玉米，这成为新移民最重要的粮食作物。从印第安人那里，殖民者也学会了如何捕捞海产品和猎取动物。应该说，如果没有印第安人的帮助，詹

---

[1] Blair Millter, "Montana GOP Tables Bill to Create Indigenous Peoples' Day", Missoula Current, February 14, 2023, https://missoulacurrent.com/indigenous-peoples-day/.

[2] Elizabeth Prine Pauls, "Tribal Nomenclature: American Indian, Native American, and First Nation", www.britannica.com/topic/Tribal-Nomenclature-American-Indian-Native-American-and-First-Nation-1386025.

[3] 据美国人口普查局官网分类，原住民概念除印第安人外，还包含阿拉斯加、夏威夷原住民和太平洋岛民。https://www.census.gov/library/visualizations/interactive/decennial-census-measurement-of-race-and-ethnicity-across-the-decades-1790-2020.html.

姆斯敦——英国在美洲建立的第一个永久性殖民地——就不可能存在下去。[1]

毛皮贸易是印第安人与白人之间最主要的贸易往来。阿尔冈昆人（Algonquian）和休伦人（Wyandot，也称怀安多特人）是印第安人族群里主要的毛皮贸易商，他们狩猎取得的海狸皮和鹿皮可以制作帽子、披肩和成衣，在欧洲销量很好。不过，绝大多数印第安人缺乏商业经验，不了解金钱的意义，也不清楚自家毛皮的价值，因此在交易中往往是白人拥有绝对主导权。白人从毛皮贸易中通常可以获得数倍的利润，许多殖民地的官员和商人都因此发家致富。

毛皮贸易令白人暴富，发展到后期却严重影响了印第安人原本的生活方式与社会架构。在白人到来前，印第安人捕猎动物的皮毛一般只为满足个人与家庭的需求；白人到来后，印第安人捕猎性质发生了质的变化，从为生计转向为满足欧洲商人的需求，杀死的动物远远多于他们本身所需。[2] 此外，白人带来的商品及其竞争恶化了印第安人各个部落之间的关系，暴力冲突更为剧烈，印第安人沦为白人的杀戮工具，原有的社会格局趋于解体。[3]

在殖民地建立初期，白人与印第安人之间间或会发生冲突，多数围绕土地争夺而起。白人往往在与印第安人订立土地协议后又单方面违约，侵占本应属于印第安人的土地，招致印第安人的报复。双方冲突往往以印第安人的失败而告终。[4] 欧洲人踏上北美土地，带给印第安人的第一波毁灭性打击，严格来说并非来自双方的武力对抗，而是此前从未在北美大陆上出现过的欧洲流行病。

---

① ［美］艾伦·布林克利：《美国史》（全三册），陈志杰、杨天旻、王辉等译，北京大学出版社 2019 年版，第 41、68、75 页。

② Peter C. Newman, *Empire of the Bay*, Toronto：The Madison Press，1989，p. 88.

③ 付成双、姚明星：《难以抗拒的宿命：毛皮贸易与北美西北草原印第安社会的变迁》，《郑州大学学报》2012 年第 3 期。

④ ［美］艾伦·布林克利：《美国史》（全三册），陈志杰、杨天旻、王辉等译，北京大学出版社 2019 年版，第 71—73 页。

研究资料表明，完全由欧洲人带来的疾病包括天花、麻疹、肺结核、斑疹伤寒和霍乱等，[①] 流行病具体进入北美大陆的时间很难确定，但很可能从欧洲人与印第安人发生接触时就已开始。由于完全缺少针对这些外来疾病的免疫功能，印第安人远比白人容易受到感染。随着越来越多的欧洲永久性殖民点建立，欧洲人与印第安人的接触日益频繁，流行病也在印第安人部落大规模暴发，带来极其严重的伤害，造成印第安人社会人口急剧下降。

数据显示，在 1600 至 1650 年，美国东北部印第安人死于流行病的比例甚至可能超过九成，其中马萨诸塞州的纳拉干西特人（Narragansett）人口从 44000 降到 2000 左右，减少 95%；莫霍克人（Mohawks）人口从 8100 降到 2000，减少 75%。[②] 流行病中，天花是最可怕的"杀手"，可以让一个印第安人部落在极短时间内完全消失。在 17 世纪 30 年代早期，一场英国人带来的天花疫情几乎使普利茅斯周边的印第安人死亡殆尽。[③] 自此以后，天花从未停止在美洲大陆肆虐。

致命传染病不仅夺去大量印第安人的生命，也严重冲击了幸存者的精神世界，进而影响到整体印第安人社会的稳定。面对天花，白人损伤无几而印第安人纷纷倒下，这种强烈的对比令印第安人开始怀疑自己的传统信仰，陷入一种宿命论和悲观主义，甚至引发自杀行为。在 1738 年天花暴发期间，许多切罗基人（Cherokee）因害怕永久性毁容而自杀；1802年，天花暴发，奥马哈人（Omaha）在恐惧之下焚烧村庄，他们当中一些人甚至杀死自己的妻儿，认为这样就可以一家人同赴"一个更美好的国度"；1837 年，眼看着天花夺去大量同族人的生命，幸存的黑脚人[④]在

---

① Noble David Cook, *Born To Die: Disease And New World Conquest, 1492–1650*, Cambridge: Cambridge University Press, 1998, pp. 17–18.

② Bruce E. Johansen, *The Native Peoples of North America: A History*, Westport: Prager, 2005, p. 46.

③ ［美］艾伦·布林克利:《美国史》（全三册），陈志杰、杨天旻、王辉等译，北京大学出版社 2019 年版，第 74 页。

④ 黑脚人: Blackfoot，也称为"黑脚族"，是北美原住民中的重要群体。

极度惊惧之下，一旦发现自己出现些微感染天花的症状，就会立即选择自杀。这场瘟疫夺去约 6000 名黑脚人的生命，约占整个族群三分之二。[①]

同时，瘟疫肆虐之下，有些印第安人开始相信这是"欧洲人的神"在帮助欧洲人清除印第安人，他们曾经笃信的部落之神被抛诸脑后，不少印第安人转而信奉基督教，寻求精神慰藉。

如历史学家所言，"疫病杀手撕裂由紧密的亲戚关系网络联结和相互作用而成的印第安人社会组织，扰乱由来已久的狩猎、捕鱼、农耕的生产方式，阻碍传统的社交聚会、仪式活动，消磨他们对传统生活的信心"[②]。

殖民者带来的另两个致命"礼物"是酒精和枪炮。

印第安人并无酿酒的技艺，在从白人那里接触到烈性酒之前，对此一无所知。然而，一旦体验过酒精带来的感官刺激，印第安人便很容易上瘾，饮酒之风在各个与欧洲人有接触的部落中风行。因缺乏饮酒禁忌和戒律常识，印第安人往往会沉迷于酒精，因酗酒而发生部族内部的斗殴甚至引发死亡，危及部落稳定，他们也会为了换取更多的烈性酒而迫切向欧洲人出售土地与毛皮货物。美国前总统杰斐逊在当时便已感慨，烈酒使印第安人"身体衰弱，精神萎靡，使他们陷入挨饿受冻、衣不蔽体、穷困潦倒的境地，使他们不停地争吵斗殴，使他们人口减少"[③]。

一些有远见的部落首领认清了酒精给自己族人带来的灾祸，便要求殖民者禁止酒类贸易，呼吁白人不要再向印第安人出售酒类饮品。然而，几百年间，这样理性的声音并未得到回应，酗酒在印第安人部落中反而呈现愈演愈烈之风。

近年来，不断有新的史料证明，向印第安人大肆兜售烈性酒的白人，

---

① Alfred W. Crosby, "Virgin Soil Epidemics as a Factor in the Aboriginal Depopulation in America", *The William and Mary Quarterly*, Vol. 33, No. 2, April 1976, p. 298.

② Bruce E. Johansen, *The Native Peoples of North America：A History*, Westport：Prager, 2005, p. 48.

③ Bernard Sheehan（伯纳德·希安）, Seeds of Extinction：Jeffersonian Philanthropy and the American Indian（《灭绝的种子：杰斐逊式的博爱慈善与美国印第安人》），转引自李剑鸣《文化的边疆：美国印第安人与白人文化关系史论》，南开大学出版社 2022 年版，第 36 页。

背后动机往往并不单纯。2021 年，纽约大学历史学教授妮可·尤斯塔斯出版了新作《黑夜覆盖：美国早期的谋杀与土著正义》。这本获得普利策奖的著作就提及，当北美大陆的殖民者发现"布匹换皮毛"并不能获得他们心心念念的高额利润时，商人们就故意引入容易成瘾的朗姆酒，试图在原住民部落倾销，借此牟取厚利。

与烈酒类似，白人带来的火枪在提升印第安人狩猎能力与战斗力的同时，也进一步强化他们对白人的依赖。由于没有制造枪支的能力，当获得的枪支出现故障或是弹药短缺问题时，印第安人只能求助殖民地的欧洲人。当习惯于使用火枪狩猎后，很多印第安人慢慢遗忘了传统的捕杀技能，这意味着一旦出现弹药短缺，他们便只能面临忍饥挨饿的窘迫境地。

一些印第安人痛苦地发现，他们离开了英国人已经无法生存。殖民地的白人官员们也深知这一点，火器使印第安人"对英国人完全依赖，不仅表现在贸易上，甚至还包括其生存"[1]。正因充分认识到自己是处于优势地位的一方，白人在与印第安人交易时，不仅想用火枪交换皮毛和土地，还想要印第安人的服从与忠诚。殖民者们往往会在交易中以次充好、拼命压价，占尽便宜，同时又会以断供为威胁，最终达到控制整个部落的目的。在相当长的一段时间里，白人的叙事体系中一直将印第安人描绘成野蛮、原始、愚昧、尚未"开化"的族群，相对于"文明"的欧洲人，印第安人是需要"教育"和"拯救"的对象。但如果细察会发现，尽管印第安人受工具和技术限制，确实存在社会发展缓慢甚至陷入停滞的问题，也未出现革命性的技术突破与文化飞跃，但印第安族群所遵从的道德品质与伦理价值依然值得肯定与尊重，绝非白人所贬低的那样"与出没的野兽并无多大分别"[2]。

---

[1] Bernard Sheehan（伯纳德·希安），Seeds of Extinction: Jeffersonian Philanthropy and the American Indian（《灭绝的种子：杰斐逊式的博爱慈善与美国印第安人》），转引自李剑鸣《文化的边疆：美国印第安人与白人文化关系史论》，南开大学出版社 2022 年版，第 38 页。

[2] Paul Jacobs et al., *To Serve the Devil*, *Vol. I*, *Natives and Slaves*, New York: Vintage Books, 1971, p. 10.

缺乏牛、马、猪、驴等大型家畜，冶金技术落后与复杂的语言分类等因素是阻碍印第安人文化发展的重要障碍。由于印第安人的农业始终停留在人力耕作阶段，很难扩大耕种面积，获得较多粮食剩余，因此极少有部落完全依赖农业，必然辅以狩猎等方式获得肉食。由于缺乏冶金技术，印第安人并不掌握任何轮子的制造技术，这对生产与交通是严重限制。印第安人语言体系十分复杂，不同部落间语言各异，整个北美大陆存在着数百种印第安人方言，彼此间交流并不顺畅，这也导致很难出现部落间的文化融合发展，建立统一的族群。因此，当白人到来时，印第安人完全没有能力组织统一、有力的对抗力量，加之彼此间矛盾重重，令白人有机会各个击破。

相较于落后的技术发展，印第安人的传统价值观即使放在当下价值判断体系中依然可圈可点——他们信奉朴素的万物平等观，认为整个生物圈乃至宇宙是一个生态系统，人与自然中的生命密切相关、相互作用，人类应该平等地对待植物与动物这些"兄弟姐妹"，更应该以敬畏与爱戴之心对待"大地母亲"。正如西雅图酋长1855年写给美国总统的一封信中所言："土地并不属于人类，而人类属于这片土地。"[1]

基于这种价值观，印第安人大都质朴好客，怀有宽容分享之心，族群里尊老爱幼、互相爱护、团结友善，父母注重培养孩子的仁慈怜悯之心。就连当时的北美殖民者都感慨，许多基督徒远不及印第安人善良诚实。[2]

这样的印第安人显然不是由白人主导书写的早期美国历史中"野蛮、落后、不可理喻"的原住民部落。殖民者所谓因为"完全无法与之交流沟通"才最终不得不诉诸武力的说法也很难立足。尤斯塔斯在《黑夜覆盖：美国早期的谋杀与土著正义》一书中就详尽描述了一个理性宽容的原住民世界，记录了印第安人如何试图用白人的逻辑说服白人。

---

① Chief Seattle, "Chief Seattle's Letter to All", http: //www. csun. edu/~vcpsy00h/seattle. htm.

② Howard Russell, *Indian New England Before Mayflower*, Hanover, N. H.: University Press of New England, 1980, p. 33.

当更多史料与分析展开，我们会看到，不断膨胀的人口数量令殖民者变本加厉觊觎印第安人的土地，坚定相信印第安文化是低等文化则令白人强行开展同化政策。二者本质上是同一过程的两个方面，是白人从物质与精神上对印第安人的无情挞伐，也给原住民带来毁灭性的打击。①

二　"血泪之路"

土地，土地，一直都是为了土地。

自白人殖民者登陆北美后，他们与印第安人之间最深层的矛盾、造成频繁血腥冲突的根源，始终在于白人对这片大陆上的广阔土地有着无止境的需求。

几百年里，这一点从未改变。

殖民早期，当永久殖民点的白人在印第安人的帮助下熬过了最艰难的一段日子后，他们的人口开始稳步增长。统计显示，1640 年到 1650年，仅弗吉尼亚的人口就从 8000 人增至 1.6 万人；到 1660 年，再度翻了一番还多，达到 4 万人。②

更多的人口意味着需要更大面积的土地用于开垦和耕种，白人的眼睛始终盯着印第安人生活与狩猎的广袤土地。同时，新移民们自认完全"有正当理由"夺取印第安人的土地。马萨诸塞殖民地初期领导人约翰·温斯罗普就曾说，印第安人不能有效地开发和改良土地，因此没有理由阻挠白人取得土地的正当权益。③

实际上，就官方层面而言，从英国殖民者到早期的美国政府都承认印第安人对土地的占有权，并禁止殖民地个人和民间团体私自与印第安

---

① 李剑鸣：《文化的边疆：美国印第安人与白人文化关系史论》，南开大学出版社 2022 年版，第 2 页。

② ［美］艾伦·布林克利：《美国史》（全三册），陈志杰、杨天旻、王辉等译，北京大学出版社 2019 年版，第 41、71 页。

③ Peter Charles Hoffer, ed. , *Indians and Europeans：Selected Articles on Indian-White Relations in Colonial North America*，New York：Garland，1988，p. 34.

人进行土地交易。有代表性的官方文件是英国政府于 1763 年发布的《王室公告》。该公告在英国殖民者基本控制北美大陆后发出，是一份重要的政治和法律文件。公告中写明："考虑到必要的合理性和公正性，也考虑到我们殖民地的利益和安全问题，我们与其保持交往且在我们保护下的印第安国家或部族在我们所统治的范围内占有部分土地，禁止受到干扰与侵犯，其土地除非被割让或由我们购买，在这之前将保留该地块以作为印第安人必要的狩猎场所。"[①]

这份公告传递出两层意思：第一，殖民者与印第安人之间是平等主体的关系，后者处于独立自主的状态，可以保持他们固有的习俗和生活方式；第二，明确属于印第安人的土地殖民者不能强行占有，而需经程序与之交易，以条约等法律手段获取。

然而，现实却是，17 世纪以来，不论民间或是官方，殖民者都以各种手段大量侵占印第安人的土地，条约、贿赂、驱赶乃至战争均包含在内。很多时候，白人不满足先前订立的土地条约，会单方面毁约要求印第安人出让更多土地，遭到拒绝就凭借武力优势直接暴力抢夺。

殖民者的掠夺引发了印第安人的激烈抵抗。"我们会让自己不经斗争就被毁灭？就放弃我们的家园，伟大的神灵赐予我们的家园，就放弃我们先辈的坟墓，以及我们所珍视的和神圣的一切？我知道你们会和我一起呐喊：'绝不！绝不！'"肖尼人特库姆塞的呐喊道出了印第安人的心声。[②]

印第安人与白人之间的局部冲突从未停止：1622 年和 1644 年弗吉尼亚印第安人冲突，1637 年新英格兰地区佩科特人（Pequot）与清教徒之间的战争，1674 至 1675 年的菲利普王战争，1763 年的庞蒂亚克（Pontiac）战争……由于武器落后，印第安人总是战败的一方，他们被迫签订新的条约，不断将土地让给白人。到 17 世纪末，印第安人已逐渐认识

---

① "The Royal Proclamation", https://avalon.law.yale.edu/18th_century/proc1763.asp.
② ［美］迪依·布朗：《魂归伤膝谷：美国西部印第安人史》，邓海平译，社会科学文献出版社 2023 年版，第 1 页。

到，自己无法通过武力手段战胜白人殖民者。塞尼卡人（Seneca）"红夹克"曾感慨地说，白人变得日益强大，"印第安人已没有立足之地了"①。

战争造成大量印第安人死亡。一项针对新英格兰地区印第安人部落的研究表明，在1620至1750年，有3.6万名印第安人死于战争，其中约1万人死于同白人的战争。在独立战争前夕，美洲东北部的印第安人几乎已经绝迹。②

在1776年美国建国后，印第安人所处的生存环境并未出现好转，反而日益恶化。在1812年美英战争前，华盛顿等美国开国国父们顾虑到需要和平环境发展经济，因此在解决与印第安人日益尖锐的土地矛盾时，选择渐进式做法，通过小规模战争强迫印第安人部族签订条约，割让土地。③美英战争后，来自欧洲的移民数量呈井喷式增长，仅1830年到1860年，就有约500万人移民美国，④加之美国逐步开启工业化进程，这一切都意味着白人对扩张土地的需求快速上升。

在这种社会压力下，美国政府对印第安人的政策发生明显转变，从渐进到急进，强迫迁移、部落流放和种族隔离成为新的政策核心，力求在短时间内完全解决所谓的"印第安人问题"，让白人完全占有东部阿巴拉契亚山脉到密西西比河之间的肥沃土地。

整个19世纪，美国政府通过制定一系列法律，一步步达到占有印第安人土地的目的。1830年，美国国会通过了影响深远的《印第安人搬迁法案》，剥夺了印第安人部落在美国东部居住的权利，迫使约10万印第安人从东南部故土迁移至密西西比河以西。该法律的实施标志着美国正式将强迫印第安人迁移的做法制度化，这也是美国政府针对印第安人实施种族隔离政策的开始。根据这项法律，印第安人失去了以前的独立地

———————

① Wilcomb E. Washburn, *The Indian and the White Man*, New York：Doubleday, 1964, p. 212.

② 邱惠林：《论美国印第安民族的衰落》，《四川大学学报》1995年第4期。

③ 刘绪贻、杨生茂等：《美国通史》（第一卷），人民出版社2005年版，第252—253页。

④ Jane Kamensky, Carol Sheriff, David W. Blight, et al., *A People and a Nation：A History of the United States*, New York：Cengage Learning, 2019, p. 332.

位，失去了土地所有权，被迫接受联邦政府的监督与管制。

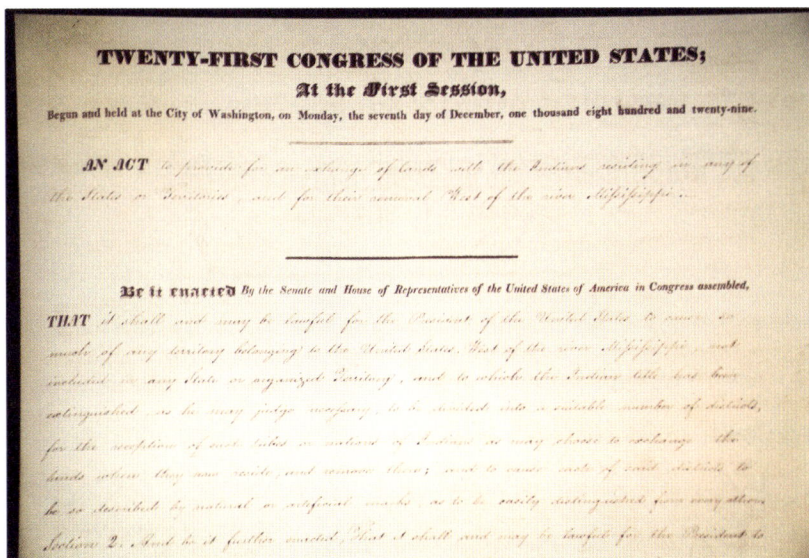

图 2-1　2022 年 5 月 17 日在美国华盛顿拍摄的美国印第安人
国家博物馆里展示的《印第安人搬迁法案》文件复制品

资料来源：新华社发（刘杰摄）。

　　从 18 世纪 50 年代开始，为进一步限制印第安人的活动范围，美国政府逐步确立了保留地制度。1867 年，美国国会通过法案，决定将印第安人完全迁入保留地中。保留地的边界相对固定，原住民只能在规定区域活动且受政府监护。1871 年，政府颁布《印第安人拨款法》，不再承认原住民部落是可与之订约的独立民族、部落或政权。1887 年，国会通过《印第安人土地分配法》（也称《道斯法案》），赋予美国总统权力将保留地的大片土地割成小块，分给每个印第安人。这一法案的实施彻底破坏了印第安人的部落制度，剥夺了部落首领的个人权威，令印第安人再无法作为一个民族整体与白人对抗。

　　一步步走来，到 19 世纪末，原住民完全失去了独立地位，绝大多数被"圈禁"，生活在保留地内，为白人"腾退"出整个美国。

　　第一位担任美国印第安人事务局局长的印第安人多诺霍加瓦这样描述自哥伦布抵达北美后印第安人的悲惨遭遇:"尽管这个国家曾经完全由印第安人居住,但曾经占据现今密西西比河以东各州的那些部落在阻止西方文明进程的尝试中,一个接一个地被消灭了……如果有任何部落抗议他们的自然权利和条约权利遭到侵犯,那么,这个部落的成员就会遭到不人道的枪杀,整个部落都被当作狗来对待。"①

　　进入 20 世纪后,印第安人的保留地仍在继续缩小。据美国政府统计,从《道斯法案》实施到 1933 年印第安人新政之初,印第安人所拥有的土地从 1. 38 亿英亩锐减至 4700 万英亩,而考虑到留给印第安人的大部分是沙漠或半沙漠地域,实际情况只会更糟糕。② 就土地价值而言,印第安人丧失了其土地总价值的 80% 以上。③ 正如美国历史学家沃什伯恩所言:"通过战争、条约和大规模的人口迁移,历史上最大的一笔不动产转移完成了。"④

　　如果说出现在纸面上、条文里的迁移只是轻描淡写的几行文字,那么落到印第安人身上的则是大半个世纪里难以言尽的深重苦难。

　　在《印第安人搬迁法案》通过后的那个冬天,联邦政府军队正式进入印第安人的部落,强迫其开始迁移。印第安人只能徒步完成约 1600 公里的路程,其间经过炎炎夏日与气温低至零下的严冬,联邦政府没有提供食物或其他任何帮助,因饥寒交迫、劳累过度或疾病瘟疫,在 10 万人的迁徙大军中,约有 1. 5 万人死于途中。这条路也因此被称为"血泪之路"⑤。

　　① 〔美〕迪依·布朗:《魂归伤膝谷:美国西部印第安人史》,邓海平译,社会科学文献出版社 2023 年版,第 204 页。

　　② Deloria Vine Jr. ed. , *The Indian Reorganization Act*: *Congresses and Bills*, Norman: University of Oklahoma Press, 2002, p. 261.

　　③ William A. Brophy and Sophie D. Aberle, "The Indian: America's Unfinished Business", *Reports of the Commissions on the Rights*, *Liberties*, *and Responsibilities of the American Indian*, Norman: University of Oklahoma Press, 1966, p. 20.

　　④ 〔美〕威尔科姆·E·沃什伯恩:《美国印第安人》,陆毅译,商务印书馆 1997 年版。

　　⑤ Gloria Jahoda, *The Trial of Tears*, New York: Wings Books, 1995.

如今，曾被迫参与迁移的切罗基人后裔每年会举行近 1000 英里长的自行车骑行，重走"血泪之路"，以纪念他们的先辈在一个多世纪前遭受的苦难。①

《魂归伤膝谷：美国西部印第安人史》是美国为数不多以印第安人视角描述白人西进历史的著作。书中详尽地描述了 19 世纪中后期美国政府为将印第安人驱赶至保留地使用的种种手段。书中记录到，1863 年，为迫使纳瓦霍人（Navajo）尽快迁移到新墨西哥东部保留地，联邦军队对纳瓦霍部落执行"焦土政策"，即烧毁他们的房屋和庄稼、杀死家畜、毁掉财产，完全断绝纳瓦霍人继续在故土生活的可能。随后，联邦军队押送数批纳瓦霍人步行前往几百英里外的保留地，其中一批 800 多人主要是妇女、儿童和老人的队伍，路上连续四天碰到暴风雪，"给印第安人带来巨大痛苦，他们中许多人几乎赤身裸体，当然无法抵抗这样的暴风雪"。最终有超过 100 名纳瓦霍人死在路上。②

身处保留地的印第安人情形也不容乐观。1866 年，新上任的博斯克雷东多保留地主管如实记录了他的所见所闻："这里的水又黑又咸，味道难以忍受。印第安人说水不健康，因为他们四分之一的人口都被疾病夺去了生命。"③

1864 年 11 月 29 日，约 700 名联邦军人对住在科罗拉多州沙溪边印第安人保留地的夏延人（Cheyenne）和阿拉帕霍人（Arapaho）进行了残忍的大屠杀，160 余人遇害，其中超过 100 人是妇女和儿童。军队里领头的列文顿上校直接宣称："我是来杀印第安人的……不论用什么手段杀死印第安人，都是正确和光荣的。"据参与暴行的军官描述，"第二天，我

① Adam Kemp, "How a 950-mile bike ride is helping Cherokee youth reclaim their history", PBS, June 7, 2023, https://www.pbs.org/newshour/nation/how-a-950-mile-bike-ride-is-helping-cherokee-youth-reclaim-their-history.

② ［美］迪依·布朗:《魂归伤膝谷：美国西部印第安人史》，邓海平译，社会科学文献出版社 2023 年版，第 29—36 页。

③ ［美］迪依·布朗:《魂归伤膝谷：美国西部印第安人史》，邓海平译，社会科学文献出版社 2023 年版，第 40 页。

在战场上没有看到一具没有被割去头皮的尸体"①。

面对遭受的不公待遇，印第安人也曾试图依照白人的游戏规则，利用法律来保护自己，但不论是在当时的环境下还是 20 世纪的现代社会，他们的努力都屡次被证明只是徒劳的挣扎。

1831 年，居住在佐治亚州西北山地的切罗基人将佐治亚州政府告上法庭，控诉对方不遵守联邦政府 1791 年与切罗基人签订的《霍尔斯顿条约》。该条约保证切罗基人拥有他们所居住的山地，并可以像民族国家一样独立存在。然而，随着大批白人迁入佐治亚州以及 1827 年在切罗基人居住地发现金矿，佐治亚州政府随即宣布金矿归州所有，并试图以武力逼迫切罗基人西迁。官司打到美国最高法院，最终，大法官马歇尔一方面承认切罗基人遭到了不公正的待遇，但另一方面以最高法院缺乏管辖权为由驳回了诉讼。②

1980 年，美国最高法院受理了印第安苏族（Sioux）后人状告美国政府在 1876 年违背协议、夺取苏族保留地所在地黑山的行为，并最终判定美国政府违法。大法官布雷克蒙在判词中写道："回顾我国政府历史上众多不光彩的交易，没有一次比这次更无耻，更恶劣。"③ 然而，法院仅判决美国政府赔偿损失，并不支持苏族后人归还土地的请求。至今，苏族人依然在为争取他们的土地而奔走。

回顾 19 世纪，这是印第安人遭受近乎种族灭绝命运的 100 年。然而，在美国主流历史叙述中，所描绘的多是充满英雄气概、高歌猛进的故事：来自欧洲的白人移民如何从东海岸一路光荣奋斗向西迁徙，凭借坚韧不拔的努力和顽强的奋斗，把荒凉的北美开发成美丽新世界。正如北京大学历史系教授钱乘旦撰文指出的，人们在谈论"西进运动"时，其内容

---

① ［美］迪依·布朗：《魂归伤膝谷：美国西部印第安人史》，邓海平译，社会科学文献出版社 2023 年版，第 104—109 页。

② "The Cherokee Nation v. The State of Georgia"，https：//www. law. cornell. edu/supremecourt/text/30/1.

③ "United States v. Sioux Nation of Indians"，https：//supreme. justia. com/cases/federal/us/448/371/.

和性质实际已经高度格式化，无法看到问题的另一面，那就是"西进运动"进程中对印第安人的杀戮与土地掠夺。白人叙事里选择性忽略了问题的严重性，"对印第安人开战并不是战争，只是打猎"①。

三　以同化之名

2021 年 10 月 8 日，当美国总统拜登发布公告认可"原住民日"时，他对于美国政府在历史上扮演的不光彩角色直言不讳："几代人以来，（美国）联邦政策一直系统性寻求同化和迁移原住民，以及消灭原住民的文化。"②

所谓"同化"印第安人，意即"美国化"或"白人化"印第安人，要求他们完全抛弃自己的文化，学习如何像一个盎格鲁－撒克逊人那样饮食起居、生活社交乃至思考行事，做一个"红皮白心"（印第安人一直自称为"红人"）的人——这是美国政府自建国以来到 20 世纪中叶一直奉行的印第安人政策。

对于"同化"政策的孜孜以求，除了白人因文化优越感而追求"盎格鲁一致性"、强迫其他民族接受自己的生活方式和价值观念，很大一部分因素依然是试图通过相对"非暴力"的方式将印第安人剥离出他们的土地。

这一判断是史学界共识，美国政府在过去半个世纪里也曾多次在公开场合承认这一点。1969 年，美国国会参议院劳工与公共事务委员会发布题为《印第安人教育：一场全国性悲剧——一个全国性挑战》的调查报告，其中指出，美国自建国以来的印第安人政策始终是用白人的文化来替代印第安人文化，这是可以令印第安人屈服、帮助白人获取大量印

---

① 钱乘旦：《文汇学人｜钱乘旦："西进运动"再观察》，https：//www.sohu.com/a/516913945_120244154，2022 年 1 月 16 日。

② "A Proclamation on Indigenous People's Day，2021"，https：//www.whitehouse.gov/briefing-room/presidential-actions/2021/10/08/a-proclamation-indigenous-peoples-day-2021/.

第安人土地的"最便宜也最安全"的方法。① 2022 年，美国内政部发布针对印第安人寄宿学校真相的初步调查报告，其中写道："通过寄宿学校制度来同化印第安儿童是联邦政府刻意为之的做法，这也是为了达成在美国扩张过程中夺取印第安人土地这一更宏大目的的重要一环。"②

长期研究美国印第安人文化史的复旦大学历史学教授李剑鸣指出，从某种意义上讲，围绕印第安人曾经拥有的辽阔土地，白人的暴力夺取与文化征服，就像一个硬币的两面，是同一过程中的两个部分，都是白人为满足自身社会发展需要而从物质和精神上剥夺印第安人的行为。印第安人一旦失去文化特性，也就不复为与白人社会对立的种族，所以，同化是最经济实惠的方式。③

美国建国初期，在持续武力侵占印第安人土地的同时，已经开始推行"文明开化"政策，国会通过立法和拨款向印第安人提供物资支持，鼓励他们放弃狩猎、转向农业生产，同时也希望能促使印第安人融入白人社会。不过，印第安人本身传统文化根深蒂固，加之普遍痛恨白人侵占他们的家园，美国政府的"文明开化"政策所能影响的范围十分有限，效果并不明显。

进入 19 世纪下半叶，白人向西部拓殖的西进运动逐步进入尾声，基本已完成对整个国家土地的占领，而印第安人在这一过程中输得很彻底，几乎失去了一切。由此开始，强制属性明显的同化运动，尤其是针对印第安儿童的同化教育日益成为美国政府的施政重点。

1889 年，托马斯·摩根出任美国印第安人事务署署长。他认为，将印第安人"美国化"刻不容缓，于是上任不久就起草了有关印第安人教育制度和体系的报告，规划了同化教育的具体实施措施。摩根在报告中

①　Indian Education, *A National Tragedy—A National Challenge*, p. 142, https：//files. eric. ed. gov/fulltext/ED034625. pdf.

②　"Federal Indian Boarding School Initiative Investigative Report", https：//www. bia. gov/sites/default/files/dup/inline-files/bsi_investigative_report_may_2022_508. pdf，p. 97.

③　李剑鸣：《文化的边疆：美国印第安人与白人文化关系史论》，南开大学出版社 2022 年版，第 2、45、73 页。

说：“印第安人必须遵照‘白人的方式’，如果可能的话可以是和平的，如果必须的话会是强制的。他们必须使他们自己适应环境，使他们顺应我们的文明……他们无法逃脱，必须服从或是被消灭。”①

根据摩根的统计，当时印第安人总数约在 25 万人，年龄在 6 岁至 16 岁的印第安儿童和青少年，人数约在 5 万人。这些人正是同化教育的主要目标人群。②

摩根上任那年提交的报告获得官方认可，美国政府主导的同化教育由此正式开始。该教育体系的核心精神在于“杀死印第安人，拯救这个人”，即完全抹去印第安儿童身上的传统文化痕迹，重新造就一个“白人”。根据规定，印第安人教育学校由政府出资建设，适龄儿童必须入学。

随后，印第安人学校在全美范围内逐步建立，大批原住民儿童被迫入学，接受“改造”。直到 1928 年政府同化教育基本宣告失败，在这长达小半个世纪的时间里，几代印第安儿童在寄宿学校度过了日后被他们形容为“噩梦”般的日子，有些孩子甚至没能活着走出学校。

印第安人与白人的对立与斗争从招生阶段就已经显现。由于印第安人的抵触，寄宿学校每年的招生过程都推进得十分艰难，需要用强制手段甚至武力才能“抢”到学生。保留地的印第安人事务官员和学校校长往往在当地警察的陪同下上门招收学生，通过威胁扣发物资的方式逼迫家长就范，有些反抗激烈的家长甚至还会遭受牢狱之灾。1895 年，位于亚利桑那州奥雷比的霍皮族（Hopi）酋长洛马霍格尼奥马和其他 18 位村民就因为反抗白人招生而被关押在阿尔卡特拉兹岛上长达 7 个月。③

---

① Francis Paul Prucha, ed., *Documents of United States Indian Policy*, Lincoln, NE: University of Nebraska Press, 2000, pp. 175-176.

② Francis Paul Prucha, ed., *Documents of United States Indian Policy*, Lincoln, NE: University of Nebraska Press, 2000, p. 177.

③ Harry C. James, *Pages from Hopi History*, Tucson: University of Arizona Press, 1974, pp. 86-89.

美国内政部 2022 年的报告也指出，联邦记录中有大量证据显示，美国政府恐吓、引诱或胁迫印第安人进入寄宿学校体系。[①] 在很多情况下，联邦政府甚至会在印第安人父母根本不知情的情况下就将他们的孩子偷偷带走。报告举例说，当政府在 1919 年发现，纳瓦霍族超过 9600 名儿童中，只有 2089 人在寄宿学校上学时，就推行了一项紧急措施让纳瓦霍族儿童入学，其中很多孩子被带到了远离家园的西部或西南部，而孩子的父母毫不知情。[②]

进入寄宿学校的印第安孩子要接受完全"洗白"的教育。剪发是印第安男孩入校后遭遇的第一个"下马威"。在印第安人看来，男性的长发是骄傲的象征，与自我意识和神圣观念息息相关，而在白人眼中这只是野蛮的标志。剪发的过程往往伴随着孩子们歇斯底里的哭泣与挣扎。孩子们还被命令只能穿着白人款式的服装，学习白人的饮食方式和礼仪，称呼上也要抛弃自己原本的印第安人名字而使用英文名。

英语，是印第安孩子们进入学校后允许使用的唯一语言。在美国推行印第安人寄宿学校的进程中，"唯英语教育"理念是贯穿始终的重要指导思想。这源于根深蒂固的"白人文化优越论"，认为白人是先进文明的代表，而印第安人处于"野蛮、低等"地位，他们的语言自然也是落后、原始的，需要被彻底根除。在 1885 至 1888 年担任印第安人事务局局长的约翰·阿特金斯是唯英语教育的狂热推崇者。他曾放言，印第安人语言是"野蛮的语言"，"英语是太阳底下最伟大、最强盛、最进步民族的语言，英语是最完美的语言"。他还声称，对那些允许学习印第安语的学校，"美国联邦政府不能给他们一分钱"[③]。

印第安人学校建立初始，有日间走读学校、保留地内寄宿学校和保

① "Federal Indian Boarding School Initiative Investigative Report", https://www.bia.gov/sites/default/files/dup/inline-files/bsi_investigative_report_may_2022_508.pdf, p. 36.

② "Federal Indian Boarding School Initiative Investigative Report", https://www.bia.gov/sites/default/files/dup/inline-files/bsi_investigative_report_may_2022_508.pdf, p. 12.

③ Francis Paul Prucha, *The Great Father: The United States Government and the American Indians*, Lincoln: University of Nebraska Press, 1984, p. 690.

留地外寄宿学校三种形式。为更好"隔离"印第安孩子与他们的原生家庭，建立在保留地外的寄宿学校逐渐成为主流。这些学校将唯英语教育贯穿始终。据统计，从 1887 年至 1900 年，美国全国以唯英语教育为主要特征的印第安寄宿学校从 48 所发展到 153 所，在校学生从几百人增加到 1.77 万人，到 1925 年仍高达 1.8 万人。①

印第安孩子们在寄宿学校的待遇十分糟糕。1928 年，美国内政部委托布鲁金斯学会完成了一份题为《印第安人的管理问题》的调查报告（又称《梅里亚姆报告》），详细披露了印第安人寄宿学校里的残酷真相，震惊世人。报告指出，疾病和压抑、营养不良、拥挤的宿舍、低劣的卫生标准、未接受良好训练的医护人员、严重超长的上课时间和过少的娱乐活动等，都严重影响了孩子们的健康成长。一些学校的军事化氛围更让学生们终日战战兢兢、郁郁寡欢。②

最突出的问题是食物匮乏。报告说，不论从数量、质量还是种类上看，寄宿学校的食物都远远不够。牛奶、水果和新鲜蔬菜鲜少出现在孩子们的餐桌上。一些学校的孩子们只有到生病时才能喝到牛奶，还有些学校的情况更是"极度恶劣"。肺结核是寄宿学校里最普遍的疾病。③

对孩子们动辄体罚、殴打，甚至性侵，将学生当童工使用……一系列对印第安儿童身体和精神的虐待行为在寄宿学校里也屡见不鲜。2022 年，84 岁的基奥瓦（kiowa）部落成员唐纳德·内科尼在一场政府听证会上回忆道，他在寄宿学校时，每次试图说基奥瓦语，老师就会把碱水灌到他嘴里。内科尼说，在寄宿学校的 12 年是"地狱一般的日子"，"我永远不会原谅这所学校对我所做的一切"④。

---

① Francis Paul Prucha, *The Great Father: The United States Government and the American Indians*, Lincoln: University of Nebraska Press, 1984, p. 674.

② Lewis Meriam, *The Problem of Indian Administration*, 1928, pp. 11 - 14. narf. org/nill/resources/meriam. hmtl.

③ Lewis Meriam, *The Problem of Indian Administration*, 1928, p. 12.

④ https://apnews.com/article/native - americans - oklahoma - city - cultures - e200ecdb445ee8ff0514d5a215a4058c.

　　美国内政部经初步调研已发现，有数百名印第安儿童在寄宿学校上学期间死亡。内政部预计，经过后续调查确认在寄宿学校里死亡的印第安儿童数量预计将达到数千人甚至几万人，"很多孩子都被埋在远离家园的无名墓碑之下"①。

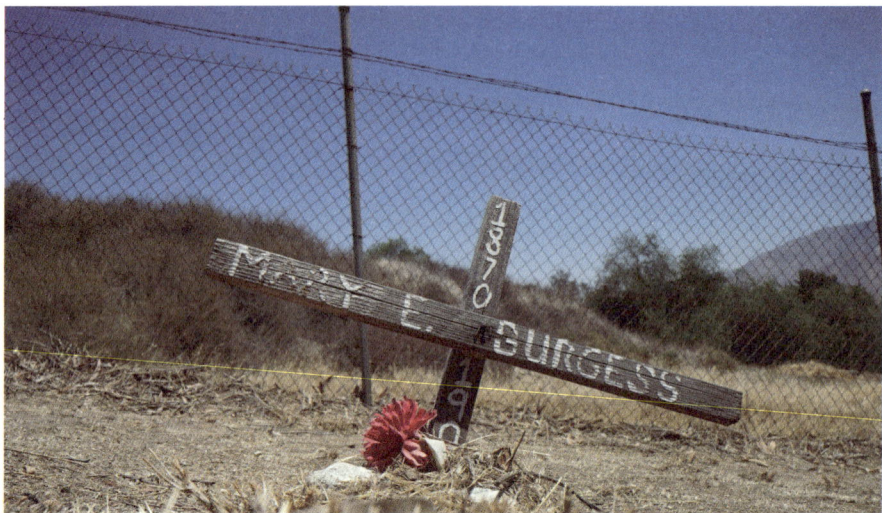

图 2-2　2021 年 7 月 6 日在美国加利福尼亚州班宁拍摄的圣博尼费斯印第安人工业学校墓地
资料来源：新华社发（曾慧摄）。

　　经过几十年的"驯化"，美国政府却发现，他们并没有达到预期中的目标：培养出一个"有教养的白人"。现实是，绝大多数学生只拥有相对有限的技能，也无法流利使用英语。

　　卡莱尔寄宿学校是第一所由政府资助的保留地外寄宿学校，也一度被视为寄宿学校中的"典范"。该校由理查德·普拉特创建（正是他说出了那句著名的"杀死印第安人，拯救这个人"口号），是当时规模最大的学校，在 1900 年有超过 1000 名在校学生。② 这样的"模范"学校在进行

---

　　① "Federal Indian Boarding School Initiative Investigative Report"，https：//www.bia.gov/sites/default/files/dup/inline-files/bsi_investigative_report_may_2022_508.pdf，p. 93.

　　② "The Annual report of the Commissioner of Indian Affairs，for the year 1900"，https：//search.library.wisc.edu/digital/AD2JHSA66WTN7V8N.

同化教育时也同样成效不佳。该学校曾创办过一份学生英文报纸，希望借此鼓励学生使用英语。然而，两年后，校方公开承认只有两人能流利使用英语。① 卡莱尔寄宿学校后期逐渐被披露出存在严重的体罚甚至性侵学生的恶行。

1903 年，时任美国总统西奥多·罗斯福的非官方顾问查尔斯·拉米斯在杂志《去西部》上发文公开批评普拉特和他的学校。拉米斯说："他（普拉特）拆散了更多印第安人家庭，伤了更多印第安姐妹兄弟的心。他竭力想将他的印第安人变成白人。"②

学生们毕业后也会发现，自己处在两难的境地当中：想在白人社会中生存却依然很难被接纳，找不到合适的工作，可返回保留地的话，由于长时间脱离部落社会生活，本族语言已经生疏，很多技能和习惯都已丧失，无法正常生活在保留地，甚至会成为周围人鄙夷的对象。"我不知道我属于哪一个世界"，曾有寄宿学校的印第安人毕业生因在现实中无所适从，在留下这样的字条后自杀。③

与此同时，由联邦政府主导的强制性同化教育制度也给印第安人部落组织带来极其沉重的打击。印第安人长久以来都以部落方式生存，部落也是他们的文化认同标志。将印第安人分化成独立个体，令他们失去了民族归属感，心理上无所依靠，同时也几乎摧毁了部落存在的根基。这无疑给印第安人带来严重的文化危机和民族灾难。美国历史学家沃什伯恩评论道："对印第安人文化的愚昧无知以及对土地的贪婪，这些因素加在一起，把印第安人跟跄地推入了 20 世纪，完全失去了维系过去生活的经济来源和文化价值观。"④

---

① 曹彤彤：《美国印第安人同化教育研究》，硕士学位论文，上海师范大学，2016 年。

② Charles F. Lummis, *Bullying the Moqui Prescott*, Prescott：Prescott College Press, 1968，p. 34.

③ Matt Kelley，"Cruelty's Impact Indelible on Survivors"，*Los Angeles Times*，May 9，1999，https：//www. latimes. com/archives/la-xpm-1999-may-09-me-35385-story. html.

④ ［美］威尔科姆·E·沃什伯恩：《美国印第安人》，陆毅译，商务印书馆 1997 年版，第 263 页。

四　被消音的呐喊

进入 20 世纪 30 年代后，1928 年完成的《梅里亚姆报告》才披露出印第安孩子们在强制同化教育政策下的悲惨命运，令社会一片哗然，美国政府被迫开始重新审视对印第安人政策。在随后的 30 年里，美国政府在印第安人政策问题上几经反复，经历了自治、回归同化、又再次走向自治的过程。

1933 年，受进步主义思潮影响，富兰克林·罗斯福在就任美国总统后开始推行印第安人"新政"。"新政"内容中包含两个重要法案：1934 年 4 月，国会通过《约翰逊—奥马利法》，主要目的是在教育、生活、医疗、社会福利等方面帮助印第安人；① 同年 6 月，政府推出《印第安人重组法》，这也是"新政"的核心内容，法案规定停止实行份地分配，承认原住民文化的价值，每年为原住民提供职业培训和中专教育资金等。②

正是依据《印第安人重组法》，联邦政府开始逐步关闭保留地内的寄宿学校，改为社区全日制学校。政府还进一步改革教育内容，教授印第安人学生们一些技能，以使他们适应保留地或社区的生活。此外，份地分配停止后，印第安人由个人所有的小份土地又慢慢聚集而成部落。

客观而言，"新政"的实施一定程度上发挥了积极作用，在推动印第安人经济和社区生活复苏的同时，增强了印第安人的民族认同感和参政意识。不过，由于"新政"归根结底依然是白人视角，将白人的政治体制和思维观念"移植"过来，自然有诸多"水土不服"的地方，引发印第安人不满。

"新政"并未能延续太久。20 世纪 40 年代后，由于担忧强调印第安人文化是在挖主流文化的"墙脚"，加之二战开始后美国政府与国会不再

① https：//www.bia.gov/sites/default/files/dup/assets/as-ia/raca/pdf/Proposed%20Rule_6-27-19_84%20FR%2030647.pdf.

② https：//www.govinfo.gov/content/pkg/COMPS-5299/pdf/COMPS-5299.pdf.

愿意投入大量人力、物力和财力改善印第安人生活等因素，美国国内主张同化印第安人的呼声又重新高涨，要求取消对印第安原住民的"特别待遇"，使印第安人融入美国社会。在此背景下，旨在同化原住民的 1948 年"重新安置政策"和 1953 年"终止政策"出台。

根据"重新安置政策"，印第安人开始城市化进程，越来越多的人离开保留地，迁居大城市。据统计，1950 年，居住在城市的印第安人仅占 13.4%，到 1990 年则上升到 53%。① 然而，进入城市的印第安人实际上很难融入城市生活，也不易找到工作，酗酒、辍学、犯罪和自杀等现象十分普遍。"终止政策"意味着政府逐步停止对印第安人部落的援助和监管，宣布印第安人享有与其他美国公民同等的权利，这实际也在加速同化进程。"终止政策"遭到了很多印第安人的强烈抵制，认为这是解散印第安人社会、摧毁印第安人传统的行为，是"印第安人生活方式的全面破坏者"。与此同时，"重新安置政策"与"终止政策"的实施，也被视为美国政府进一步削减印第安人土地及占有保留地上石油和其他资源的手段。②

20 世纪上半叶，美国政府政策反复无常，常常出现一百八十度的大转变，这进一步加深了印第安人与政府的对抗情绪。在此后很长一段时间内，印第安人部落对政府提出的行动和计划更加难以接受。

进入 20 世纪 60 年代后，美国黑人民权运动高涨、文化多元论的价值观在全社会得到广泛认可，要求平等对待少数族裔的呼声日渐高涨。在此大背景下，印第安人的民族意识更趋鲜明，保留地内外的印第安人组成各种民权组织，发起游行示威抗议政府现行政策。其中，"美国印第安人全国代表大会"是规模最大的印第安人组织。在该组织的支持下，1961 年芝加哥大学发起了"美国印第安人芝加哥大会"，来自全美 67 个

---

① Matthew Shumway and Richard Jackson, "Native American Population Patterns", *Geographical Review*, Vol. 85, No. 2, April, 1995, pp. 187-188.

② Robert Lloyd Kelley, *The Shaping of the American Past*, Vol. 2, Englewood Cliffs, N. J. : Prentice Hall, 1986, p. 696.

原住民部落的近 440 名印第安人参加了这次大会，公开要求政府改善印第安人的生存状况，要求白人承认对印第安人的种种不公正对待并予以赔偿。① 这是印第安人历史上规模和影响最大的会议之一。

　　印第安人的民权运动迫使美国联邦政府不得不重新考虑和调整原住民政策，恢复原住民部落自治。1968 年，林登·约翰逊总统就"印第安人问题"向国会递交了一份特别文件《被遗忘的美国人》，其中坦陈印第安人当下所处的糟糕境地，并宣布结束"终止政策"。同时，约翰逊还宣布政府将重新投入资金支持印第安人社区发展。② 自此以后，历任美国政府的印第安人政策均围绕鼓励印第安人的自治意识、提倡"自我决断"等做法展开。

　　时至今日，印第安人的生活条件得到一定程度改善，人口数量也从 19 世纪末期的最低谷明显回升。统计显示，经过几个世纪的传染病侵害与残酷杀戮，美国本土印第安人数量在 1890 年已从 15 世纪后期的数百万人③缩减至 24.8 万人，到 1960 年，人口回升至 52.4 万人。自 20 世纪 60 年代开始，印第安人的数量出现较快增长，在 1990 年达到 195.9 万人。④ 到 2022 年，美国原住民总人数已达到 373 万人（包含印第安人和阿拉斯加原住民）。⑤ 到 2020 年，美国共有 574 个获得联邦政府认可的印第安原住民部族，324 个获认可的印第安人保留地。⑥ 所有保留地的面积为 5620 万英亩，约占美国本土总面积的 2.3%。仅有约 22% 的原住民人口居住在

---

　　① "Declaration of Indian Purpose"，https：//files. eric. ed. gov/fulltext/ED030518. pdf.

　　② "Special Message to the Congress on the Problems of the American Indian：'The Forgotten American'"，https：//www. presidency. ucsb. edu/documents/special－message－the－congress－the－problems－the-american-indian-the-forgotten-american.

　　③ ［美］艾伦·布林克利：《美国史》（全三册），陈志杰、杨天旻、王辉等译，北京大学出版社 2019 年版，第 25—27 页。

　　④ "Changing Numbers，Changing Needs：American Indian Demography and Public Health"，https：//nap. nationalacademies. org/read/5355/chapter/7.

　　⑤ https：//data. census. gov/all？q＝American+Indian+and+Alaska+Native.

　　⑥ "Facts for Features：American Indian and Alaska Native Heritage Month：November 2021"，https：//www. census. gov/newsroom/facts-for-features/2021/aian-month. html.

部落土地上。①

然而，如果将印第安人生存条件与美国主流白人或其他少数族裔横向比较，就会发现他们依然在社会最底层挣扎。

统计数据显示，美国原住民几乎在从社会、经济到健康的所有指标中都处于垫底位置。印第安人的贫困率高达24.1%，几乎是全国平均水平的2倍；家庭年均收入中位数则是全美中位数的三分之二左右。2019年，原住民的失业率高达6.1%，远高于国内3.7%的均值。到2020年，大约有60%的原住民生活在大城市，他们的失业率高达11.2%，远高于白人4.9%的水平。新冠疫情期间，美国遭遇食品安全危机的原住民比例高达56%，远高于均值，其中31%的人食品安全问题极其严重。② 美国雪城大学美国原住民研究项目主任斯科特·史蒂文斯表示，现在原住民群体依然面临大量的社会和经济问题。③

教育缺失、贫困比例上升、在医疗方面遭受歧视等原因让印第安人的预期寿命低于平均值，罹患各种疾病的概率更高。2021年，原住民的预期寿命仅为65.2岁，远远低于全国76.1岁的平均水平。2018年，罹患心脏病的原住民人数约占其总人数的8.2%，而患病的白人占比约为5.6%。④ 此外，因精神问题和滥用药物等原因导致肝脏病变、自杀等造成的早逝在原住民人群中更为普遍。

近年来，美国原住民青少年的高自杀率问题已经引起媒体关注。据《华盛顿邮报》2014年的一篇报道，美国原住民青少年的自杀率是全国

① "American Indians and Alaska Natives: Key Demographics and Characteristics", https://ncoa. org/article/american-indians-and-alaska-natives-key-demographics-and-characteristics.

② "American Indians and Alaska Natives: Key Demographics and Characteristics", https://ncoa. org/article/american-indians-and-alaska-natives-key-demographics-and-characteristics.

③ Scott Gleeson, "What is Indigenous People's Day? Is is offensive to celebrate Columbus Day? Everything to know", *USA Today*, October 10, 2002, https://www.usatoday.com/story/news/nation/2022/ 10/09/when-what-is-columbus-day-indigenous-peoples-day/8185066001/.

④ Scott Gleeson, "What is Indigenous People's Day? Is is offensive to celebrate Columbus Day? Everything to know", *USA Today*, October 10, 2002, https://www.usatoday.com/story/news/nation/2022/ 10/09/when-what-is-columbus-day-indigenous-peoples-day/8185066001/.

平均水平的 3 倍，在一些保留地内，这一数字甚至高达 10 倍。在这冰冷的现实背后，是贫困、失业、家庭暴力、遭受性侵、酗酒和毒品等诸多因素的叠加。一组数字就可以勾勒出这些印第安未成年人糟糕的生活处境：25% 的印第安儿童生活在贫困中，而全美平均数字为 13%；印第安人的高中毕业率也比均值低 17 个百分点。同时，印第安青少年滥用药物的比例更高，他们在 24 岁前死亡的概率也比其他种族高出一倍，遭遇痛苦与精神创伤的概率比其他种族同龄人高 2.3 倍。更形象的说法是，印第安青少年和从阿富汗战场归来的美国老兵出现创伤后应激障碍（PTSD）的概率不相上下。[1]

如果再进一步深究，那么人们难以避开的一个词就是"历史创伤"。在更早期的印第安人历史上并没有出现过青少年自杀率高的问题，这一切都是在美国政府实施强制性同化教育后出现的变化。当年在寄宿学校遭受苦痛经历、身心均受到摧残的一代人，慢慢成长为父母乃至祖父母，自身健康心态的缺失令他们很难成为负责任的家长，酗酒与家暴情况严重。在接受《华盛顿邮报》采访的印第安青少年中，很多人都称父母当中至少一人酗酒，自己也有被醉酒的父母肆意殴打的经历。恶劣的家庭环境让印第安青少年在生活中更难看到希望。

然而，印第安人族群这种悲惨的生活现状却很难得到联邦政府与公众的重视，原住民们常被视为"隐形的少数群体"和"被忽视的一小部分"。

前美国联邦参议员拜伦·朵根慨叹，当印第安青少年被痛苦所包围，"而我们国家却一点不着急要做点什么"。不少专家都认为，政府长期不作为是严重影响原住民社区发展与个人生活的重要因素。

2018 年，美国独立机构民权委员会发布题为《残破的承诺：面向美国原住民的联邦援助资金持续性缺失》的报告，犀利地指出，尽管根据一系

---

① Sari Horwitz, "The Hard Lives and High Suicide Rate of Native American Children on Reservations", *The Washington Post*, March 9, 2014, https://www.washingtonpost.com/world/national-security/the-hard-lives-and-high-suicide-rate-of-native-american-children/2014/03/09/6e0ad9b2-9f03-11e3-b8d8-94577ff66b28_story.html.

图2-3　1995年9月13日，一些美国印第安人在华盛顿集会，抗议国会提出的将印第安人保留区的1996年财政预算缩减30％以上的提案

资料来源：新华社发（宋晓刚摄）。

列条约和法律条款等，联邦政府理应向原住民提供援助，但在过去几十年里，政府在教育、公共安全、医疗护理等方面所承诺的援助款项却始终严重缺失，还存在管理混乱的问题，造成当下原住民生活困苦，很多人连最基本的水电需求都难以满足。① 该委员会主席凯瑟琳·拉蒙对媒体表示，美国政府的这种不作为，可以归结为"缺乏政治动机"，即从最大限度上获得选票的角度考虑，援助印第安人是性价比不高的事。②

　　除基本生活外，原住民在宗教信仰等精神方面的权利也不能得到很好地维护。在1988年的"林格诉西北印第安人墓地保护协会案"中，尽管早有《美国印第安人宗教自由法》保护印第安人的宗教圣地不受侵犯，

① "Broken Promises: Continuing Federal Funding Shortfall for Native Americans", https://www.usccr.gov/files/pubs/2018/12-20-Broken-Promises.pdf.

② Felicia Fonseca, Associated Press, "Report: US Fails in Funding Obligation to Native Americans", Dec. 21, 2018, https://apnews.com/article/b0809ce879294ca7b07ef7ef633adb12.

但最高法院依然允许政府机构横穿该区域修建道路。① 科罗拉多大学法学教授克里斯滕·卡彭特撰文指出，这已经不是最高法院第一次侵犯美国原住民的宗教自由了。②

2023 年 4 月，耶鲁大学历史学教授奈德·布莱克霍克出版了他的新书《重新发现美国：原住民与还原美国历史》，从原住民视角讲述这个国家的起源与发展，尝试填补美国历史叙事中始终缺失的声音。③ 身为肖肖尼人（Shoshone）的布莱克霍克认为，从最初开始，历史需要关注的重点就不是欧洲人的"大发现"，而是新移民者与原住民间的接触交往。当下有越来越多学者注意到这块缺失的拼图，正努力将其放回它在历史中应有的位置。

一旦开启了原住民视角，我们自然就"重新发现"了美国——这不是一个殖民初期白人勇闯新世界、西进时代开辟美丽新家园的个人英雄叙事美国，而是一个历经几个世纪将印第安人彻底赶出世代居住家园、造成原住民几近种族灭绝命运的残酷美国。

这个美国真实存在，这个美国应该被看见。

---

① "Lyng v. Northwest Indian Cemetery Protective Association", https://supreme.justia.com/cases/federal/us/485/439/.

② Kriste Carpenter, "Living the Sacred：Indigenous Peoples and Religious Freedom", *Harvard Law Review*, Vol. 134, April 2021.

③ Blackhawk Ned, *The Rediscovery of America：Native Peoples and the Unmaking of U. S. History*, New Haven：Yale University Press, 2023.

第三章　五分之三人

"谁最爱把自由和平等挂在嘴边？难道不是那些一只手拿着《权利法案》，另一只手拿着让奴隶惧怕的鞭子的人？"

——亚历山大·汉密尔顿，美国首任财政部长

一边说着"人人生而平等"，一边在美国第一部成文宪法中写下"五分之三条款"的美国开国者们，在一番讨价还价后，把黑奴按"五分之三个人"来计算各州在众议院中的席位和纳税配额，暴露出美国制度虚伪的一面，也揭示了美国复杂的奴隶制度和种族不平等历史，这一条款持续近百年，直到1868年才废除。

一　苦痛贩黑路

1619年，第一批有记录的非洲黑人被运抵英国殖民者在北美的首个定居点弗吉尼亚的詹姆斯敦，开启黑人在北美"新大陆"惨遭奴役的血泪史。[1]

17世纪末，欧洲殖民者为了满足美洲种植园经济对劳动力的需求，将非洲劳动力采购或抓捕后，运送到北美殖民地，从事繁重劳动。甚至，

---

[1]　Lyon Gardiner Tyler, *England in America*, *1580 - 1652 Volume 4*, Harper & Brothers, 1904, p. 81.

欧洲贩奴商还会在西非沿岸组织"猎捕队"，偷袭村庄，绑架黑人。①

图 3-1　印刷画《美国奴隶贸易》

资料来源：作者不详。1830 年，美国国会图书馆藏。

　　一旦被抓住或者贩卖，黑奴将被迫走上漫长而痛苦的旅程。在装船前，他们排成长长的队伍，手脚都戴着沉重的铁链。有的奴隶在精疲力竭、中暑倒地时，会遭到奴隶贩子的毒打，甚至被割断喉咙。到了海岸之后，他们会被关入贩奴商所设的地牢。许多奴隶未及装船，就不堪虐待而丧失生命。装船前，他们还要经过严格挑选，合格者被打上烙印。

　　从非洲到美洲的航程是 6 至 10 个星期。对于被装载到"奴隶船"上的黑人奴隶，这段航程充满苦难、疾病和死亡。"奴隶船"通常极其拥挤、肮脏和危险，奴隶被铐在船舱里，没有足够的空间和适当的卫生条件。许多奴隶在航程中死去，被扔下船。②

　　一旦奴隶抵达美洲，他们将会被贩卖给美洲的奴隶主或种植园主。

---

① Capture and Captives, http://slaveryandremembrance.org/articles/article/? id=A0003，2023 年 8 月 20 日。

② https://www.loc.gov/classroom-materials/immigration/african/journey-in-chains/.

在美洲，这些黑奴被迫从事繁重的体力劳动，如种植园劳作、采矿和建筑等。他们被视为财产而不是人，遭受着严苛对待和剥削，没有人身自由和基本人权。

在 1619 年的第一批黑人到达弗吉尼亚后的 40 年内，黑人与此前被运进北美的白人契约奴一样，以"契约奴"身份登记入册，黑人在南方种植园与白人契约奴一起劳动。①

1619 年至 1659 年间，弗吉尼亚既有黑人"仆役"，又有自由黑人。到 1656 年，弗吉尼亚法令上出现"奴隶"一词。② 17 世纪晚期，随着黑人人口增加，北美殖民地的黑人正式沦为奴隶，黑人奴隶制度才最后确立。

北美的各殖民地根据自身实际情况，相继制定奴隶制度。例如弗吉尼亚殖民当局 1682 年的法规写道，白人男子与黑人妇女结合所生下的孩子，也是奴隶。③ 马里兰殖民地 1663 年的法律规定，该殖民地上的所有黑人都是奴隶，将要出生的一切黑人婴儿也都是奴隶。1665 年，纽约殖民地当局正式颁布法律，宣布黑人为奴隶。17 世纪晚期，黑人奴隶制在新英格兰得到法律上的认可。④

17 世纪末，黑人奴隶制度已经在北美殖民地正式确立，并形成一种劳动制度。北美殖民地将黑奴作为私人财产，制定了极为严苛且不人道的管理办法，剥削黑奴劳动力并对白人伤害黑奴的行为予以法律上的默许。弗吉尼亚殖民地的奴隶法典中写道，奴隶不得主人许可，不得擅自离开劳动场所及住处；奴隶犯有谋杀及强奸罪者，处以绞刑；盗窃行为要受鞭笞 60 下，戴上颈手枷，耳朵钉在柱子上半小时，然后把耳朵割掉。黑奴犯有任何微小"过失"都要受到"惩罚"，轻者鞭打，重者打

① John Hope Franklin, *From slavery to freedom*, McGraw-Hill, p. 70.

② J. Grant, *Black protest*, Fawcett World Library, p. 15.

③ B. G. Bancroft, *History of the united states of America: from the discovery of the continent - vol.* 1, General Books.

④ John Hope Franklin, *From slavery to freedom*, McGraw-Hill, pp. 88-91, 103-105.

成残废或打烙印；奴隶主因施行极端惩罚而致奴隶死亡，不算是重罪，"追捕逃亡的有色人奴隶，即使打伤杀死他们"，也是合法的。[①]

17 至 18 世纪，黑人奴隶制度在北美 13 个殖民地上普遍存在，但是南部与中部、北部之间存在很大差别。在中部、北部，黑人奴隶除了从事农业劳动，更主要的是当家仆、园艺工人、随从等，也有人从事手工业劳动。[②] 在南部，黑人奴隶则是在大种植场上成群地劳动。南部奴隶主对黑奴的剥削也残酷得多，往往驱使奴隶从事繁重劳动，"因劳累过度而死亡者，不可胜数"[③]。1760 年，整个北美殖民地上的黑人奴隶总数达 40 万人，其中四分之三集中在南部。[④]

北美殖民地的种植园经济主要以种植大规模的经济作物为主，如烟草、棉花、甘蔗等，以满足欧洲市场需求，后来被棉花所取代。种植园通常占地广阔，耕种面积大，生产规模庞大，因此依赖于大量劳动力，而奴隶成为主要劳动力来源。虽然种植园经济在北美殖民地时代为南部带来一定程度的繁荣，但同时也导致黑奴的悲惨命运和社会的不稳定，成为美国内战爆发的主要原因之一。

二　从蓄奴到废奴

美国 1776 年宣布独立时，蓄奴是合法的。从 1776 年一直持续到 1865 年的美国奴隶制，是世界进入文明时代后规模最大的蓄奴制度，剥夺了黑人的自由和权利，对数以千万计的黑人奴隶进行奴役，并视他们为财产。

1776 年，美国发表《独立宣言》，宣布 13 个北美殖民地脱离英国独

① John Hope Franklin, *From slavery to freedom*, McGraw-Hill, pp. 73, 77–78.

② Albert Bushnell Hart, *American history told by contemporaries：welding of the nation 1845–1900*, University Press of the Pacific, Vol. II, p. 307.

③ John Fiske, *Old Virginia and her neighbors*, Houghton, Mifflin, Vol. II, pp. 326–328.

④ Walter Jennings, *A History of Economic Progress in the United States*, p. 70.

立。但是《独立宣言》中提到的"所有人生来平等，被造之物都被赋予了若干不可剥夺的权利"，并不适用于黑奴。直到 1868 年美国国会通过宪法第十四修正案，黑人才在法律上拥有和白人相同的地位。

1787 年，美国宪法起草期间，北方州和南方州达成"五分之三协议"。南方各州为了增加自己在众议院的代表名额，希望将奴隶视为完整的人计入人口，但是为了减少税收配额，又企图将奴隶视为非人的财产。一开始北方提出将奴隶视作"二分之一的人"，南方还以"四分之三"。在南北方漫长的讨价还价之后，终于达成将黑奴计为"五分之三的人"的妥协。① 由此，南方在众议院席位从 35% 上升到近 45%，增强了在立法问题上的影响力。

南方诸州在国会长期称霸，影响了国家政治和立法，自乔治·华盛顿到亚伯拉罕·林肯当选总统的 72 年间，有 50 年是奴隶主担任美国总统，在整个期间里，竞逐连任的总统无一不是奴隶主。②

美国建国之初，北方各州先后立法废除奴隶制。在南方各州，尤其是种植园经济盛行地区，奴隶制度则更为普遍。南方各州黑奴向北出逃层出不穷。1793 年，美国出台《逃亡奴隶追缉法》，规定奴隶主有权跨州追缉逃亡的奴隶，而且奴隶主可以在当地法院确定该奴隶的所有权之前，就把奴隶带回庄园。这一法律也得到了宪法第四条的支持，即"凡根据一州之法律，应在该州服劳役或服刑者，若逃到另一州，不得因另一州之任何法律或条例，解除其刑役，而另一州应依照该人所逃离州之要求，将人归还至逃离的州"③。

19 世纪初，由于纺纱机在欧洲大规模投入生产，棉花需求量大涨，对劳动力需求也大幅增长，于是美国南方的庄园又纷纷开始改种棉花。

---

① 代表（人数）和直接税应根据联邦内各州各自的人数进行分配，人数即所有自由人（包括有义务终身服役的人，不包括未被征税的印第安人）的总数上加上所有其他人的五分之三。

② "Interview：James Oliver Horton：Exhibit Reveals History of Slavery in New York City"，*PBS Newshour*，January 25，2007，Retrieved February 11，2012.

③ https：//www.ushistory.org/presidentshouse/history/slaveact1793.php，2023 年 8 月 20 日。

1808 年，美国《禁止奴隶进口法案》生效，禁止进口新的非洲奴隶，试图减缓奴隶人口增长。1810 年，北方 75% 的非裔美国人都获得了自由。但美国南方的奴隶制度仍在继续，并依赖内部奴隶贸易来满足劳动力需求。相比蔗糖和烟草，棉花对劳动力需求更大，因此黑奴的作用重新增大起来。结果，《禁止奴隶进口法案》几乎成了一纸空文。①

19 世纪 20 年代，随着一系列铁路和运河开通，美国中西部和新英格兰地区开始大规模工业化。对于北方州来说，黑奴一旦解放，将会是上百万的自由劳动力，废奴主义开始在美国北方兴起。比如在 1819 年，美国的蓄奴州和自由州各有 11 个，正好能在国会平衡。但到了 1820 年，密苏里达到条件加入联邦，成为一个蓄奴州，打破了平衡。为了再度平衡双方势力，位于北方的马萨诸塞州被肢解，分裂出一个新的缅因州。同时，双方达成共识，除现有州以外，今后在北纬 36.5 度线以北，不可以存在奴隶制，这就是所谓的密苏里妥协案。②

但南方在 1820 年妥协之后，多次不顾这个协议而冒进，其中最著名的是堪萨斯—内布拉斯加法案。1854 年，堪萨斯申请加入联邦，堪萨斯州位于北纬 36.5 度以北，理应成为自由州，但为了争夺堪萨斯，南北双方最终酿成流血冲突。

堪萨斯—内布拉斯加法案的前奏是南北双方妥协中形成的新《逃亡奴隶法》。1850 年，美国在美墨战争中击败墨西哥获得的新领土上掀起了废奴和蓄奴之争。在一些国会议员斡旋下，南北双方又一次达成妥协：加利福尼亚州以自由州的身份加入联邦，犹他和新墨西哥地区的制度由它们自己决定，华盛顿特区废除奴隶贸易，但北方各州搜捕和遣返逃亡奴隶的力度要加大。

在南方奴隶主的压力下，国会在 1850 年通过新的《逃亡奴隶法》。妥协中诞生的《逃亡奴隶法》规定，南方的白人只要宣一个誓，就可以

---

① https：//www.npr.org/templates/story/story.php？storyId＝17988106.
② 陈志发：《美国奴隶制度述略》，《历史教学》1985 年第 10 期。

在没有别的证据的情况下，认定一名黑人是他家逃走的奴隶；北方的政府机构必须配合南方追捕奴隶；黑人几乎没有为自己辩明自由身份的权利；奴隶逃走后，在自由州生下的后代，也要被带回庄园去当奴隶。①

如此一来，南方人开始肆无忌惮地在北方抓捕黑人，不光是逃走的奴隶，连本来就是自由人的黑人也被他们掳去不少。这期间发生很多悲剧，比如肯塔基州一名黑奴母亲，带着几个孩子通过"地下铁路"北逃，在俄亥俄州南部被捕，将被转交给追来的奴隶主。她不愿意自己和孩子们再次沦为奴隶，便决定杀掉孩子之后自杀。她杀掉第一个孩子之后，被警察控制，结果以杀人罪被捕，后来被拍卖；而她的其他孩子们被交给了奴隶主，不料在返回肯塔基途中，船在俄亥俄河上意外沉没，她的孩子们全都被淹死。②

北方的废奴主义者意识到，只靠喊口号无法阻止奴隶制扩张，于是潜入南方去直接解救黑奴，想以此瓦解奴隶制。这些被拯救的黑奴从南方蓄奴州向北方自由州的逃离路线，就是美国历史上著名的"地下铁路"。参与"地下铁路"的废奴主义者以及在"地下铁路"上逃亡的黑奴，都以铁路为暗号。

"地下铁路"由一系列秘密的逃亡线路、隐藏的藏身之处、支持者和义工组成。逃亡奴隶会沿着这些线路穿越南方的州际边界，往北前进，直至到达自由州或加拿大。那些地方没有奴隶制度，可以保护他们的自由。

"地下铁路"的秘密性是成功的关键。逃亡奴隶通常只在一小段路程内与"地下铁路"的相关人员接触，以降低被抓捕风险。他们会在途中经过多个隐藏站点，每次停留时由"地下铁路"的支持者提供食物、庇护和帮助。逃亡奴隶需要保持谨慎，以免被揭露或暴露藏身之地。

---

① https：//www. crf-usa. org/images/pdf/Fugitive-Slave-Law-1850. pdf.

② https：//baijiahao. baidu. com/s？id=1591799855602631701&wfr=spider&for=pc.

美国黑奴数量表

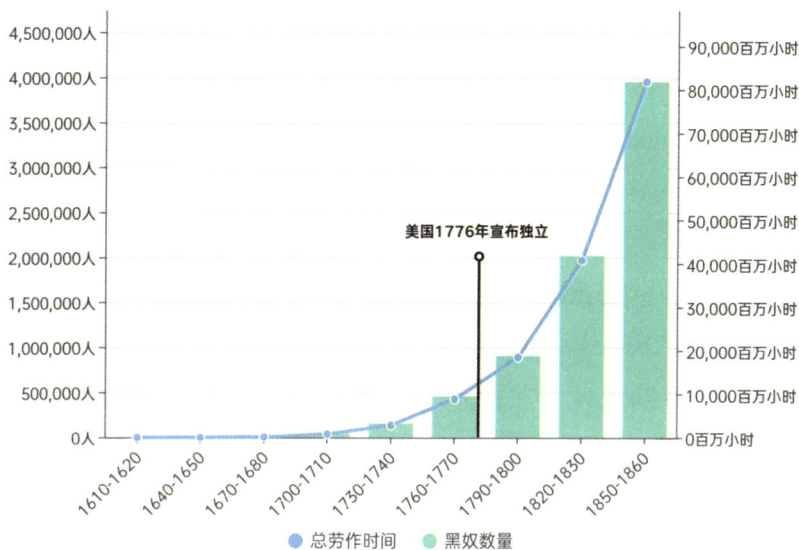

图 3-2　美国黑奴数量及总劳作时间[①]

"地下铁路"的支持者包括各种背景的人，有黑人、白人废奴主义者、教会组织以及普通民众等。他们的共同目标是帮助逃亡奴隶获得自由，并推动废除奴隶制度。

奴隶制度是南北战争的主要争议焦点之一。南方各州试图从联邦政府独立，主要是为了维护奴隶制度。北方联邦政府则坚决反对奴隶制度并试图维护国家统一。

1863 年，林肯通过《解放奴隶宣言》正式宣布废奴。1865 年，美国南北战争结束。1865 年至 1870 年，美国相继通过第 13、14、15 三个宪法修正案，分别废除了奴隶制度、确保了黑人的公民权利和禁止对黑人选举权的限制，为黑奴赋予了平等的法律地位。

---

① J. David Hacker，"From '20 and odd' to 10 million：the growth of the slave population in the United States"，*Slavery and Abolition*，Volume 41，2020.

　　第 13 条宪法修正案规定，在美国及其领土上，奴隶制度及任何形式的强迫劳动和奴役都被禁止，正式废除了奴隶制。

　　第 14 条宪法修正案规定，所有在美国出生或取得合法公民身份的人，都享有联邦和州政府的平等保护权利和平等法律地位；废除五分之三条款，即黑人被计算为五分之三人口的规定，并为黑人获得选举权和公民权提供了保障。任何州如果剥夺黑人公民的合法权益，将失去在国会的代表资格。

　　第 15 条宪法修正案规定，黑人公民在选举中享有平等权利，禁止因种族、肤色或以前的奴隶身份而剥夺公民在选举中的投票权。

图 3-3　3K 党在华盛顿宾夕法尼亚大街游行

资料来源：作者不详。1926 年，美国国会图书馆藏。

　　在非裔美国人历史学家文森特·哈定眼中，《解放奴隶宣言》的发布是迫不得已之举，是林肯采用的一种政治和军事上的权宜之计，并不是一种经过深思熟虑、基于道德原则之上的决定。所以，内战期间在黑人争取自由的斗争中，林肯和联邦政府扮演的角色与其说是"伟大解放者"，还不如说是一个"不情愿的同盟者"①。

正如历史学家艾拉·伯林所说，《解放奴隶宣言》在颁布时实际上"并没有真正解放应该获得解放的奴隶"②。

尽管这些宪法修正案在当时为黑人公民权利争取了重要保障，但在其后的历史中，黑人仍面临持续的种族歧视和挑战。直到20世纪60年代民权运动，黑人才获得更多平等权益。

三　隔离但平等?

随着美国内战结束，美国宪法三条所谓"重建修正案"得以通过，狭义上的奴隶制正式被废除。美国从法律层面来说不再存在黑奴，美国非裔人群的地位在一定程度上获得提升。但是脱去奴隶身份不代表他们能够作为普通人被社会接受。事实上，美国在废除奴隶制后仍然打着"隔离但平等"的幌子对黑人群体实施制度性歧视。这一口号里，"隔离"是实，"平等"是虚。因此在长达将近100年中，黑人群体的社会地位和福利增长缓慢。

美国内战结束后，美国进入长约10年的"重建时期"。在这一时期，联邦政府在南方各州保留较多驻军，也对南方各州政治产生了较大影响。在这一短暂时期内，南方黑人在联邦政府庇佑下获得一定政治权利，不少黑人甚至当选为南方各州议会议员或者市长等。③

但是自1877年开始，联邦政府开始逐步将联邦部队撤出南方州，将

---

① Vincent Harding, *There Is a River: The Black Struggle for Freedom in America*, New York: Harcourt Brace Jovanovich, 1981, p. 254.

② Ira Berlin, "How the Slaves Freed Themselves", *Washington Post*, December 27, 1992.

③ E. Foner, *Reconstruction: America's unfinished revolution, 1863 - 1877*, New York: Harper & Row, 1988, pp. 354-355.

当地治理权力重新交给各州政府和议会，南方白人又迅速重新"夺回"南方各州，此前担任公职的黑人以各种方式被驱逐出政府。

这段时期最有代表性的事件是 1898 年北卡罗来纳州威尔明顿市发生的"威尔明顿大屠杀"。威尔明顿大屠杀被认为是美国历史上唯一一次成功推翻合法政府的暴乱行为。

内战后，多名黑人通过合法选举程序进入威尔明顿政府，使得该政府成为一个"联邦主义"政府。但这一现实让许多抱有种族主义意识的白人群体不满。1898 年，2000 多名白人男性组织起来，暴力袭击了威尔明顿政府，驱逐政府成员，并在城中大肆破坏焚烧黑人产业，导致 60 至 300 人死亡。这一暴乱行为导致数千名黑人搬离威尔明顿，使其从一个黑人占多数的城市变为白人占主要人口的城市。

暴乱发生后，发动暴乱者登堂入室，控制了威尔明顿政府，而北卡罗来纳州政府则默认了这一结果，并未采取措施惩治暴乱分子。美国联邦政府听闻此事后也表示，如果州政府决定不惩处暴乱分子，联邦政府不会越俎代庖。

美国史学家劳拉·爱德华说："威尔明顿所发生的惨案证明，白人至上主义不仅存在于这一座城市，而且存在于整个南方乃至整个美国。"①

在短暂的重建时期后，美国许多州进入所谓"吉姆·克劳"年代。"吉姆·克劳法案"指内战后美国各州，尤其是南方州出台的一系列针对黑人的种族隔离法案的总称。

一般认为，吉姆·克劳源于 1830 年前后美国的一个音乐剧，此后逐步成为黑人的代名词。1892 年，包括《纽约时报》等媒体开始将种族隔离法案称为"吉姆·克劳法案"。

在所有的"吉姆·克劳法案"中，"普莱西案"具有标志性意义。1890 年，南方路易斯安那州颁布法律，白人和黑人在乘坐火车时必须分

---

① https://pages.charlotte.edu/john-cox/blog/2018/11/12/the-anniversary-you-didnt-hear-about-this-weekend-wilmington-1898/.

乘不同车厢。1892 年，具有黑人血统的民权活动人士普莱西登上白人车厢，随后被捕。这一案件最终上诉至美国最高法院。美国最高法院最后裁定，路易斯安那州要求白人和黑人乘坐隔离车厢是一种"隔离但平等"的做法，不违反美国宪法。

有了美国最高法院的加持，以及"隔离但平等"这一口号作为借口，南方州开始大量出台针对黑人的立法，严重侵害黑人的社会以及政治权利。

在社会层面，歧视性立法以隔离为主要目的，最后导致的结果就是黑人和白人在涉及衣食住行的几乎一切社会活动中被隔离。

例如，在乘坐公共交通时，黑人往往必须坐在规定的座位上。如果白人座位区不够，白人可以坐在黑人座位上，但黑人在任何情况下不得坐在白人的座位上；在就学方面，黑人和白人儿童就读于不同的学校；在外出就餐时，有些餐厅只服务白人或者只服务黑人群体，或者要求两者使用隔离的出入口或就餐区域；在戏院或电影院，黑人只能坐在规定区域；公园等公共休闲娱乐场所也实行隔离，黑人和白人不得使用同样的场所。

2019 年获得美国奥斯卡奖最佳影片的电影《绿皮书》就展现了这一时期的情况。由于绝大多数酒店不接待黑人客人，黑人中流传着名为"绿皮书"的小册子，上面标注着各地接待黑人的旅店。在美国民权运动前，黑人长途旅行具有很高的安全风险，因此绿皮书成为黑人外出旅行时依赖的"生命线"[1]。

虽然在一开始这些隔离性法案都打着"隔离但平等"的口号，但在实际中给黑人使用的设施和服务都远差于白人享受的设施和服务。例如在公交车上，黑人的座位区域都在车厢后部；在戏院和电影院，黑人座位也是场里最差的位置；黑人的学校、休闲娱乐设施、卫生间也都非常

---

[1] https：//www.nbc29.com/2023/02/28/charlottesville - historians - discuss - local - green - books - their - significance - black - travelers/.

破旧；一些工作机会也不向黑人开放。黑人的社会经济权利长期得不到保障，成为他们难以进入主流社会的重要原因。

在政治上，歧视性法案严重侵犯黑人的选举权。比如一类称为"投票税法"的法案，规定选民在投票前必须缴纳"投票税"或参加识字测试，而缴不起税或不识字的黑人自然被剥夺了选举权。有的州在投票税法基础上还添加"祖父条款"，意为如果投票人可以证明自己祖辈在内战之前就曾投票，则可以免除投票人的投票税。由于内战前美国南方几乎没有黑人享有投票权，这一条款的作用也是为了限制黑人投票。

在社会经济领域通过隔离的方式进行限制，在政治领域进行打压，导致在奴隶制废除后的几十年里，美国黑人仍然只是美国的二等公民，生活在悲惨的处境之下。[①]

除了在制度上进行全方面打压，当时美国还存在严重的针对黑人的暴力行为，臭名昭著的3K党就是其中的代表。

3K党在美国历史上经过多次更迭，但其种族主义内核没有改变。其最早出现在内战结束后不久，此后被美国政府取缔。20世纪20年代该组织死灰复燃，再次成为美国一个强大的民间组织，甚至产生了一定的政治影响力。大萧条后该组织再次沉寂，直至民权运动兴起时，又有一些民间势力打着3K党的名号制造恐怖事件。

在3K党的全盛时期，甚至美国总统和最高法院大法官都曾一度成为3K党会员，[②] 而该组织更具备了左右部分州议会的能力。

据记载，3K党针对美国黑人犯下的罪行包括炸弹袭击、纵火、袭击民权领袖、策动种族主义暴乱、实施针对黑人的恐怖主义，以及在选举时以各种方式阻碍黑人合法行使选举权。

1921年在俄克拉何马州图尔萨市发生的图尔萨大屠杀被认为是美国历史上最恶劣的种族暴力事件。在两天的时间里，白人至上主义者屠杀

---

① https：//www. archives. gov/milestone-documents/15th-amendment.

② https：//supremecourthistory. org/scotus-scoops/justice-hugo-black-ku-klux-klan-controversy-1937/.

黑人并焚毁大量房屋，导致数百人死亡，35 个街区被焚毁，上万名黑人无家可归。

3K 党最为人熟知的恶行包括任意对黑人实施私刑，多以绞刑的方式。1955 年，3K 党成员指称 14 岁黑人男孩爱梅特·提尔在密西西比州侵犯一名白人女性，随后将其绑架、虐待，最后施以绞刑。1981 年，3K 党成员在亚拉巴马州用绞刑方式杀死 19 岁黑人青年迈克·唐纳德，引发公愤。

图 3-4　2018 年 4 月 4 日，在美国华盛顿，一名女子在马丁·路德·金纪念雕像旁驻足
资料来源：新华社发（杨承霖摄）。

美国 20 世纪 60 年代出版的文学经典《杀死一只知更鸟》的创作背景就是美国黑人所面对的无处不在的暴力威胁。一名黑人可能仅仅因为一句话、一个举动或者一个无端指控就招致杀身之祸。

四　坎坷争民权

在忍受将近一个世纪的隔离政策后，美国几代黑人的愤怒最终促成民权运动的诞生。20 世纪 50 年代至 60 年代是美国民权运动的高潮。以马丁·路德·金为代表的民权运动领袖领导全美黑人和部分进步白人通过和平非暴力示威，最终迫使美国当局修订法律，赋予黑人更加平等的社会地位。

但更鲜为人知的是，美国政府一方面回应了民权运动的部分诉求，但另一方面也针对他们眼中民权运动中威胁最大的群体进行暴力镇压。美国政府不惜动用司法、媒体、情报等各个部门力量冤杀运动领袖，进行大肆污蔑。对民权运动的绞杀导致其未能实现最大效果，即彻底解决黑人在美国受歧视问题。

美国民权运动从 20 世纪 50 年代开始积累势能。

1954 年，美国最高法院就布朗诉托皮卡教育局一案裁决时认定，学校按种族隔离违宪。这一裁定立即在美国引起轩然大波，许多南方州表示不接受这个决定。1957 年 9 月，9 名黑人学生被南方阿肯色州小石城高中录取。但在开学日，超过 1000 名白人堵在学校门口，抗议黑人学生入学。当地警方护送学生进入教学楼后，抗议行为进一步升级。为了避免事态失控，这些黑人学生又被领出学校。这一冲突也引发阿肯色州政府和联邦政府的对立。为了确保这些黑人能够顺利入学，时任美国总统艾森豪威尔派遣 1200 名美军士兵前往小石城高中，护送黑人学生入学，并解除了阿肯色州州长指挥州国民卫队的权力。① 虽然民权运动在小石城取得胜利，但是全美范围内校园隔离制度彻底消亡，还需要等到 20 世纪 80 年代。

20 世纪 50 年代的另一件标志性事件是黑人女性罗莎·帕克斯因为拒绝让座而被捕从而导致的大规模抵制行为。1955 年 12 月 1 日，帕克斯在亚拉巴马州蒙哥马利市登上一辆公共汽车，坐在了黑人座位。不过，当白人座位逐渐坐满乘客，司机要求包括帕克斯在内的几名黑人起身为白

---

① https://www.loc.gov/classroom-materials/united-states-history-primary-source-timeline/post-war-united-states-1945-1968/civil-rights-movement/.

人乘客让座，帕克斯予以拒绝后被警察逮捕。蒙哥马利市的黑人立即被组织起来抵制公交公司，持续 381 天。最后蒙哥马利市被迫修改规定，不再在公共交通上执行种族隔离政策。

进入 20 世纪 60 年代，马丁·路德·金逐渐成为民权运动的主要领袖之一。他在 1963 年组织了"向华盛顿进军"活动，引领数十万人从各地前往美国首都，呼吁美国政府尽快推进平权立法。正是在华盛顿，马丁·路德·金站在林肯纪念堂台阶上，发表《我有一个梦想》演讲，将民权运动推向高潮。

面对压力，美国国会先后于 1964 年和 1965 年通过民权法案和选举法案，这被视为民权运动的最大成果。这两部法案分别针对黑人在社会经济和政治上遭受的不公，禁止了"吉姆·克劳法案"中的歧视性行为。民权法案规定，公共场合不得根据人种进行隔离，雇主招聘雇员时不得根据人种进行歧视，而任何收取联邦拨款的机构都不得存在歧视行为。投票法案则主要是保障黑人的投票权利，各州政府不得实行投票税、对投票人进行读写考试从而限制黑人投票。

1968 年，随着马丁·路德·金遇刺身亡，国会通过 1968 年民权法案保障黑人享有平等的购买、租住房屋的权利，民权运动开始转向低潮。

在如火如荼的民权运动中，"黑人力量运动"的影响力不容小觑。和马丁·路德·金所提倡的和平非暴力示威不同，"黑人力量运动"参与者具有更浓的左翼意识形态，并认为黑人应该更加积极地维护自身安全和利益。

美国黑豹党就是"黑人力量运动"中的代表。美国黑豹党由两名大学生于 1966 年成立，之后迅速成为民权运动中一支重要力量。黑豹党成员公开持枪械监督警方执法活动，以确保警方执法活动正规合法。此外，黑豹党还创办了一系列社会服务组织，不断扩展其社会影响力。

然而，由于其较为激进的政治立场，黑豹党被美国政府认定为巨大威胁。美国联邦调查局首任局长约翰·埃德加·胡佛 1969 年表示，黑豹党"是对美国国内安全最大的威胁"①。受这一思想指导，美国政府开始使用暴力和非暴力手段打压遏制黑豹党。

后来解密的文件显示，联邦调查局针对黑豹党所采取的手段包括监控、渗透、造假、警察骚扰等，不断试图分化破坏黑豹党组织，甚至杀害黑豹党骨干成员。

1969年4月，芝加哥警方突袭一处黑豹党居所，当场打死黑豹党主要成员弗雷德·汉普顿和黑豹党成员马克·克拉克。事后联邦调查结果显示，汉普顿在警方行动开始前服用了大量镇静剂，因此警方行动时处于无意识状态，在睡梦中被警察射中头部两枪当场身亡，年仅21岁。警方行动结束后，一度谎称黑豹党成员暴力拒捕因而发生枪战，不过在联邦政府调查后发现，芝加哥警方在这次行动中共发射了80发子弹，而黑豹党方面仅发射了一枚子弹。调查还发现，芝加哥警方早在汉普顿身边埋下线人，正是线人给汉普顿服下大量镇静剂。

考虑到联邦调查局一直以来对黑豹党的关注，以及芝加哥警方行动前获得的情报支持，美国社会普遍认为这次行动是联邦调查局指示芝加哥警方所进行的一次"斩首行动"。前联邦调查局探员卫斯理·迪威尔根就明确表示，联邦调查局在汉普顿死亡一事中并不无辜。②

除了暴力手段，美国政府还"用软刀子杀人"，通过操纵媒体不断在舆论中抹黑黑豹党，削弱美国社会对黑豹党的支持。联邦调查局最惯用的一个套路是将黑豹党描绘成一个"暴力组织"。根据公开的联邦调查局内部文件，其中一个策略是在黑豹党内部埋藏多个线人，这些线人会假装和警方发生冲突，引诱媒体报道。而当黑豹党指控警方不当执法时，则鲜有媒体报道。久而久之，美国社会对黑豹党的认知越来越负面，黑豹党也逐渐走向衰落，其在美国社会中开办的各类有互助性质的服务机构亦随之消亡。

---

① https：//www.upi.com/Archives/1969/07/16/J-Edgar-Hoover-Black-Panther-Greatest-Threat-to-US-Security/1571551977068/.

② http：//www.colorado.edu/AmStudies/lewis/2010/fbikill.htm.

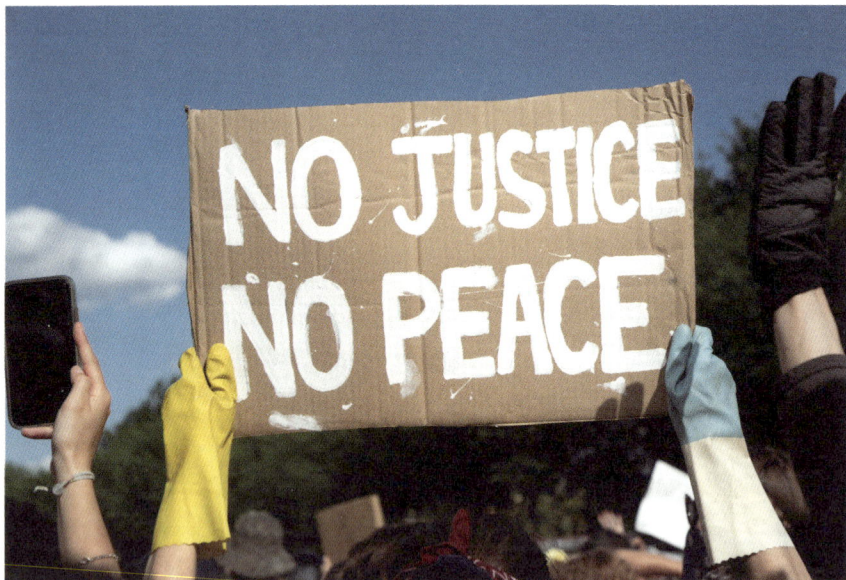

图 3-5　2020 年 5 月 30 日，在美国首都华盛顿，一名抗议者手持
"没有正义 就没有和平"标语参加抗议活动

资料来源：新华社发。

五　我无法呼吸

美国民权运动虽然取得一定成果，将"吉姆·克劳法案"扫进历史
的垃圾堆，但受美国政府阻挠，民权运动并没有充分完成自己的使命。
在其结束后的几十年里，美国黑人的生存处境仍然艰难困苦，无论是从
社会经济还是政治维度都没有达到和白人群体相当的水平。贫穷、司法
不公、教育和医疗资源匮乏、选举权利受限以及系统性种族主义和歧视
是 21 世纪仍压在黑人头上的几座大山。

美国大量社会研究表明，美国黑人财产和收入都明显低于白人，而
贫困率则显著高于白人。在职场中，黑人失业率大幅度高于白人，且工
作更多集中在低收入岗位，进一步加剧了种族间的财富差距。

根据美联储 2019 年的数据，白人家庭在美国占比 68.1%，却持有

87%的财产，黑人家庭占比15.6%，却只持有2.9%的财产。美国学者普遍认为，新冠疫情加剧了美国社会的贫富分化，因此黑人家庭持有的财产占比或比疫情前更低。

在一份梳理1860年至2020年白人家庭和黑人家庭财产比例的研究中，目前黑人家庭平均财产是白人家庭的六分之一，而更令人忧虑的是，研究表明1980年以后美国黑人家庭和白人家庭财产差距又呈逐渐拉大之势。[①]

在美国一些地区，白人和黑人财产差距已经到了令人震惊的地步。根据一份基于2013年和2014年数据的调查，在美国首都华盛顿，白人家庭的财产中位数是28.4万美元，而黑人家庭财产中位数是3500美元，前者是后者的81倍。导致这一现象的一大原因是双方拥有的住房价值差距巨大。[②]

2020年5月25日，46岁的黑人男子乔治·弗洛伊德因涉嫌使用假钞在明尼苏达州明尼阿波利斯市一家便利店中买烟遭警察逮捕。逮捕过程中，弗洛伊德被胸口朝下按在地上，白人警察德雷克·肖万用膝盖抵住弗洛伊德的后颈超过9分钟。弗洛伊德反复恳求，说自己"无法呼吸"，随后陷入昏迷并失去生命迹象。

这一事件在全球范围内引发大规模抗议，也让美国黑人面对的司法不公暴露在世人眼中。

美国埃默里大学从事非洲裔美国人研究的教授卡萝尔·安德森指出，即使非洲裔人士手无寸铁也会被视为威胁，而当他们手中有武器时，在别人眼中的"威胁"就会呈指数级增长，这就成了他们被剥夺生命的"正当理由"[③]。

---

① https：//www.minneapolisfed.org/research/institute-working-papers/wealth-of-two-nations-the-us-racial-wealth-gap-18602020.

② https：//wamu.org/story/16/11/02/net_worth_of_white_dc_households_81_times_that_of_black_households_says_report/.

③ http：//www.news.cn/world/2022-05-25/c_1128682386.htm.

据美国"警察暴力地图"网站统计，2021年死于美国警察手中的人中，非洲裔占比超过20%，而非洲裔占美国总人口的比例为13%。

《今日美国报》网站2021年5月24日报道，在乔治·弗洛伊德被警察暴力杀害后的一年里，执法人员在美国又杀害了数百名少数族裔。自2000年以来，明尼苏达州已经有超过470起杀人案是由执法人员犯下，但其中只有一人被定罪，那就是一个杀害了一名白人女性的少数族裔男性执法人员。美国《基督教科学箴言报》网站2021年11月23日报道，城市研究所的研究显示，与黑人杀白人的案件相比，白人杀黑人的案件被裁定为"正当"的可能性要高出10倍。[1]

在教育方面，多项研究表明，黑人群体享受到的师资力量和校舍条件都差于白人，最终使得黑人在学业成绩和升学率等方面都不如白人学生。

联合国消除种族歧视委员会的结论性报告指出，美国有色人种、少数族裔孕产妇死亡率和发病率远远超过其人口占比。美国全国卫生统计中心2022年2月23日发布的报告显示，美国不同族裔孕产妇死亡率差异日益扩大，2020年非拉美裔黑人孕产妇死亡率显著增加，是非拉美裔白人孕产妇死亡率的2.9倍。美国疾病控制和预防中心2022年10月28日发布的研究报告显示，非洲裔、拉美裔、原住民等群体在获得新冠治疗时面临持续性的种族不平等。在美国，新冠疫情对有色人种和少数族裔造成更大负面影响。不平等的医疗卫生服务影响着少数族裔的生命权。普林斯顿大学公共和国际事务网站2022年7月7日公布的一项研究显示，2019年至2021年，加利福尼亚州拉美裔人均预期寿命下降5.7岁，非洲裔下降3.8岁，亚裔下降3岁。相比之下，白人的人均预期寿命下降1.9岁。[2]

随着1965年美国选举法生效，针对黑人选民最为明显的一些限制措

---

[1]　http：//www.china.org.cn/chinese/2022-03/02/content_78080644.htm.

[2]　https：//china.chinadaily.com.cn/a/202303/28/WS64227448a3102ada8b2359ab.html.

施被禁止，但美国社会仍然保留大量隐形门槛，为黑人群体行使投票权利设置重重困难。

一些州要求选民投票前必须持带照片的身份证件注册，认证后才能投票。然而，美国政府并不向所有公民发放带照片的身份证件，普通民众较为常见的身份证件包括驾照、护照等，而生活水平较低的黑人群体持有这两种证件的比例低于白人，无证者难以行使自己的选举权利。

有些州故意在黑人选民聚集区减少投票点，致使这些投票点前排长队，以此给黑人选民投票设置无形障碍。① 还有些州通过研究发现，黑人选民更喜欢在周末投票，因此有意将投票日安排在工作日，从而压低黑人选票。②

更为恶劣的是，部分白人至上主义者还采取各类办法恐吓黑人选民，以此降低黑人参与投票的人数。恐吓选民的招数多种多样。例如美国媒体报道，2020 年大选期间两名白人面向主要是黑人居民的社区拨打人工语音电话，称如果通过邮件投票会暴露个人信息，被政府纳入观察范围。③

总之，虽然美国已经难以看到明目张胆限制黑人投票的规定，但对黑人选民的限制以更加隐蔽的形式层出不穷。

---

① https：//www. aclu. org/news/civil-liberties/block-the-vote-voter-suppression-in-2020.

② https：//www. brennancenter. org/our-work/research-reports/impact-voter-suppression-communities-color.

③ https：//www. democracydocket. com/analysis/what-voter-intimidation-looks-like-today/.

第四章　空头选票

"当一个人或一个政党在美国遭受不公之时，你认为他或它能够向谁申诉呢？……如果这不是隐藏在自由表象之下的暴政，那还能是什么？"

——亚历克西·德·托克维尔，《论美国的民主》

2020年初夏，位于美国东南部的佐治亚州尤宁城沉浸在高温与雨水交织的闷热中。在令人不适的天气中，尤宁城的居民正在户外排着大队，为美国总统选举初选投票。

黑人姑娘凯茜驱车赶到投票站时，是下午3点30分，她看了一眼上千人的队伍，心里闪过一丝迟疑想要放弃，不过她最终决定留下来，随着人群缓缓向前挪动。

尤宁城共有约2.24万名居民，其中将近88%为非洲裔。由于整个佐治亚州的投票站数量一直在缩减，造成了单个投票站排起长队，这个问题在非白人社区尤为突出。

五个多小时后，凯茜才进入屋内。这时的投票站已经正式关闭，电子扫描器也已关机。投票站的工作人员告诉凯茜，她可以填一张临时选票。一瞬间，愤怒、沮丧、焦虑……种种情绪向她袭去。

"我的选票也许不会被计算在内。"凯茜后来向媒体回忆她当时所想。

美国，自诩"民主的灯塔"。然而，近年来的种种政治乱象使"灯塔"日益黯淡。这不禁令人发问，在美国，"人人"真的生而平等吗？美式民主的本质是什么？美国政治制度最根本的游戏规则是什么？究竟是谁在统治着美国？

1863 年，时任美国总统林肯在葛底斯堡演说中以"民有、民治、民享"来形容理想中的美国民主政府。160 多年后的今天，新加坡国立大学亚洲研究所杰出研究员马凯硕在其著作《亚洲的 21 世纪》中借用并改造了这一表述："事实表明，美国已远离民主而走向财阀统治，其社会是'1% 有、1% 治、1% 享'。"

一 不平等的"人人"

1787 年 9 月 17 日，费城独立厅议事堂，美国制宪会议的代表们最后一次聚集，签署人类历史上的第一部成文宪法 ——《美利坚合众国宪法》。从 5 月 25 日开始，来自各州的代表们花了漫长的三个月来确定国家政体、选举制度和政府权力分配。

参加制宪会议的代表一共是 55 人，均为男性，几乎全部参加过独立战争。超过一半的代表受过专业法律训练并曾担任律师或法官，其他代表从事的职业有：商人、船主、工厂主、银行家、金融家、农场主、土地投机商、医生、牧师。其中 25 人拥有奴隶，16 人依靠奴隶来作为发展其他事业的本钱。大部分代表拥有大量土地，且生活富裕，衣食无忧。

"宪法之父"詹姆斯·麦迪逊是他们中的一员。麦迪逊 1751 年出生于弗吉尼亚殖民地富裕的种植园家庭；1769 年进入新泽西大学（现普林斯顿大学）接受教育；于独立战争期间任大陆会议和弗吉尼亚下议院成员。制宪会议召开前数月，他草拟了提案大纲并在会议期间提出，成为广为人知的弗吉尼亚方案。这个方案在三权分立和两院制人员政治大框架的部分已具备了美国宪法的雏形。

从制宪会议代表构成不难看出，美国国家制度从建立之初就未能代表真正意义上的民意。这些代表与广大的美国人民毫无关系，没有经历任何投票选举，没有经过人民推选，只是由各州政府推荐。他们之中也没有普通民众、中小利益代表或者女性代表，不少人还是奴隶主。

从制宪会议的过程来看，代表们就选举制度所进行的激烈辩论，其主要目的是防止"多数人的暴政"。与会代表普遍担忧普通民众的政治判断，进而不同意人民直选方案。麦迪逊在辩论环节的一段发言很能体现代表们制约民主的思维。他说："在今天的英格兰，如果选举对所有阶层的民众开放，那么土地所有者的财产将受到严重威胁，很快就会有一个新的土地法被制订出来。如果这些都会成为现实，那么我们的政府就应该长久地防止这种情况出现。土地所有者也应成为政府的一分子，来保护这些无价的利益并对其他阶层形成制衡，他们应该保护少数人的利益免受大多数的侵害。"①

制宪会议的最后三天，经过数月讨论无果，已经非常不耐烦的代表们突然仓促通过了选举人方案，决定美利坚合众国的总统不能由直选产生，而是由各州推选的选举人投票产生，选举人的数量等同于该州在联邦政府中参议员和众议员的人数之和：参议员每州各两名，众议员按照各州人数比例分配。代表们普遍承认该方案是妥协的结果，是调和大州和小州、联邦派和州权派不同意见的唯一办法，也是大州民主派代表为了宪法能制定出来"对小州的一种贿赂"②。

从制宪会议的结果来看，美国的选举制度并非反映了"一人一票"的民主，而是利益集团妥协的产物，其目的是维护社会秩序。美国的开国元勋亚历山大·汉密尔顿在《论总统的选举方式》一文中写道："先选举出一些人作为中间机构，再去选举总统，比起直接选出一个作为公众企盼的最终对象，更不容易引发社会的剧烈震荡。"③

经过挫折、修正和历史演化，美国形成了独特的选举人团制度。选

---

① Robert Yates, *Notes of the Secret Debates of the Federal Convention of 1787*, Yale Law School, Lillian Goldman Law Library, https://avalon. law. yale. edu/18th_century/yates. asp.

② ［美］希尔斯曼：《美国是如何治理的》，曹大鹏译，商务印书馆1986年版，第89页；［美］马克斯·法仑德：《设计宪法》，董成美译，上海三联书店2006年版，第137—139页。

③ ［美］亚历山大·汉密尔顿、詹姆斯·麦迪逊、约翰·杰伊：《联邦党人文集》，杨颖玥、张尧然译，中国青年出版社2014年版。

举人团由代表 50 个州和华盛顿特区的 538 名选举人组成。除了缅因和内布拉斯加两个州是按普选票得票比例分配选举人票外，其余 48 个州和华盛顿特区实行 "赢者通吃" 规则，即把本州或特区的选举人票全部给予获得相对多数选民票的总统候选人。

在总统选举中获胜至少需要获得 270 张选举人票。除了华盛顿特区的 3 名选举人，其他各州的选举人数量，按照制宪会议定下的规则，等同于参议员和众议员的人数之和。1920 年人口普查后，因移民带来的人口激增，加剧了许多农村立法者对城市力量增长的恐惧，美国众议员席位总数基本冻结在 435 席，美国国会规模不再随着人口的增长而增长。众议院席位于每 10 年一次的人口普查后在各州之间按照人口比例进行重新分配。

在这种制度下，不同州和特区的美国选民手中选票效力是不相同的。从参议院的构成来看，由于每个州参议员的数量相同，参议院的代表权不平等，虽然选举人总数上加入了众议员人数，在某种程度上冲淡了其影响，但小州选票的权重显然比大州的要高。例如，怀俄明州人口为 57.88 万，拥有 3 张选举人票；而加利福尼亚州人口数量为 392.4 万，拥有 55 张选举人票。在选举人团制度中，一张怀俄明州居民选票的价值是加利福尼亚州居民的近 3 倍。

从众议院的构成来看，人口不断变化，众议院席位在州与州之间随着人口变化重新分配，但总数保持不变，这导致规模相似的州之间代表权也出现不均衡。

如果比较两个规模相似的州：特拉华州在 2020 年的人口为 989948，蒙大拿州在 2020 年的人口为 1084225，相差 94277。特拉华州在众议院仅有一个席位；而蒙大拿州，基于这 94277 名多出的人口，在 2022 年美国中期选举中获得第二个席位。这也就意味着特拉华州的一名众议员代表 100 万人口；而蒙大拿州的两名众议员各代表约 50 万人口。在即将举行的 2024 年大选中，蒙大拿州将获得 4 张选举人票，该州选民手中的选票效力大于特拉华州的选民。

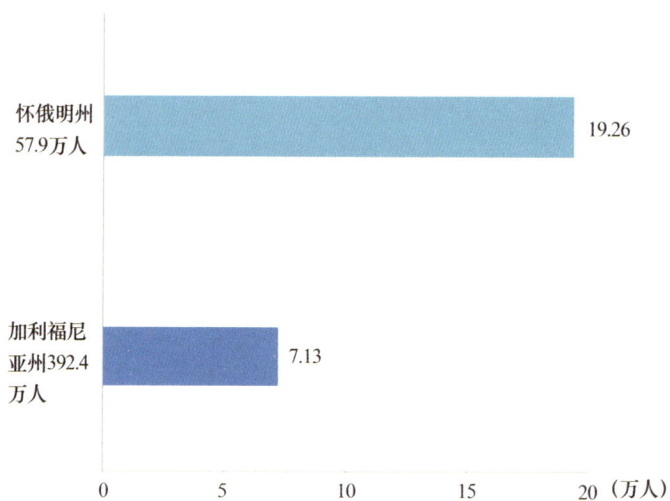

（a）　一张选举人票代表的居民数量（人口大州和小州）

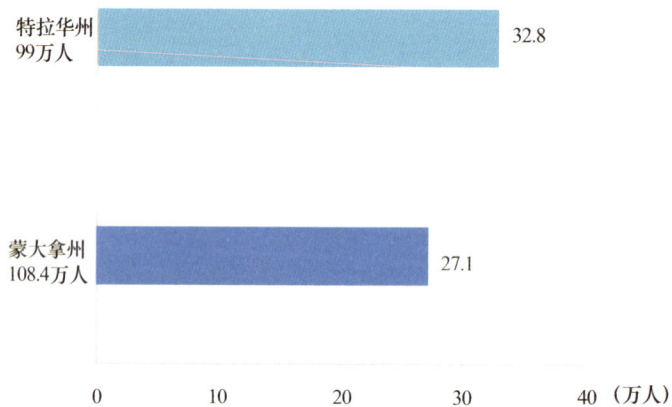

（b）　一张选举人票代表的居民数量（人口数量相似州）

图4-1　美国选举人票情况

由于选举人团的"赢者通吃"规则，美国选举史中不乏"少数票总统"的情况。1860年，林肯虽然只得到不到半数的选民票，但依靠占优的选举人团票最终当选总统；1912年，威尔逊在比对手少约100万张选民票的情况下，最终当选美国总统；2000 年，虽然戈尔比小布什多出 53 万张选民票，但是小布什依靠关键摇摆州的选举结果最终赢下总统大选；2016 年，希拉里在获得超过特朗普 290 余万张选民票的背景下，最终与总统宝座失之交臂……民意真的在选举结果中得到体现了吗？

在这种游戏规则下，美国的政治版图上出现了"稳妥州"和"摇摆州"的概念。"稳妥州"的选民固定支持某一个政党，该政党的总统候选人在这个州稳操胜券；而在"摇摆州"，总统候选人或政党无法拥有压倒性支持率。美国政治学家罗伯特·达尔指出，因为"赢者通吃"的规则，总统候选人偏重在"摇摆州"激烈竞争，而且这一规则严重打击了潜在的第三党候选人的斗志。这一体制也减弱了"稳妥州"选举人投票的积极性：如果你知道了所在州的绝大多数选民实际上已经决定了总统人选，为什么还去投票呢？美国总统选举更像是关键州的选举，而非全民的选举。在这个层面上，对于各州选民来说，选举制度已完全丧失公平。[1]

除了选举制度设计上的缺陷与不公，美国国内选民压制的问题也非常突出。在建国之初，大多数州的投票权仅被赋予拥有财产的白人男性。[2]"生而平等"只是谎言。美国白人妇女直到 1920 年宪法第十九修正案出台才获得选举权；印第安人 1924 年才获得公民权，其选举权直到 1962 年才得到美国所有州的法律认可；非洲裔虽然 1870 年就被赋予选举权，但实际饱受压制，其真正意义上的选举权直到 20 世纪 60 年代民权运动后才实现，至今依然面临诸多人为制造的障碍。从 1870 年 1 月第一个非洲裔联邦参议员海勒姆·雷韦尔斯算起，到 2021 年 1 月拉斐尔·沃诺克当选联邦参议员，美国在一个半世纪里总共只产生了 11 名非洲裔参议员。

进入 21 世纪，选民遭压制的问题日益凸显。2013 年，美国最高法院废除了《选举法案》第 5 条的核心内容，州议会从此可以绕开联邦政府对投票自行立法。自那之后，美国选民在州这一层级面临更多障碍。

---

[1]　［美］罗伯特·A·达尔：《美国宪法的民主批判》，钱镇译，中国人民大学出版社 2015 年版，第 56 页。

[2]　Bret Carroll, *American Masculinities: A Historical Encyclopedia*, SAGE Publications, 2003, p. 89.

2021 年美国有 49 个州提出了超过 420 项限制选民投票的提案。① 这些提案有的压缩选民申请或邮寄选票的时间，有的限制提供投递地点，有的对邮寄投票提出更严格的签名要求，有的对选民身份提出新的、更严格的要求，使邮寄投票和提前投票变得更加困难，为老年人、残疾人、少数族裔等群体行使投票权设置重重障碍。以得克萨斯州为例，该州出台了多项限制投票措施，对投票方式、时间、选民身份证明等都做出了严苛规定。

面对这样一种失能的选举制度，美国民众也难掩失望，有相当一部分公民早已对选举丧失了兴趣。美国人口普查局的数据显示，在 2020 年美国总统选举中，选民投票率仅为 66.8%。2022 年美国中期选举中，仅有 52.2% 的选民参与投票；注册了却未投票的选民中，有 17.6% 的群体觉得自己的投票毫无用处。年轻选民、非洲裔选民和女性选民的投票率更是逐年下跌。②

尽管如此，这两次选举的投票率在近 20 年里的数据里已经是数一数二的了。横向来看，美国总统大选的投票率在西方发达国家偏低。美国政治学家阿伦·利普哈特的研究表明，1971 年至 1996 年，美国投票率在 22 个发达国家中排第 21 位。

对此，美国哈佛大学法学院教授劳伦斯·莱西格一针见血地指出，美国体制的核心已经"腐坏"，不是所有公民都具有平等选举的可能性，选民没有被平等代表。

二　党争无休

2020 年 11 月，民主党人约瑟夫·拜登在美国总统选举中胜出。他的

---

① 国务院新闻办公室：《2021 年美国侵犯人权报告》，2022 年 2 月 28 日，http：//www. xinhua-net. com/world/2022-02/28/c_1128421287. htm。

② 美国普查局，https：//www. census. gov/newsroom/press-releases/2023/2022-voting-regis-tration. html，2023 年 5 月 2 日。

对手，时任美国总统、共和党人唐纳德·特朗普控诉选举舞弊，拒不承认败选。

2021 年 1 月 6 日下午，当美国国会举行联席会议认证选举结果时，特朗普的支持者聚集在首都华盛顿特区，抗议大选结果，向会议施压。随后，2000 多名示威者与警方发生冲突，他们高举着美国国旗，冲入国会大厦，导致大选结果认证程序暂停，数人死亡。

这一事件称作"国会山骚乱"，被认为是美国历史上的"至暗时刻"。如此这般党争的闹剧轮番在美国政坛上演，且愈演愈烈，造成社会撕裂、政治极化加剧。究其源头，美国的政治制度可谓罪魁祸首。因为美国政党成立的宗旨和目的不是基于共同的信仰和追求，而是具有共同利益的人们聚集起来实现自身利益的。在美国的政治制度下，赢得政治权力的唯一途径，就是推出政党的代表参加竞选并争取胜利，赢得选举的胜利成为政党几乎唯一的目标和存在价值。[①]

建国之初，美国制宪者们设计美国政治制度的初衷是能够维持秩序，消除派系政治。麦迪逊在《联邦可以防止国内分裂与动乱》一文中写道："派系斗争祸害无穷，既不利于其他人的权利，也不利于长期的、整体的社区利益。"[②] 汉密尔顿在为乔治·华盛顿撰写的总统辞职告别演说中告诫民众"要以最严肃的态度来反对党派意识的祸害"。然而，麦迪逊后来怂恿托马斯·杰斐逊建立组织，对抗汉密尔顿的政策。这些警惕党争的开国元勋最终成为美国最早的党争领袖。[③]

经过数十年不同党派的成立、瓦解、重组，直至 19 世纪中期，美国才形成了当代两党政治格局。以亚伯拉罕·林肯结束内战、一统南北为标志，共和党借助北方资本优势上升为全国性大党，民主党偏居南隅不

---

① 刘杰：《大选凸显美国式民主的制度危机》，http://www.xinhuanet.com/politics/2016-12/19/c_1120141020.htm，2016 年 12 月 19 日。

② ［美］亚历山大·汉密尔顿、詹姆斯·麦迪逊、约翰·杰伊：《联邦党人文集》，杨颖玥、张尧然译，中国青年出版社 2014 年版。

③ ［美］L·桑迪·梅塞尔：《美国政党与选举》，陆赟译，译林出版社 2017 年版，第 244 页。

断巩固深化地方势力，民主、共和两党南北对峙的分野格局正式确立。①

美国历史上也出现过不少昙花一现的第三党，有些是为选举总统而短期存在的政党。政治学者的研究表明，正是因为美国实行相对多数选举制度，才滋生了两党对立的局面，使第三党毫无竞争力。阿伦·利普哈特曾论证，在相对多数选举制度的影响下，因为小党很容易在每个选区中都遭到失败，所以除了最强大的两个政党，其他政党无法获得足额的代表。选民很快意识到，如果他们继续把自己的选票投给第三党，这些选票就如同废票；他们自然就会倾向把票投给两大政党中罪恶较轻的一党。②

这样的选举制度使两党间的恶斗无可避免。为了赢得选举，不同党派基于选举规则为本党谋取利益的手段也层出不穷，重新划分选区以掌控选票归属就是党争的重要手段。1812年，美国马萨诸塞州州长杰利签署法案，将州内一个选区划成类似蝾螈的极不规则形状。这种做法后被称为"杰利蝾螈"，即通过不公平的选区划分，帮助本党在选举中获得优势，赢得尽可能多的议席。经过历史演变，这一手段近乎制度化，成为美国政治制度中的顽疾。

在"杰利蝾螈"的过程中有两大基本策略：其一就是"集中选票"，尽可能将对方阵营支持者集中划入己方铁票区域，以消耗或降低这些选票在其他区域的作用力，极大化己方票源的有效使用；其二就是"分散选票"，尽可能将对方阵营的铁票区域划分成数个选区，以达到稀释对方铁票区域的作用力，极小化对方票源的有效使用。美国宪法和法律规定，各州立法机构有权划分选区，这为州议会多数党搞"杰利蝾螈"提供了操作空间。

美国学界的研究显示，"杰利蝾螈"对国会和许多州立法机构的权力

①　王一鸣：《第四政党体系以来的美国关键性选举》，世界知识出版社2023年版，第18页。
②　［美］阿伦·利普哈特：《民主的模式：36个国家的政府形式和政府绩效》，陈崎译，上海人民出版社2017年版。

平衡有实际影响。美国会根据每 10 年一次的人口普查重划国会选区。纽约大学法学院布伦南司法中心的调查显示，共和党是上一个 10 年周期的最大受益者。2010 年，共和党为了掌控国会选区的划分，发起运动，即在尽可能多的州立法机构中赢得多数席位。这场运动取得了巨大的成功，使他们控制了 213 个国会选区的划分，"杰利蝾螈"在这一过程中被发挥得淋漓尽致。例如，在"摇摆州"宾夕法尼亚州，重划选区让共和党几乎锁定了该州 18 个国会选区中的 13 个。民主党同样也用了相同的手法稳固自己的利益，例如在马里兰州，民主党利用"杰利蝾螈"，让共和党的整整一个选区在这个州的选举版图上消失。①

通过选区划分来操纵选举，政客得以"挑选"选民，而不是由选民选择政客。不少美国本土学者担忧，在如今科技进步发展的年代，"杰利蝾螈"可以通过计算机算法以及选民数据分析在重划选区的政治游戏中实现精准打击，给本就脆弱的民主政治带来更大的伤害。

进入 20 世纪，党争的手段再次升级，两党利用媒体欺骗或煽动公众民意。一个典型案例就是"水门事件"的惊天政治丑闻。在 1972 年的总统大选中，为了取得民主党内部竞选策略的情报，以美国共和党人理查德·尼克松竞选班子的首席安全问题顾问詹姆斯·麦科德为首的 5 人于 6 月 17 日晚潜入位于华盛顿水门大厦的民主党全国委员会办公室，安装窃听器并偷拍有关文件。

当晚，美国民主党总部的一位工作人员离开水门大厦后，偶然回头看了看自己的办公室，却惊异地发现已经熄了灯的办公室里有几条光柱在晃动。他当即把疑点告诉保安人员。保安人员立即搜查了有关的房间，麦科德一行人被捕。第二天，《华盛顿邮报》在头版显著位置报道了这一事件。

面对舆论的发酵，尼克松向全国公众保证："我可以明确地说，调查

---

① 美国布伦南司法中心，https：//www.brennancenter.org/our-work/research-reports/gerrymandering-explained，2023 年 6 月。

表明，白宫班子中，本届政府中，受雇人员中，没有人卷入这一荒唐事件。"总统的表演，暂时欺骗了公众。大选结束，尼克松以少有的压倒性优势击败了民主党候选人乔治·麦戈文，获得连任。

正当尼克松和助手们庆祝胜利的时候，民主党占优势的国会决定成立一个特别调查委员会，对总统竞选活动进行彻底调查。调查发现：尼克松从1971年年初起，为了记录与手下的谈话和电话内容，下令在白宫办公室里安装窃听系统。委员会要求尼克松交出有关的录音带和文件资料。尼克松以行政特权为理由拒绝交出，他还下令免去调查水门事件的特别检察官的职务。这一反应引爆了美国国内舆论，美国各电视台立即中断正常节目，向美国公众报告这一爆炸性新闻。

1974年7月底，国会众议院司法委员会陆续通过了三项弹劾尼克松的条款。尼克松于8月8日11点35分致信时任国务卿亨利·基辛格宣布于次日辞职，从而成为美国历史上首位辞职的总统。"水门事件"对美国政治产生了深远影响，引发了公众对政府行为的广泛关注和不信任的浪潮。

除了操控选区、媒体等手段，现如今两党更是通过精心设计的议题组合，不断塑造选民意见和政治潮流，一方面动员足够的政治支持，另一方面瓦解对手的选民基础。在政治议题的诱导性宣传下，两党甚至不惜煽动仇恨。这样，在两党对立的竞选宣传下，选民也随之严重对立，导致社会撕裂。

例如，民主党经常会把特定群体的身份与更大的自由主义主题联系起来，尝试在移民、女性团体等人群上下功夫。在2020年总统选举时，拜登仗着自己曾担任奥巴马副手的角色优势，在采访中口出狂言："让我来告诉你（黑人选民），如果你还在思考是支持我还是支持特朗普这样的问题，那么你就不是一名合格的黑人。"[1]

---

[1] Biden, "if you have a problem figuring out whether you're for me or Trump, then you ain't black", CNN, May 22, 2020, https://edition.cnn.com/2020/05/22/politics/biden-charlamagne-tha-god-you-aint-black/index.html.

在 2022 年中期选举前夕，得克萨斯、亚利桑那、佛罗里达等州的共和党籍州长将数以万计非法入境的移民用大巴或飞机送到东北部一些民主党主政的城市，试图以民主党最具发言权的移民问题来实现打击。美国副总统哈里斯家门口聚集了近百名移民，他们抱着枕头、席地而坐。同年 6 月，美国联邦最高法院推翻了历史上著名的"罗伊诉韦德案"裁决，把衡量堕胎是否违法的权力放回地方州手里，这也很快刺激到民主党选民，明显影响到很多中间选民的态度。

在美国近些年的选举中，特朗普的横空出世打破了某种政治生态平衡。他毫无从政经验，却高呼"没有人比我更了解这个制度"，并一举赢下 2016 年大选，引得共和党候选人纷纷效仿他的竞选策略。《华盛顿邮报》曾专门撰文描述这一场景，"全美各地的共和党竞选顾问这样劝告温和派共和党候选人：展现愤怒。不要说你想要改变，而要说你想要'炸毁'华盛顿；不要只谈你想做什么，而要谈你和什么战斗；担忧政治正确性，陷于危险处境的最终将是你自己"[1]。

根据皮尤研究中心网站 2021 年 10 月 13 日的报道，对 17 个发达经济体进行的调查结果显示，美国被视为政治极化最严重的国家，90% 的美国受访者认为不同党派的支持者之间存在严重分歧，近六成美国受访者认为民众不仅在政策领域意见相左，在基本事实方面也难以达成共识。

竞选的丑态只是政治极化的表象，更深层次的弊端在于这个政治制度已经无法带来任何关键性问题的实质解决。例如，枪支暴力是美国的一个毒瘤，却始终无法根除。

拜登在竞选时曾经承诺："没有人需要 AR-15（自动步枪）……我向你们保证，我将让这些战争武器再次离开街道，离开我们的社区。"两党针对枪支所有权的问题开展了激烈且旷日持久的博弈，但难以达成一致，其背后更是有深层次的意识形态冲突和利益勾结。现在看来，这样

---

① Michael Scherer, "In Senate Primaries, Republicans Avoid Their Worst-case Fears", *The Washington Post*, May 8, 2018.

的承诺更像是政治正确的说辞，不过是一张空头支票。皮尤研究中心的最新调研结果显示，只有7%的美国人认为枪支暴力会减少。

美国密歇根州立大学公共政策与社会研究中心主任迈特·格罗斯曼坦言："这种承诺往往有助于成功地实现短期选举目标，但竞选辞令和两党实际政绩之间持续存在的差距最终会引发民众的失望、愤怒、愤世嫉俗、冷漠和反抗。"①

向"左"还是向"右"？"自由"或者"保守"？承诺过多，兑现过少。政治的极化造成了选民的困惑。49岁的选民特雷西·里斯对美国的政治现状感到沮丧，她本是共和党支持者，但她表示两党的候选人都是糟糕的选择。她这样形容党争的现状："两党如此分裂，两边疯子都很多。"AP-NORC美联社-全国民意研究中心公共事务研究中心2022年的一项民调显示，85%的美国人认为这个国家正朝着错误的方向前进。

三　权力精英

南连乔治敦，东通国会山，横贯华盛顿北部，见证国际政治风云变幻，这形容的是华盛顿著名的K街。

K街上聚集上百家人脉深厚且背景复杂的智库、游说集团和公关公司。它们的客户来自世界各地：政府、军火商、石油大亨，或者是任何希望改变美国政策的人。K街，不单单是一条街，更是美国权力灰色地带的象征，是看不见的美国政治"旋转门"化身。那些立足于此，游走于国会议员、政府官员和法官们之间，影响或改变美国政策的身影又是谁？

美国前参议员托马斯·达施勒就是一位典型的"旋转门"精英。达施勒出生于南达科他州。他于1978年当选为美国众议院议员，于1986年

---

① ［美］迈特·格罗斯曼、戴维·霍普金斯：《美国政党政治：非对称·极端化·不妥协》，苏淑民译，当代世界出版社2021年版，第413页。

当选为美国参议院议员。作为民主党成员，他曾是参议院民主党领袖，且曾担任参议院少数党领袖和多数党领袖。美国参议院官方网站的资料这样写道，"达施勒参议员在美国立法和监管政策的发展中发挥了历史性作用"，他曾是众多公共政策问题的全国性领导者，在包括美国原住民、医疗保健、能源、农业等事务中发挥重要作用。[①]

图4-2　2011年12月7日，在美国首都华盛顿，路人观看占领K街的示威群众

资料来源：新华社发。

正是这样一位在美国政坛举足轻重的人物，却以"影子游说者"的身份在华盛顿的政客圈徘徊多年。根据美国Politico美国《政治报》网站披露，2004年，达施勒在竞选中失去参议院席位后，通过"旋转门"加入了阿尔斯通和伯德公司，担任"特别政策顾问"，年收入高达210万美金。阿尔斯通和伯德公司其实是一家游说公司，客户资源包括医疗保健领域的知名人士，但值得注意的是，此时达施勒并未按照法律规定注册成为一名职业游说者。注册游说者必须向国会登记，并提交报告披露其

---

① 美国参议院，https://www.senate.gov/artandhistory/art/common/generic/Sitter_Daschle.htm。

所代表的客户的工作，例如他们关注的问题和他们正在会见的立法者。

　　凭借在美国国会多年的经验，达施勒向阿尔斯通和伯德公司的客户提供各项策略建议，帮助他们实现政策目标。2009 年，达施勒转入一家有国际业务的大公司 DLA Piper（英国欧华律师事务所），担任各种蓝筹公司客户的"战略顾问"，工作内容包括金融服务、电信、贸易、税务，当然还有医疗保健。①

　　在这两段公司的从业经历之间，达施勒也没有放弃重返政界的机会，一直苦心经营，扩大自己的影响力。他成为智库美国进步中心的高级研究员，并且出版了一本关于全民医保的书籍。更值得一提的是，达施勒是贝拉克·奥巴马 2008 年总统竞选的早期支持者和重要顾问。

　　根据美联社的报道，达施勒在 2006 年年底排除了自己竞选总统的可能性后，转而支持奥巴马竞选总统。竞选期间，他担任了奥巴马竞选团队的联合主席，为奥巴马提供咨询，在摇摆州为他摇旗呐喊，直至他当选。鉴于达施勒对全民医保事务表现出兴趣，奥巴马当选后，提名达施勒出任卫生与公众服务部部长。但因达施勒深陷未能报告和支付所得税的争议，最终提名被撤回。但这并不影响他继续在公共政策层面发挥影响力，他本人依然是白宫《平价医疗法案》的重要顾问。②

　　直至 2015 年，达施勒才正式注册成为一名游说者。他的第一个企业客户是医疗保健巨头安泰保险公司，他的工作是就奥巴马医疗改革以及医疗保险和补助规则的变化进行游说。③ 然而，在过去十年多的时间里，达施勒刻意保持模糊的身份界定，游走在政界、商界、学界之间的灰色地带。他表面上看起来没有确定的头衔和职位，实际上参与了许多政府改革、政策制定、政策宣传和商业推广，"影子游说者"名副其实。仔细考量达施勒的经历，很难不去质疑他究竟是为谁发声？他所推动的政策

　　①　"Politico：Daschle is officially a lobbyist now", March 29, 2016, https：//www.politico.com/story/2016/03/tom-daschle-officially-lobbyist-221334.

　　②　AP, "Daschle withdraws as nominee for HHS secretary", Feb. 3, 2009, https：//web.archive.org/web/20120331151615/http：//www.publicradio.org/columns/kpcc/kpccnewsinbrief/2009/02/daschle-wit-hdraws-as-nominee-f.html.

　　③　Open Secrets, https：//www.opensecrets.org/revolving/rev_summary.php? id=34118.

代表谁的利益？他所推崇的改革又是为了做大谁的蛋糕？

非政府组织阳光基金会执行主任埃伦·米勒评价达施勒在技术层面上遵守了过渡到说客的规则，"很多中间人从未注册成为游说者，但这并不影响他们的权力"。阳光基金长时间跟踪监测着达施勒的所作所为，表示无法在任何公开文件中找到这些游说活动的记录，"达施勒为那些想要在 K 街变现的前立法者们踩出了一条康庄大道"①。

根据商业数据平台 Statista 的统计，2022 年全美范围内的游说花费高达 40.9 亿美元。在华盛顿，有上万个游说团体和个人。其中相当大一部分由州和地方政府、大公司、行业协会、律师事务所以及游说团体雇佣。类似的游说团体还遍布美国各个层次的政府所在地，像州和地方政府所在地等。每一个这样的个人和团体都受雇于特定的利益集团，代表他们的利益。

成为游说集团骨干的往往是前政府官员，甚至包括前民选官员，如议会成员等，以及其他有大量人脉关系的人士。许多落选的官员被著名的游说公司雇佣，领取比在政府里任职高出许多倍的薪水。这些游说公司反过来又向客户收取高额佣金。每当中期选举或政府换届后，都会有大批议员、官员进入游说业，他们不仅人脉资源丰富，还能摸清现任议员、官员的思路和行事风格，游说的成功率很高。

游说行业只是美国"旋转门"现象中的冰山一角。不少政府官员在退休或离职之后还会进入大型企业、智库、学校任职，同时，私人部门的人士又被政府吸纳，成为政府官员，这种政商、政学之间的双向流动，构成"旋转门"制度。在这种制度下，美国政界、商界、学界的精英能够在不同身份间自由转换，周期性地在政府内部更迭轮替。

例如，美国前国防部长詹姆斯·马蒂斯退役前是海军陆战队上将，退役后在斯坦福大学智库胡佛研究所担任研究员，特朗普执政后他应邀出任国防部长。迪克·切尼在老布什执政时期担任美国国防部长，卸任

---

① Sunlight Foundation, March 30, 2016, https：//sunlightfoundation.com/2016/03/30/after-years-of-lobbying-tom-daschle-finally-registers-as-a-lobbyist/.

后出任哈利伯顿公司董事会主席兼首席执行官，之后又与小布什一同赢得大选，并出任美国第 46 任副总统。

美国的布鲁金斯学会、战略与国际问题研究中心、外交关系委员会、卡内基国际和平研究院、兰德公司等，都是世人熟知的重要智库。它们每年都能获得巨额经费支持，推出的研究成果影响巨大。美国的基金会、企业、政府及个人都乐意投入资金或通过捐赠支持智库的研究工作。富人阶级则资助并掌控着由基金会、智库、政策研讨团体组成的网络，影响决策者的公共政策。

此外，为了防止公共舆论催生权力精英不喜欢的政策，他们每年都会投入亿万美元，力图塑造公共舆论，确保他们支持的政策能够得到通过。例如，通过提供智库论坛，学者、新闻界人士和其他文化专家可以和公司高管在塑造公众舆论的问题上集思广益；通过论坛、宣传册、演讲和奖项，协助公司在社会问题上展示出更为深刻的意识。对于大多数美国人而言，在被塑造的舆论之下，认为自己处于一个"公正的社会"，如果没有出人头地，那是因为没有充分挖掘自己的潜能。他们挑剔着事务的运作方式，但总体上又持接受态度。结果通常是，"他们嘟嘟囔囔地接受了政治现状，同时更加关注日常生活中触手可及的乐趣"①。

这样看来，"旋转门"不过是美国权力阶层勾连，通过制度牢牢掌控社会资源、话语权、影响力，操控着社会的运作方式，并以此来实现自身利益最大化的手段。美国社会学家查尔斯·米尔斯在《权力精英》一书中指出，进出"旋转门"的美国"权力精英"操纵着国家机器并拥有各种特权，在经济、政治、军事等领域相互紧密联系，掌握着决策权力。

四　金钱铺往白宫路

"任何社会都会自然分化成多个不同的阶层，一个是出身富裕的阶

---

① ［美］G·威廉·多姆霍夫：《谁统治美国？公司富豪的胜利》，杨晓婧译，外语教学与研究出版社 2017 年版，第 188—149 页。

层，剩下的就是广大普通民众。有人说民众的呼声就是神的意旨，这其实是错误的。民众是反复无常的，他们甚少会冷静地判断是非善恶。因此，我们必须在政府中为出身富裕的阶层永久地保留一定的地位。"①

汉密尔顿在制宪会议中的这段发言已暴露出美国政治的本色，即富人阶层的利益是凌驾于人民权力之上的。美国作为资本主义国家，其制度是实现资产阶级统治的政治形式，因此必然体现资本家意志，为资本家利益服务。

金钱政治是资本主义制度必然的产物。在这样的制度下，通过合法化的制度将符合资产阶级要求的政治人物推上国家领导职位，行使国家权力；富人阶层通过资助竞选经费的方式挑选合格的政治代理人。

通往白宫的路是昂贵的。在美国大大小小的选举中，竞选者都需要通过"烧钱"来提升"存在感"，因为打广告、雇人、印宣传品、办活动等都离不开钱。尤其是20世纪60年代以后，随着大众传媒的普及和发展，金钱在选举中的地位不断上升。如果没有足够的资金，候选人根本无法参加竞逐任何重要的政治职位。20世纪50年代，一项对竞选资金的详细研究证明，竞选资金在初选前同在选举过程中一样重要，它们在美国政治中被称作"关口"②。

2000年，时任得克萨斯州州长乔治·W·布什通过私人关系募集初选资金。借助由政党领袖，尤其是同属共和党的其他州长、他父亲竞选活动的支持者和得克萨斯州富豪组成的竞选同盟，小布什在第一场初选尚未进行之前已经募集到7000万美元。高额的资金支持直接劝退了共和党内原本有心竞争提名的知名人物。因为意识到自己没法与小布什的丰厚财力抗衡，他们在选举开始之前就决定退出。③

---

① Robert Yates, *Notes of the Secret Debates of the Federal Convention of 1787*, Yale Law School, Lillian Goldman Law Library, https：//avalon. law. yale. edu/18th_century/yates. asp.

② Heard, Alexander, *The costs of democracy*, Chapel Hill：University of North Carolina Press, 1960.

③ ［美］L·桑迪·梅塞尔：《美国政党与选举》，陆赟译，译林出版社2017年版，第182—183、244页。

前美国国会议员莫·布鲁克斯曾透露，美国国会主要委员会的主席席位必须购买，费用多寡取决于委员会的重要性，起价为 100 万美元，由两党专门收取。①

据统计，91%的美国国会选举由获得最多资金支持的候选人赢得，少数富豪以及利益集团成为选举资金主要来源。在 2018 年的中期选举中，赢得一个参议院席位的平均费用为 1940 万美元，赢得一个众议院席位的平均成本超过 150 万美元。

19 世纪后期，美国的金钱政治发展成为"政治分肥"制度。竞争获胜的政党通常将官位分配给为选举做出贡献的人，主要是本党主要骨干和提供竞选经费的金主。1829 年 3 月，民主党的第一位总统安德鲁·杰克逊就职后，撤换大量民主共和党（Democratic-Republican Party）的联邦政府官员，代之以自己的支持者与友人。杰克逊认为，奖赏所属派系并鼓励其他人加入，有助民主。这是杰克逊民主的由来，也是现代最早期民粹主义的雏形。在 8 年的执政期间，杰克逊亲自任命的官员占全部官员总数的 10%—20%，并且都是死心塌地为民主党卖命的铁杆党员。②政治分肥还体现在议员在法案上附加对自己的支持者或亲信有利的附加条款，大部分采取直接对某地区或某企业拨款的方法，从而使他们自肥。用金钱选出来的政府必定会向资本输送利益。2017 年，美国国会通过《减税与就业法案》，将大型集团公司和上市企业等股份有限公司的所得税税率从 35%下调至 20%，降低了 15 个百分点。

自 20 世纪初，美国试图对政治捐献做出一些限制，但并没能改变美国选举金钱政治的本质，政治分肥成为美式民主永恒的副产品。利益集团就以竞选捐款的形式，出钱资助代表其利益的政客。而这些政客上台后，则用手中的权力制定有利于金主的政策。就这样，选举成为资本与政客权钱交易的"市场"，投票过程只不过是为资本代理人掌权提供"合

---

① https：//www.youtube.com/watch? v＝7esevHM5l3A.

② 刘绪贻、杨生茂主编：《美国通史》第二卷，人民出版社 2002 年版，第 160 页。

法性"的障眼法。据统计，2008 年总统选举时支持胜选总统的 556 名
"超级筹款人"中，三分之一的人都在时任政府内阁中获得职位或者成为
顾问，其中筹款超过 50 万美元的筹款人有近 80% 都获得了重要职位。①

加利福尼亚大学圣克鲁斯分校社会学教授威廉·多姆霍夫认为，美
国的两党制在不经意间为公司富豪创造了非常重要的机遇：政治和政策
之间不需要存在紧密的联系。候选人可以在竞选时说一套，在当选后做
另一套，当然，这为拥有金钱、人脉和信息的人们提供了塑造立法的
机会。②

制度为金钱留下了合法后门。1971 年，美国国会通过了《联邦竞选
法》，对捐款、竞选活动中的广告费用等作出限制，并允许成立"政治行
动委员会"。企业或工会可以通过注册政治行动委员会以筹集竞选资金，
向联邦候选人提供政治捐资。

1974 年，美国国会对《联邦竞选法》进行了修正，进一步限制竞选
支出和政治捐资。该法规定，在选举（包括初选和大选）中，个人和组
织对每位候选人的捐资不得超出 1000 美元，对政治行动委员会的总捐资
不得超出 5000 美元；个人每年向候选人、政党和政治行动委员会的捐资
不得超出 25000 美元。

来自美国两党的反对声接踵而至，许多议员认为《联邦竞选法》及
其修正案侵犯了宪法中的"言论自由"和"程序合法"。最终，1976 年，
最高法院废除了《联邦竞选法》对国会竞选费用支出的限制条款。2002
年，《两党竞选改革法》限制了那些通过捐给政党来支持特定候选人的
"软钱"，即不受《联邦竞选法》限制但又用于影响联邦选举的资金。

2010 年，联邦最高法院在"联合公民诉联邦选举委员会案"的裁决
中，认定《两党竞选改革法》关于竞选最后阶段限制公司、工会以营利

---

① 中国人权研究会：《金钱政治暴露"美式民主"的虚伪面目》，2019 年 12 月 26 日，
https://baijiahao.baidu.com/s? id=1653946353583967240&wfr=spider&for=pc。
② ［美］G·威廉·多姆霍夫：《谁统治美国？公司富豪的胜利》，杨晓婧译，外语教学与研究
出版社 2017 年版，第 175 页。

或非营利的目的资助联邦选举候选人的相关规定违反宪法中的言论自由原则。这一裁决将《两党竞选改革法》的内容否决殆尽，使得"软钱"可以合法地大规模进入选举活动，打开了金钱肆意流入政治的闸门。

2014年，联邦最高法院在"麦卡沃恩诉联邦选举委员会案"的裁决中大幅放宽了对政治捐款的限制，在保留个人对单个候选人捐助上限为2600美元的情况下，取消个人对全体联邦候选人及政党委员会的捐款总额限制。这意味着，富人可以同时捐助很多联邦候选人，更可以无限制地向自己支持的政党捐款。

超级政治行动委员会在金钱政治中扮演关键角色。政治行动委员会产生于20世纪30年代，是一种由企业或独立政治团体组成的政治筹款机构，主要是为了规避美国法律对个人和机构政治捐款的限制。它们从许多个人手中收集金钱，然后决定为哪些候选人捐款。政治行动委员会与大公司和特定利益集团关系密切，代表它们进行造势宣传，支持或反对某位候选人，实际上是大公司和利益集团参与选举的"白手套"。

1971年《联邦选举法》通过后，政治行动委员会由于限制较少而进入大发展时期。大量企业、个人和利益集团的金钱通过政治行动委员会管道参与竞选。2010年联邦最高法院的裁决取消了企业与个人向独立支出的政治行动委员会的捐助上限。由此，政治行动委员会进入鼎盛时期，大量超级政治行动委员会应运而生。

通过超级政治行动委员会，大量"软钱"持续涌入选举，不断创造新的纪录。尤其是政治募捐获得松绑后，金钱对美国政治的影响走向新高潮。根据美国"公开的秘密"网站的一项分析显示，在最高法院裁决"联合公民诉联邦选举委员会"一案后的10年里，不包括政党在内的独立团体在选举相关支出上捐献了45亿美元，是此前20年总和的6倍。[①]美国亿万富翁、电子制造业巨头巴里·塞德，在2022年美国中期选举前夕，向共和党人伦纳德·利奥主持的一家保守派政治团体"联邦党人学

---

① "Why are America's 2022 midterms so expensive", *Economist*, Oct. 28, 2022.

会"捐赠了美国有史以来已知的最大一笔"暗钱",总金额高达 16 亿美元。①

统计数据显示,2020 年包括总统选举和国会选举在内的美国大选总共花费超过 164 亿美元,较之 2016 年和 2012 年两个总花费均约为 80 亿美元的大选年份,翻了一番有余,是 2000 年大选花费 52.8 亿美元的三倍有余。美国中期选举的费用也不断增长,2014 年、2018 年、2022 年三个年份的花费分别为 47.9 亿美元、67.2 亿美元和近 90 亿美元。

美国好莱坞著名导演奥利弗·斯通曾经在一段采访中表示,美国自身民主的本质是"金钱政治"。"当一个国家需要花费 140 亿美元才能选出一位总统时,你会想:这算什么样的民主?"②

在美国,普通人对政治的影响力为零,导致改变的可能性微乎其微。这是因为,美国的政治制度从设计之初开始,公民就从未被赋予平等的政治权利。经过多年的运作,本应服务于公共目的的政治制度,已被强大的私人利益集团利用。金钱政治占据了美国民主的中枢地位。政治极化导致矛盾冲突日趋激烈,社会顽疾无法根治。

美国学者弗朗西斯·福山的一段警告也许最能够形容美式民主的现状:运行两百多年的美国政治体系已出现"机能性障碍":立法和司法部门对行政部门影响力加大,导致行政成本高企且效率低下;利益集团、游说团体影响力加大,扭曲了民主进程;政治两极分化,使制衡制沦为"否决制"。

选举的戏码还在不断上演,但美国民众手中握有的不过是一张空头选票。

① Open Secrets,https://www.opensecrets.org/elections-overview/cost-of-election.

② CGTN,Dec.6,2021,https://english.cctv.com/2021/12/06/VIDEQlgxOv8kQsqvgrWatpqU21
1206.shtml.

第五章　美国谎言梦

"美国梦，是个谎言。"

——美国艺术家法维安娜·罗德里格斯

哪个瞬间让你感到"美国梦"死了？

2022年，住在纽约的多米尼加视觉艺术家莉查尼亚·克鲁兹发起项目，邀请全球人们为自己的"美国梦"写讣告。

1978年，我出生于一个贫困家庭，15岁高中毕业，16岁有了第一个孩子，21岁申请学生贷款上了大学，这成了我一生的负担。我获得了博士学位，但没有固定资产，只有6万美元退休储蓄和5个孩子。我还有梦吗？

2008年，我和丈夫就职的汽车厂关闭了，那时，我的美国梦就死了。我丈夫去了另一家工厂，而我竟拿遣散费去读书了。如今，我获得了几个学位，工资却只有当初的一半，我在公共图书馆当管理员，每天都祈求丈夫平平安安，否则我将无法过活。

我父母特别重视教育，指望我借此摆脱种族歧视和贫困。当我到纽约读研究生时，空前感受到了阶级差异。我陷入这样一个循环：

打工赚钱买学习材料，因为要工作而没时间学习。①

……

追悼会上，人们常常想到逝者的人生故事，面对电脑屏幕滚动的一份份黑底白字"美国梦"讣告，也不禁要回顾"美国梦"的一生。它到底是什么？被压抑的欲望，灵光一现的构想，总会成真的愿景，还是麻醉人的神话？

图 5-1　2021 年 11 月 22 日，在墨西哥恰帕斯，试图北上前往美国的移民走在路上

资料来源：新华社发（雅各布·加尔西亚摄）。

一　谁的自由梦？

1620 年 11 月，"五月花"号（Mayflower）缓缓驶近科德角（Cape Cod）时，正是"小冰期"时代，平均气温比现在低 5 摄氏度。如一条鳕

---

① "Obituaries for the American dream", New York Times, Nov. 1, 2020, https：//www. ny-times. com/2020/11/01/opinion/american-dream-stories. html.

鱼从北美大陆东北岸跃入大西洋的科德角，迎来第一缕曙光。与其他移民船不同，这艘长 30 余米、宽不足 8 米的三桅帆船没有迫不及待地停靠在新大陆，在冷如刀割的晨曦里徘徊着。①

"五月花"号原本是穿梭于欧洲国家运输红酒和干货的货船，如今，狭小船舱里挤着 30 多名船员和来自英格兰和荷兰莱顿的 102 名乘客。他们中有饱受英格兰教会迫害，向"新世界"寻求信仰自由的清教徒分离派；有饱受贫困之苦，去北美讨生活的农民、渔人、工匠和契约奴隶。清教徒自称"圣人"以标榜自己宗教信仰，将其余人视作"异乡人"。

早在 3 年前，流亡莱顿的英格兰清教徒就在酝酿这场跨大西洋航行了。在"荷兰独立战争"阴影下，本就水土不服的清教徒们生活愈发难以为继，他们渴望在"毫无限制"的自由之地创出一片经济繁荣。他们将目光投向了北美大陆弗吉尼亚。他们与远在伦敦的分离派一同向弗吉尼亚特许公司（Virginia Company）争取到了建立一块殖民地的许可，并说服商人资助航行，承诺将商品运回英国，为他们赚取高额利润。

1620 年 7 月 22 日，清教徒乘坐"史佩德威尔"号从荷兰起航。一个月后，他们与搭载"异乡人"，从英格兰罗瑟希德出发的"五月花"号在南安普敦会合，一同驶向大西洋。然而不久，比"五月花"号船体还小的"史佩德威尔"号受压进水，不得不绕道达特茅斯修理。一周后，驶离兰兹角才不过 500 公里，"史佩德威尔"号再度进水，折返普利茅斯。"史佩德威尔"号终于不再适合远航。在海上漂了 6 周，已经疲惫不堪的清教徒们拖着行李挤进"五月花"号。后来，一些历史学家经考证认为，由于"史佩德威尔"号过小，雇佣水手们不肯冒险远航，因此应是蓄意破坏。②

9 月 16 日，"五月花"号再次起锚。此刻，他们已错过最佳航行季节，资金也所剩无几。大西洋冬季风暴轮番击打"五月花"号，乘客们出现严重晕船症状，几乎无法站立。一名"异乡客"被吹进海里；一名

---

① Peter Reed, *The Mayflower Adventures*, Barbour Publishing, 1998.

② "The Saints and Strangers of the Mayflower", The Royal Mint, https://www.royalmint.com/stories/collect/the-saints-and-strangers-of-the-mayflower/.

叫伊丽莎白的女性生下男婴，不假思索给他取了希腊神话中大洋河河神的名字，以求护佑。

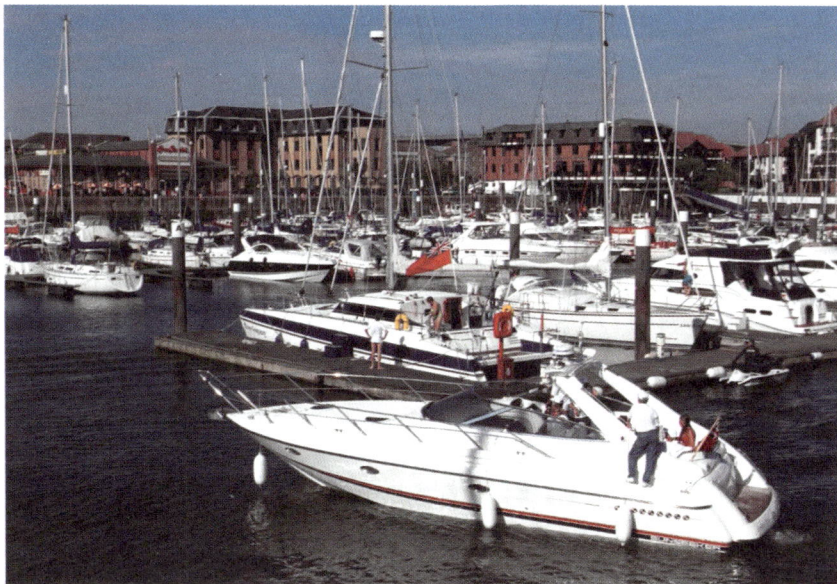

图 5-2 英国港口城市南安普敦

注：1620 年，"五月花"号与"史佩德威尔"号在这里会合，一同驶向大西洋。

资料来源：新华社发（侯少华摄）。

当科德角终于出现在地平线，历经 66 天风雨肆虐的"五月花"号已经残破不堪。移民们发现，他们与原本计划定居的弗吉尼亚特许公司领地向北偏移了 42 度。他们不敢冒险南下，在科德角附近抛锚。他们没有立刻登上这片原本无权定居的土地，而是住在船上，用一个半月探索陌生岬角。他们瞥见过密林里一闪而过的原住民，发现了废弃村落、墓地，甚至遭遇原住民弓箭袭击，而他们也立刻开枪还击。为了给定居赋予合法性，也为了避免"清教徒""异乡客"走向冲突与分裂，"五月花"号上 41 名成年男子在船上起草并签署了《五月花号公约》，约定建立"公民政治团体"（a Civil Body Politick）：

为了建立更好的秩序，保全我们自己……我们谨在上帝的面前，彼此庄严地订立本盟约，结成公民团体，即政府，并随时按照最适宜于殖民地普遍福利之观点，制定正义平等之法律、条例、法令、宪法，并选派官吏实施之。对此，吾等誓当信守不渝。[①]

12月25日，这批新英格兰移民终于来到如今的普利茅斯湾建立了普利茅斯殖民地——北美新英格兰第一块殖民地。他们在生死未卜之际签下的《五月花号公约》成为美国历史上第一份政治性契约文件。[②]

《五月花号公约》在美国人共同记忆中登上神坛，被誉为"美国名片"。"自治""自愿""法治"……寥寥百字的文本里已然浮动着大国地基；英格兰移民在航行中展现的坚忍自强中闪耀着"美国精神"火花，而反抗宗教压迫，追求信仰自由也成了贯穿百年历史的"美国梦"最初形态。

2020年是"五月花"号在北美抛锚400周年。这一年，新冠疫情深深搅动了美国社会。人们战战兢兢踏入充满不确定性的新世界，担忧着"反乌托邦"时代是否已经降临，也在以前所未有的方式反思历史。

英国广播公司驻纽约资深记者尼克·布莱恩特观察到，没有任何一个国家像美国一样激愤地、猛烈地攻击自己的过去：他们拆毁邦联英雄塑像；改掉美国职业橄榄球大联盟老牌球队华盛顿红皮队队名和队标；他们激烈争论，蓄奴的国父们是否还要敬仰；他们也开始质疑，"五月花"号承载的究竟是什么梦，谁的梦，英格兰清教徒和他们的公约是不是仍然值得大张旗鼓纪念？[③]

在一种广受认可的叙事中，"五月花"号被奉为"海浪摇晃着的自由摇篮"，在清教徒反抗压迫、追求自由的强烈愿望驱动下，最初的美国梦

---

① "Mayflower Compact, Britannica"，https：//www.britannica.com/topic/Mayflower-Compact
② "The Mayflower Story，Mayflower 400"，https：//www.mayflower400uk.org/education/the-mayflower-story/.
③ Nick Bryant，"Mayflower at 400：What we all get wrong about the Pilgrim Fathers"，BBC，Sept.18，2020，https：//www.bbc.com/news/world-us-canada-54199565.

诞生了。而事实上，他们一旦定居下来，就明确宣示，所谓"自由"只是他们自己的自由。他们在维护信仰的同时，疯狂排除异己，吞噬其他信仰的发展空间。

1630 年 3 月一个清晨，一艘吃水颇深的大船颠簸着停靠在靠近怀特岛的索伦特。船头雕饰很独特，是一只先知鹰伸向半空。船体上闪耀着新漆的船名——"阿贝拉"。"阿贝拉"不是通常意义的移民船，它装了 28 门大炮，是那一年驶往马萨诸塞英国船队的旗舰。船上的男男女女也很不一般，他们很少来自底层，举止庄重，衣着简朴。这些新移民领袖群体的目的是建立一个"圣经共和国"。马萨诸塞湾特许公司宣称，改造土著人信仰是他们的宗旨。他们的印章上是一个印第安人举起手臂在呼唤，五个英文单词从他嘴里出现：Come over and help me（请来帮助我们）。自此，掀起一股史无前例的英国殖民北美浪潮。①

在阿巴拉契亚山脉东侧大西洋沿岸相继出现的 13 个殖民地中，清教徒控制的新英格兰，在宗教上之不自由，更甚于他们出逃的英格兰。教会禁止人们在星期天工作、唱跳、游戏，要求所有人到教堂礼拜；不允许人们穿颜色鲜艳的衣服，以棕色、黑色为好；他们甚至要求政府暴力机关打压、迫害所有不同信仰的人。

1634 年，一名叫安妮·哈钦森的 43 岁女性从英国来到马萨诸塞湾殖民地。她在信仰上主张"恩典之约"（covenant of grace），与当地神职人员主张"行为之约"（covenant of works）的既有立场背道而驰。二者差异在于，"恩典之约"应许给所有基督教徒永生，无关其行为，强调人与上帝关系的直接经验；"行为之约"则更重视神职人员与教会的权威。育有 15 个孩子的安妮，是位颇有经验的助产士，她利用接生、为孕妇提供精神指导，建立人脉，不久便在家办起了面向妇女的讲习会。安妮受过良好教育，能言善辩、大胆直言，讲习会知名度越来越高，连男子都前来聆听。

① ［美］大卫·哈克特·费舍尔：《阿尔比恩的种子——美国文化的源与流》，王剑鹰译，广西师范大学出版社 2018 年版。

安妮在讲习会上批评当地神职人员只宣扬"行为之约",忽视"恩典之约"。许多神职人员对她的指控叫苦不迭,最终于1637年将她送上审判庭。审判期间,孕中的安妮被软禁4个月之久。其间,常常有神职人员前来"探望",试图改变她的思想,同时搜集对她不利的证据。1638年3月,安妮再度出庭受审。法庭宣布,安妮·哈钦森是异端、魔鬼代表和"不适合留在我们社会的女人",并将其逐出马萨诸塞,"送回魔鬼手中"①。

时至今日,在标榜宗教自由的美国,盎格鲁-撒克逊新教文化地位依然不可撼动。每当白人新教徒感到自己"霸权"受到威胁时,他们便会重新讲述、包装"五月花"号和清教徒移民故事,它于美国兴立赋予更重要意义。特别是19世纪,大批欧洲天主教徒、犹太教徒涌入美国期间,新教徒更进一步通过婚姻、继承、教育等手段巩固自己的宗教文化优势地位,一个宗教文化的阶级社会悄然成型。其中,一个颇为显著的现象是,建国以来,美国历史上只有两位总统不是新教徒:第36任总统约翰·肯尼迪和第46任总统乔·拜登。

二　美国梦的生意经

"在第一批抵达美洲大陆的清教徒身上,人们可以窥见美国全部命运",前法国外交部长亚历克西·托克维尔写道,② 他们身上有当代美国人的职业精神,美国人很少休年假;他们推崇自力更生,不主张依赖政府福利;禁止21岁以下青年在酒吧饮酒。

更具深远影响的是极强的利益动机。与西班牙、葡萄牙等欧洲国家相比,英国移民抵达北美大陆已不算早。16世纪初,英国人靠羊毛生意在欧洲大陆赚得盆满钵满,没有动力远航。然而,随着羊毛价格下跌,

---

① Emery John, *Saints and Sectaries*：*Anne Hutchinson and the Antinomian Controversy in the Massachusetts Bay Colony*, The University of North Carolina Press, 1962.

② Nick Bryant, "Mayflower at 400：What we all get wrong about the Pilgrim Fathers", Sept. 18, 2020, https：//www.bbc.com/news/world-us-canada-54199565.

出口锐减，英国逐渐陷入经济、政治、社会危机，贫富分化日益加剧，示威、暴动、罢工等社会事件层出不穷。商人们不得不开始为羊毛和其他产品寻找新市场，他们先望向了"丝绸之路"另一端的中国。开通通往中国西北商路的尝试失败后，他们又将目光投向北美。此时，英国社会已不堪压力，仿佛一触即爆的火药桶。①

广袤的北美大陆与闭塞、紧张的欧洲形成鲜明对比。美国贸易历史学家、普利策奖获得者托马斯·麦克劳写道："压抑了数世纪的需求，一遇到新世界充足的供给，便喷薄而出，推动移民者不断向西，攫取土地，开辟牧场与农庄，这便是他们的美国梦。"当时，政府不负责任地以极低价格出售土地，或干脆拱手相送，让人们有了这样一种心态：新世界里一切皆可强取豪夺。移民们毫不愧疚、毫无廉耻地剥削原住民，剥削彼此，甚至不惜谋杀。麦克劳写道："移民运动看似一部壮丽史诗，一旦深入其细节，便会发现，这绝非美好故事。"

"五月花"号乘客之一，普利茅斯殖民地第一任总督威廉·布拉福德在《普利茅斯垦殖记》中写道："我知道，你们不爱听，但工作确实是我们来新英格兰最主要目的。"② "五月花"号驶向北美大陆之际，新英格兰议会成立，为英国在北美大陆向北扩张做好准备。资助他们航行的伦敦商人托马斯·韦斯顿定下了极其苛刻的条件，直到28年后，"五月花"号上的移民们才还清欠款。③

以"阿贝拉"号为代表的清教徒移民和马萨诸塞湾特许公司，尽管声称来新大陆为的是建立"山巅之城"，成为"人类典范"，但同时认为财富是他们遵从上帝指引，获得的"神圣奖赏"，是上帝恩典。久而久

---

① Rox Cox, "Review: America's founding was all about the money", Reuters Breakingviews, April 13, 2018, https://www.reuters.com/article/us-united-states-history-breakingviews-idUKKBN1HK23N.

② *William Bradford*, *Bradford's history of Plymouth Plantation*, *1606 - 1646*, Franklin Classics Oct. 11, 2018.

③ Ruth A. McIntyre, "What You didn't Know about the Pilgrims: They had massive debt", PBS, Nov. 26, 2015, https://www.pbs.org/newshour/economy/what-you-didnt-know-about-the-pilgrims-they-had-massive-debt.

之，"高尚的利润"与"可耻的贪婪"间界限愈来愈模糊，直到今天亦是如此，福音派传教士仍然在节目上孜孜不倦地宣扬所谓"天赐"财富观。

约翰·巴特曼和西蒙·塔吉特在《新世界：英格兰的商业冒险史》中称，美国原本就是场生意，一切皆围绕"赚钱"这项事业构建起来。早期移民意识到，仅靠"拿工资的奴隶"，无法保证这项"事业"蒸蒸日上，人们需要稳定，需要一种社会架构，因此，他们建立了代议制政府。赚钱以外，人们需要一种更宏阔、更深刻的目标支撑他们生活与劳作。这种张力延续至今，美国社会一直在艰难寻找平衡。①

18 世纪 80 年代，宣告从大不列颠王国独立的 13 个邦，即将来到另一个十字路口。

1780 年，大陆军军官丹尼尔·谢斯退伍归乡后，发现自己因欠债被告上法庭。服役 5 年间，他只领到十分微薄的军饷，无力支付欠款。谢斯不是唯一的被告，他的战友、同乡纷纷陷入同样的财务窘境，这个非同寻常的现象让他警觉起来。

其实，谢斯的家乡什普斯伯里，只是被债务、税收风暴席卷的一个角落。当时，在新英格兰乡村，特别是马萨诸塞西部山区，人们主要靠种田为生。他们拥有土地，却没多少钱，以物易物仍然流行。收成不好时，农民便以记账的方式向商贩购买商品，赚到钱再还上。独立战争期间，欧洲出口商们终止对马萨诸塞商人贷款，要求他们用"硬通货"结清欠款。商人们手里没钱，便强迫本地贸易伙伴，甚至山区农民还钱。还不起债又交不上税的农民只得拿土地和其他财产抵债。

一个绰号"犁耕机"的农民在村民会议上抱怨："我快被榨干了，在战场上，我做了那么多不该我干的，如今，我身上背着各种税费，只能贱卖牛……那帮大人物要拿走咱的一切，是时候站起来阻止他们了，咱

---

① John Butman, Simon Targett, "From the Start, America was a business", Public Affairs Council, May, 2018, https://pac.org/impact/start-america-business-pilgrim-mayflower.

们不要法庭，不要治安官，不要税务官，不要律师!"

　　终于，走投无路的西马萨诸塞和伍斯特数千名"谢斯"拿起武器，发动了反政府起义，他们攻击法院、火药库……当时，13 个邦只是松散联盟，邦联政府形同虚设，没有资金组织军队，最终，起义被马萨诸塞私人武装力量镇压。随后，4000 人签署了认罪书，承认参与叛乱。1788 年，藏身佛蒙特深山里的谢斯等人得到豁免，然而马萨诸塞精英掌控的媒体依然将他描绘成"无政府主义典型"（archetypal anarchist），企图将经济颓败的责任归咎于谢斯"煽动"的这场"叛乱"。后来，谢斯搬到纽约地区。1825 年，这位军功卓著、曾拥有 27 公顷农田的农民去世时几乎身无分文。

　　除了这场债务与税务危机，其他矛盾也在默默蚕食这个新世界，各个邦间的冲突、边界问题，同欧洲国家的贸易问题，英国的威胁……"谢斯起义"如同催化剂，让一场已经发酵颇久的讨论——是否要建立一个强有力的联邦政府，付诸行动。

　　1778 年，在历史最悠久、人口最多、土地面积最大的弗吉尼亚发起下，除罗德岛外的 12 个邦代表在宾夕法尼亚费城"邦议会厅"举行一场长达 116 天的"联邦制宪会议"。代表们围绕政府权力、各邦与联邦政府权限划分、如何调和各邦不同处境与利益问题，十分激烈地争论，几次走到谈崩边缘。

　　颇具声望的本杰明·富兰克林不得不挺身而出：

　　　　就现在的文本，我也不满意，没有一条是合乎理想的。但是我们已经到了这一步，我们已经投过票了，现在我们必须决定我们要不要建立一个国家。我们如果要，就要服从这个宪法，如果不要，就前功尽弃，这几个月就白谈了。然后各自回去，还是分散的 13 个邦，以后还要迎接不可预料的风险，那么，我们现在做什么选择？我建议大家先接受这部很不完善的、大家心里都特别不满意的宪法。

经过 569 次辩论，整个文本终于获得通过。然而，这部宪法究竟是不是后来人所标榜的"最大公约数"，是不是为"人人实现梦想"的平等、自由、人权等要素作出了规定？100 多年后，哥伦比亚大学教授查尔斯·比尔德等历史学家重估美国开国元勋，认为他们推动立宪更多出于经济利益。他出版于 1913 年的著作《美国宪法的经济观》引起一片哗然。

图 5-3　乌云中的华盛顿纪念碑

注：2023 年 8 月 7 日，在美国首都华盛顿，华盛顿纪念碑被乌云笼罩。华盛顿纪念碑位于白宫正南、国家广场中心，于 1884 年落成，高约 169 米。

资料来源：新华社发（亚伦摄）。

比尔德认为，支持建立强有力中央政府的人，是经济利益主要关乎个人财产的商人、船主、银行家、投机者、证券持有者和奴隶主；反对中央政府的是经济利益关乎地产的农民、债务人和哈得孙河沿岸的庄园主。因此，宪法的最大受益者是有商业和金融利益的个人。比尔德的观点曾遭到大批历史学家抨击，他们认为对宪法进行经济学解读毫无意义，同时，他们坚称 18 世纪的美国是"民主的"。直到 1982 年，美国经济史学家罗伯特·麦奎尔用经济学理论和计量经济学的分析方法研究发现，个人利益确实促成了宪法制定和执行。通过回答为什么禁止各州发行纸币，为什么有进口税没有出口税，为什么不赋予联邦政府推翻地方法律的绝对权力等问题，麦奎尔等计量经济史学家认为，宪法条例里反映出了"国父"们的经济和金融利益。在"联邦制宪会议"上，当直接影响到他们重要"经济利益"的具体问题出现时，他们的个人利益极大地影响了宪法相关条例的制定。①

那么所谓18世纪美国是"民主的"，"宪法获得了绝大多数民众支持"的说法呢？

聚集在"邦议会厅"的55名代表无一不是各邦上层社会精英或富人：富兰克林是费城最成功的报纸编辑和出版人。他投资房地产，拥有当地89%的出租物业。1767年，富兰克林来到巴黎，成为邦联第一任驻法大使，任期结束后，法国国王路易十六赠送给他一只镶嵌401颗小钻石的鼻烟壶。乔治·华盛顿虽然在独立战争中耗光资金，却拥有大量土地和奴隶。托马斯·杰弗逊娶了奴隶贩子的女儿，继承了岳父的全部家业。杰弗逊是个十足的购物狂，50年间挥金如土，他的山顶别墅满是从伦敦、巴黎购得的艺术品和古董。担任弗吉尼亚州州长期间，他还放任朋友用毫无价值的大陆币还债。约翰·汉考克的养父是新英格兰"最富裕商人"，哈佛大学毕业后，汉考克接手家族企业，从事鲸油出口贸易，建立起商铺与运输船网络，积累了超过父辈的财富。出席"联邦制宪会议"前，他望向不拘小节、常年衣衫不整的塞缪尔·亚当斯说，"你绝不能穿成这个样子走进去"，当即为他置办了一身高档套装。②

中国国际政治及美国问题研究专家资中筠分析："如果说当年反英骨干们重点是争取民权，现在（制宪会议召开时）他们中的一部分人开始

①　Robert A. McGuire，"Economic interests and the Adoption of the United States Constitution"，https：//eh. net/encyclopedia/economic-interests-and-the-adoption-of-the-united-states-constitution/.

②　Willard Sterne Randall，"How Wealthy were the Founding Fathers"，Time，Feb. 21，2022，https：//time. com/6149846/wealthy-founding-fathers/.

关心维护社会秩序，防止动乱，防止多数暴政……对保障民众权利关心得不那么具体。"①

麦迪逊认为，在设计美国的制度体系时，应该倾向于将权力交到富人手中，因为"富人更有责任感"。在"联邦制宪会议"辩论中，麦迪逊指出："每一个公正的社会，都应重点关注保护富人。"假如人人都享有自由投票权，那么大部分贫困人口就会团结、组织起来占有富人的财产。所以，在设计宪政制度的结构时，务必要防止形成"多数人暴政"式民主，必须确保富裕阶层财产权不被侵犯。

美国语言学家、哲学家、史学家诺姆·乔姆斯基在《财富与权力：解构美国梦终结的 10 个观点》一书中写道："纵观美国历史，会发现一种持续不断的冲突与张力：一方面，是底层民众为获得更多自由与民主而施加的压力；而另一方面，则是上层社会为维持其精英掌控与统治而进行的努力。这种冲突自建国伊始就存在。"②

三　美国梦的剥削基因

美国梦，如一列火车隆隆向前，穿梭于这个国家 200 余年历史间。在时间长河涤荡中，它的意涵不断被改变、被重塑：追求自由、征服荒蛮、践行民主、白手起家……然而，能乘上这辆光鲜列车的永远是少数。而大多数人，要么梦在滚滚车轮下粉身碎骨，要么任凭怎么用力跑也追不上这列火车。对他们而言，美国梦不是可以实现的愿景，而是神话，是抚慰生活之痛的麻醉剂。

1869 年，距离盐湖城 106 公里的普罗蒙特，美国加州中央太平洋铁路公司总裁利兰·斯坦福将一颗 17.6 克拉的金色钉子用力敲进铁轨。连接美国东西海岸，全长 3069 公里的"太平洋铁路"终于完工。

---

① 资中筠：《美国十讲》，广西师范大学出版社 2014 年版。
② ［美］诺姆·乔姆斯基：《财富与权力：解构美国梦终结的 10 个观点》，杨文展译，中信出版社 2018 年版。

21 年前，美墨战争结束，加利福尼亚、犹他、内华达、亚利桑那和新墨西哥州成为美国的一部分，同时，加州境内发现黄金，掀起"淘金热"，大批民众涌向西部。当时，美国东、南、中部陆续修建了铁路，而西部，被一系列南北走向的山脉割开，遍布终年积雪的悬崖峭壁，交通还靠马车和船，人员往来、物资运送十分不便，修建一条横贯东西的铁路大动脉迫在眉睫。

19 世纪 60 年代初，被叫作"疯狂朱达"的铁路工程师西奥多·朱达提出了"北纬 41 度线"方案——穿过内布拉斯加、怀俄明、犹他、内华达和加利福尼亚。这条线路通过花岗岩山脉、跨越深谷，必须修建大量隧道和桥梁，凭当时的技术、资金几乎不可能。但时任美国总统的亚伯拉罕·林肯对朱达的方案颇感兴趣。最终，国会通过了这项昂贵计划。1862 年 7 月 1 日，林肯签署《太平洋铁路法案》，规定发行政府债券作为修路资金，将联邦土地批给两家公司，一家是负责修筑西段的"加州中央太平洋铁路公司"，另一家是负责东段的"联合太平洋铁路公司"，并规定每修建一英里铁路，平均可得到 3.2 万美元政府债券。为了获得更多债券，双方展开了竞赛，原计划修建 14 年的"太平洋"铁路，仅仅 7 年便完工，成就了"全球修建铁路的奇迹"[①]。

"奇迹"背后，是几乎被历史尘埃掩埋的一群人——修建西段铁路的数万名华工。

散布在内华达山脉的 15 个隧道里，密密麻麻的凿痕触目惊心。"四个人扶着一根大铁锭，一人拿大锤子砸，转动铁锭，再砸，把火药填进凿好的坑里，引爆，然后跑开，他们就是这样一英寸一英寸挖出这些隧道的。"斯坦福大学历史学教授、"北美华裔铁路工人研究项目"主任徐

---

① 《美国历史系列：修建太平洋铁路》，ShareAmerica，2014，https://share.america.gov/zh-hans/pacificrailway/。

若男向人们复原了华工的劳动景象。①

当时，只有安全性极低的硝化甘油爆炸物。有时，华工需要悬吊在崖壁装炸药，一旦引燃，他们得争分夺秒回到崖顶，差之毫厘便会丧命。开凿唐纳隧道时，又遭遇历史上罕见的严冬，多是来自中国南方的工人冻死在帐篷里，还有人死于雪崩。由于缺少完备记录，粗略估计有数百到数千名华工殉职。

为《纽约时报》《大西洋月刊》等媒体撰稿的自由撰稿人艾伦·李描述："看见阳光从狭窄、斑驳的隧道透进来，想到华工曾经怎样劳动，又遭到怎样对待，不禁毛骨悚然，非常悲痛。"②

在东段，又是另外的故事：联邦政府和"联合太平洋铁路公司"残忍地屠杀了反对修建铁路的印第安人，还爆出"莫比利埃信托丑闻"。"联合太平洋铁路公司"政治背景颇深，股东包括各州甚至国会议员。铁路修建时，公司通过"美国动产信贷公司"提前发行与联邦铁路债券等量股票，这些股票很快被狂炒，价格不断飙升，很快便达到发行价百倍。公司以发行价将股票卖给政府高官和议员，还在没有多少收益的情况下向官员股东分发高额红利。时任副总统的斯凯勒·科尔法克斯收取了大量铁路股票；后来当选总统的詹姆斯·加菲尔德亦卷入其中。随着事件不断发酵，"联合太平洋铁路公司"董事长辞职，公司破产重组，而其他人却不了了之，丑闻草草收场。③ 从独立到建成横贯东西的铁路大动脉，"雄心勃勃"的美国人仅用了一代人的时间。2020年，美国普渡大学历史学教授约翰·拉森重新审视了这段历史，撰写文章《美国梦的大问题》。他认为这场轰轰烈烈的征服西部运动蕴藏着美国的"剥削基因"。"他们疯狂驱逐印第安人，使用奴隶，虐待华工，破坏野牛栖息地，砍伐

---

① Ellen Lee, "How the Transcontinental railroad forever changed the U. S. ", BBC, Dec. 20, 2022, https：//www. bbc. com/travel/article/20221212-how-the-transcontinental-railroad-forever-changed-the-us.

② Ellen Lee, "How the Transcontinental railroad forever changed the U. S. ", BBC, Dec. 20, 2022, https：//www. bbc. com/travel/article/20221212-how-the-transcontinental-railroad-forever-changed-the-us.

③ *The Credit Mobilier Scandal*, *Historical Highlights*, U. S. House Representatives, Retrieved, April 21, 2022, https：//history. house. gov/HistoricalHighlight/Detail/35789? ret＝True.

树木，过度采煤……进入 20 世纪，美国更将触角伸向了全球资源。"①

他写道，自殖民时代起，"剥削"文化便深入美国肌理，塑造了美国社会，美国人不惜一切代价追求短期利益和经济自由，他们践踏人权，破坏环境，不顾可持续性。

20 世纪 30 年代，这种"剥削"文化，又酿成了一场灾难性环境危机。

1935 年 4 月 14 日是个星期日，美国高地平原沐浴在灿烂的阳光中。毫无预警之下，突然隆起一阵山一般的黑色风暴。"比夜还黑"的黑迅速占领了俄克拉何马主要地区和得克萨斯狭地。下午 4 点，风暴袭击内布拉斯加比弗城，5 点 15 分，袭击爱达荷博伊西城，7 点 20 分，袭击得克萨斯阿马里洛城……如同陆地海啸，气温骤降，人们甚至伸手不见五指。

这个"黑色星期日"让美国人错愕。"沙尘暴来了，轰隆隆如同雷暴。它将我们盖住，将我们埋起；它挡住了车辆，遮住了太阳……"伍迪·格思里这首民谣很快便家喻户晓。

1931 年至 1939 年，美国 75% 的地区遭受强风、干旱、沙暴灾害，这便是被列为"人类历史三大生态灾害"的"灰尘碗"事件。②

"灰尘碗"的种子，早在 20 世纪 20 年代初便埋下了。一战后的萧条时代，农民为迅速致富，势如破竹般开垦农田。靠新机械化种植技术，他们在短短 5 年间，开垦了 200 万公顷土地。结果自然是粮食供过于求，市值大幅下跌，然而，农民们竟选择最粗暴的方式——以量牟利。很快，整片草原被种上小麦。以犁为基础的耕种技术还有意想不到的后果：表层土壤变得松散，一旦遭遇干旱和热浪，一阵风便能将之卷走。天不遂人愿，30 年代便是这样的旱季，1932 年，美国境内遭遇 14 场沙尘暴，一

①　John Larson，"The Big Problem with the American Dream"，The Washington Post，Jan. 14, 2020，https：//www.washingtonpost.com/outlook/2020/01/14/big-problem-with-american-dream/.

②　"The Black Sunday Dust Storm of April 14 1935"，National Weather Service，https：//www. weather. gov/oun/events-19350414.

年以后，沙尘暴数量激增至 40 场。原本水草丰茂的中西部、南部平原变得贫瘠，三分之一的农民不得不背井离乡。①

2020 年 10 月，美国大平原再次遭遇沙尘暴，一堵仿佛黄土筑成的墙从科罗拉多东部一直延伸到内布拉斯加和堪萨斯。犹他大学大气科学家加内特·阿莱和加利福尼亚蒙特雷海军研究实验室气象学家安迪·兰伯特等进行的一项研究显示，一个临界点即将到来，美国很可能面临 2.0 版"灰尘碗"。他们通过分析卫星数据发现，过去 20 年，美国扬尘水平增加了两倍。

图 5-4　沙尘暴下的索尔顿湖

注：2016 年 8 月 19 日傍晚，一场沙尘暴袭击美国加利福尼亚州索尔顿湖的西岸。沙尘来自湖区大片裸露干涸的河床。

资料来源：新华社发（杨磊摄）。

卫星数据显示，沙尘水平在春耕与秋收季达到峰值，这表明，农业活动依然是重要原因。与 20 世纪 30 年代相比，这是一个更荒唐的故事：

① Maria Trimarchi, "What Cause the Dust Bowl", How Stuff Works, April 20, 2022, https：//science. howstuffworks. com/environmental/green-science/dust-bowl-cause. htm.

为应对气候变化，美国政府开始补贴可再生燃料，为充分享受优惠政策，农民开始大量种植可再生生物燃料的原料——玉米，大片草原遭到破坏。兰伯特等专家调研发现，这些新垦的土地，大多并不适合作物生长。一旦出现水土流失，人们只能开垦更多土地，陷入恶性循环。另一个原因是气候变化。《自然·气候变化》刊登的一项研究显示，温室气体排放造成了频繁如"灰尘碗"时期的热浪。发表在《自然》杂志的研究也得出相似结论，认为美国西部濒临千年未有的"超级干旱"，导致沙尘暴频发。[1]

"要弄清楚为什么我们从一开始就选择激进性经济，而不是可持续行为，我们必须重新审视历史，揭开我们的剥削文化"，拉森写道。

拉森撰写的《美国梦的大问题》指出，正是议会迟迟不肯通过众议员亚历山德里娅·奥卡西奥·科尔特斯提出的"绿色新政"，还抨击这部环保法案"疯狂""不够美国"。

"面临环境、经济挑战，我们应反思历史，反思所谓现代化战胜自然的故事。然而，强大的利益集团和组织需要剥削文化，他们是'绿色新政'最激烈的反对者"，拉森写道。[2]

四　危险迷思

"我愿意分出一半财产——如果法律与秩序能让我保有剩下一半的话"，曾任美国证券交易委员会主席、驻英国大使的富商约瑟夫·帕特里克·肯尼迪回忆"大萧条"时代如是说道。彼时，工业产出下降三分之一，全国近一半劳动力闲置，数千家银行倒闭。

19 世纪初，持续了近半个世纪的高速工业化、城市化落下帷幕。在

---

① Roland Pease, "Dust Bowl 2.0? Rising Great Plains Dust Levels Stir Concerns", Science, Oct. 20, 2020, https://www.science.org/content/article/dust-bowl-20-rising-great-plains-dust-levels-stir-concerns.

② John Larson, "The Big Problem with the American Dream", The Washington Post, Jan. 14, 2020, https://www.washingtonpost.com/outlook/2020/01/14/big-problem-with-american-dream/.

刚过去被称作"镀金时代"的半个世纪，工业和技术创新创造了大量财富。在"自由主义"庇护下，占人口总数 1% 的"强盗大亨"剥削工人，雇用童工，大搞垄断，一度占有 87% 的财富。为描述他们的奢靡生活，经济学家、社会学家托斯丹·范伯伦造出"炫耀性消费"一词。他们起居、饮食、穿衣方式之冗繁，需要"一支部队"来侍候。范德比尔特家族为建别墅，炸平三座小山；加内特家族在巴尔的摩别墅里装有覆盖着 23 克拉金叶子的马桶和浴缸；女性们一日换五到六次衣服，为的是搭配不同场合的装饰风格。①

"自由工人"却沦为"工资奴隶"。他们工作时间长，条件恶劣，没有劳动安全保障。据统计，因工致死人数达到每年 2.5 万到 8 万人，远高于德国等其他主要工业国家。在农村，市场变革将农民置于无法预测的国内、国际市场中，任何价格波动都会让农民失去对自己生计的控制能力，成为被剥削对象。②

在巨大贫富悬殊中，一些美国人开始觉醒，他们意识到，贫困、剥削、空虚、混乱、腐败为他们的"自由主义"理想蒙上了阴影。在这样的背景下，1931 年，历史学家詹姆斯·特鲁斯洛·亚当斯正式提出"美国梦"概念，便颇耐人寻味了。在《美国史诗》中他这样写道：

在彼梦想之地，人人皆活得更美好、更富足、更完满；在彼梦想之地，人人皆凭能力与成就获得机会，无论出身与地位。

这个梦想不只关乎小汽车、高收入，更关乎一种社会秩序：每一个男人、女人都能充分发挥才干，人们不以出身、地位论英雄。尽管物质财富非常重要，但美国梦比之更宏大。男人、女人可以不被社会秩序压抑，实现充分发展，而在那些更古老文明

---

① Patrick J. Kiger, "How Robber Barons Flaunted Their Money During the Gilded Age", History, Jan. 24, 2022, https: //www. history. com/news/robber-barons-gilded-age-wealth.

② Michael K. Rosenow, *Death and Dying in the Working Class*, *1865-1921*, University of Illinois Press, 2015.

里，处处竖着藩篱，社会秩序围绕满足上层人利益构建，而不为每个普通人服务。①

与其说"美国梦"是愿景，不如说是亚当斯等一大批学界、政界精英的反思。第二年，富兰克林·罗斯福接受民主党总统候选人提名时承诺："被遗忘的男女，期望我们起而领导他们，期望获得更公平的机会，分享国家财富……我将提出一项为了美国人民的新措施。这不仅是政治竞选活动，而是一场战斗。"

1933 年，罗斯福就任总统后，围绕三个"R"——救济（Relief）、复兴（Recovery）、改革（Reform）实施了一系列经济政策，包括制定《国家劳资关系法案》《社会安全法》《劳动公平标准法》等，以增加政府对经济直接或间接干预的方式，缓解经济危机与社会矛盾。

新政结束后的 1938 年，失业人数比 1933 年年初减少 400 万；国民收入和公司利润增加了 50% 以上；道·琼斯指数上升了 80%。然而，从根本上说，共和党人罗斯福仍是保守人士，对强政府持怀疑态度，在施行扩张财政政策的同时，大力削减政府开支，没能真正解决阶级、贫困、种族等深层次问题，为"新自由主义"留下一扇门。

仅过了 40 年，罗斯福新政和战后经济开启的"黄金时代"以及亚当斯畅想的"人尽其才"的"美国梦"便偃旗息鼓。美国大踏步转向严重偏向企业精英轨道，又一个"镀金时代"的阴云在历史地平线上积聚着。法国经济学家托马斯·皮凯蒂提出，资本主义 300 年进化史中，这几十年"黄金时代"名不副实，甚至更适合被称作"社会主义"，而大多数时期，资本定要占上风，切去最大一块蛋糕。②

20 世纪 70 年代，一位"清瘦、温和、克制、温文尔雅"的弗吉尼亚绅士即将给美国带来持续至今的影响。他便是日后成为美国最高法院大

①　James Truslow Adams，*The Epic of America*，Simon Publications，Oct. 2，2001.
②　［法］托马斯·皮凯蒂：《21 世纪资本论》，巴曙松译，中信出版社 2014 年版。

法官的刘易斯·鲍威尔。1971 年 8 月，鲍威尔向美国商会递交了一份机密报告，告诫他们商业力量即将失去对社会的控制，必须采取措施反击：

> 美国经济体系正遭受广泛的攻击……最使人不安的声音恰恰来自社会中最受尊敬的群体、领域：大学校园、教堂讲坛、新闻媒体、知识分子、文学期刊、文艺界、科学界和政治家们……美国商业明显陷入困境。对于外界广泛的质疑，回应显得苍白无力且有姑息让步之嫌；现在是时候将美国商业体系中的智慧、技巧和资源集结起来，以对抗那些试图摧毁它的人。

乔姆斯基不无讽刺地写道，《鲍威尔备忘录》无非是说，在美国，受迫害最严重的就是资产阶级。"那些老板、富人们经历着彻头彻尾的迫害，世道正被癫狂的左翼分子控制。"他指出，这其实是在呼吁商业界将他们对资源的控制力，转化为强力攻势，击退民主化浪潮。①

《鲍威尔备忘录》一石激起千层浪。企业界开始大力扩张在首都的势力，几年内，超 2000 家公司在华盛顿设立办事处；原本自顾自运营的公司组建了广泛联盟，创立传统基金会、卡托研究所等新型智库，从企业角度进行政策分析；杜邦、通用电气、花旗银行等"蓝丝带"企业 180 位首席执行官创建"商业圆桌会议"，与具影响力的国会议员当面会谈。通用汽车的托马斯·墨菲说："如果你跟参议员们没熟到直呼其名的程度，就表示你没能为股东们做好充足工作。"②

20 世纪 70 年代后期，华盛顿已驻扎近 2000 个贸易协会，聘请了大批专业人士为企业权利服务，总计 9000 名说客和 8000 名公共关系专家，是国会人数的 130 倍。他们迅速将议程扩大到与经济相关的全部领域，

---

① ［美］诺姆·乔姆斯基：《财富与权力：解构美国梦终结的 10 个观点》，杨文展译，中信出版社 2018 年版。
② ［美］赫德里克·史密斯：《谁偷走了美国梦：从中产到新穷人》，文泽尔译，新星出版社 2018 年版。

包括劳工法、税务税收、反垄断监管、银行金融等。

普利策奖获得者赫德里克·史密斯在 2012 年出版的《谁偷走了美国梦：从中产到新穷人》一书中写道："在企业强势作用下，商界撬动了华盛顿的政治权力平衡，政策制定朝着企业精英方向严重倾斜——以牺牲中产阶级为代价。"①

1980 年，罗纳德·里根当选美国总统，"新自由主义"登场。"新自由主义"最简单的定义是"让市场支配一切"。然而，人们越来越发现其中极强的两面性：一套适用于穷人，另一套专供富人。普通民众应得的权益被削减，社会保障金被缩减，医疗保健服务被削弱；而富人则要求国家强势，当他们一旦陷入困境，立刻出手救助。

与其说"新自由主义"关键词是"自由"，不如说是"操弄"——操弄政府权力，牺牲劳工阶级、发展中国家利益：向富裕阶层倾斜的税制改革，放松市场监管，超量发行美元，国有股份私有化……这些"新自由主义"政策不断侵蚀美国经济，不惜代价追求个人利益的"剥削基因"再次挣脱出来。

"如果要我描述 90 年代整套新规则……金融市场控制了企业命运，操纵了企业战略……股东们的回报，已超出他们最疯狂的梦想，然而这一切是有代价的——停滞不前的工资，缩减企业规模和大裁员，使不平等现象扩大"，美国知名经济学家史蒂芬·罗奇这样描述。②

1994 年，毕业于西点军校的"硬汉"阿尔伯特·邓拉普出任斯科特纸业首席执行官。当时，这家发明了卷筒卫生纸的百年家族企业陷入经营困难。绰号"电锯艾尔"的邓拉普专注短期利益，他一上任便大刀阔斧裁掉 1.1 万名员工和大批管理人员，削减研发资金，取消慈善捐款。一年内，公司股票涨了一倍。然而，此番手术伤及了核心业务，公司无法久长，18 个月后，邓拉普以 90 亿美元价格，将斯科特卖给金佰利。这

① ［美］赫德里克·史密斯：《谁偷走了美国梦：从中产到新穷人》，文泽尔译，新星出版社 2018 年版。

② Stephen Roach, *Angst in the Global Village*, Taylor & Francis, 1997, https://www.jstor.org/stable/40721858.

笔交易让他和华尔街基金经理们大赚一笔。邓拉普从所持股票期权中赚到 1 亿美元。也就是说，执掌斯科特的 18 个月里，他每天能赚 16.6 万美元。不少公司高管效仿邓拉普，大量购买公司股票，搭上了追逐个人财富的顺风车。邓拉普不无得意地说："我在斯科特创造了 62 个百万富翁。"①

过去几十年，大规模裁员，迅速抬高股价提高投资者收益等已成为企业界和华尔街的标准做法。美国《新闻周刊》在封面故事《杀手们》中列出了 20 世纪 90 年代的知名 "电锯"：IBM（国际商用机器公司）路易斯·葛斯纳裁员 6 万人，AT&T（美国电话电报公司）公司罗伯特·艾伦裁员 4 万人；GM（通用汽车公司）罗伯特·斯坦普尔裁员 7.4 万人……而且，裁员行动从工厂车间蔓延到专业人士和中层管理人员办公室。"炒掉越多人，华尔街越喜爱这家公司，公司股价也越高。"②

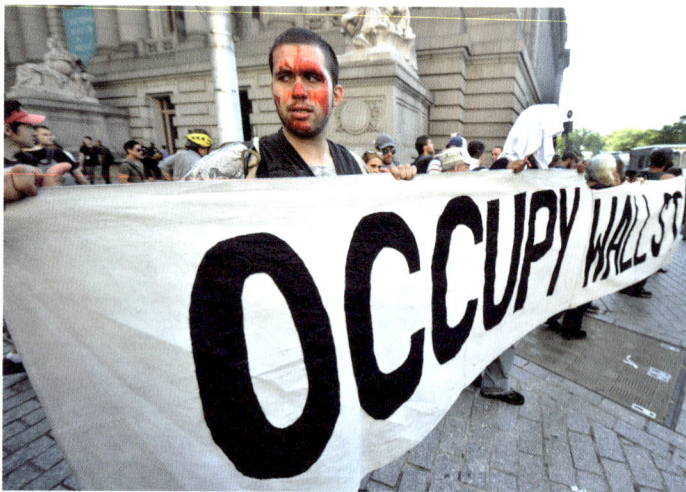

图 5-5 "占领华尔街"运动抗议者示威

注：2012 年 9 月 17 日，美国 "占领华尔街"运动抗议者聚集在纽约曼哈顿金融区举行抗议示威等活动，以纪念这场运动一周年。

资料来源：新华社发（王雷摄）。

---

① ［美］赫德里克·史密斯：《谁偷走了美国梦：从中产到新穷人》，文泽尔译，新星出版社 2018 年版。

② Albert J. Dunlap, Robert E. Allen, Louis V. Gerstner Jr., Bobert B. Palmer, "Corporate Killers", *Newsweek*, Jan. 1, 1996.

赫德里克写道："大多数时候，华尔街的收益来自普通民众的痛苦，扰乱了良性循环增长步调、扰乱了中产阶级主导的经济……让数以百万计普通美国人的美国梦分崩离析。"

从 20 世纪 80 年代到 21 世纪最初十年，美国经济经历几轮增长，但中产阶级家庭收入却停滞不前。1973 年到 2011 年，美国非农生产力增长 80.1%，但普通职工工资仅增长 4.2%。倘若考虑通货膨胀影响，职工 2011 年的工资与 1973 年几乎持平——停滞了 30 年！与之相比，财富前万分之一的美国人 2006 年的收入则比 1979 年增长 600%。

"这是房间里的一头大象。"2020 年，兰德公司可扩展计算与分析中心主任卡特·普莱斯与经济学家凯瑟琳·爱德华在一份颇具突破性收入趋势分析报告里这样描述美国不平等问题。他们研究发现，倘若能维持"黄金时代"收入差，如今财富水平的后 90% 的人要比他们现实收入高 50 万亿美元。这意味，过去 40 年，90% 的美国人没有从国家经济发展中获得丝毫收益，如果国民收入与国家经济同频增长，收入在中位线（5 万美元/年）以下的全职工作者收入要比现在高一倍。[①]

卡特和凯瑟琳还击碎所谓自动化、全球化等结构性变化造成美国工人窘境这一流行叙事。报告指出，50 万亿美元收入差并非发生在美国与贸易国之间，而是全部产生在美国社会内部。前 1%、0.1% 的美国人几乎攫取了美国增加的所有财富。"如果你属于后 90%，那么 10% 的富豪的钱就是从你口袋里拿走的。"

左翼进步倡议组织"公民探索"创始人、风险投资人尼古拉斯·汉瑙尔和劳工领袖、作家戴维·罗尔夫为《时代》周刊撰文称，财富与权力高度集中是美国的选择造成的："40 年来，我们选择削减富人纳税，放松对金融业的监管；选择纵容 CEO 操纵股票价格；选择让巨头获得垄断地位，任意制定价格与工资；我们选择降低最低工资，选择削弱劳工话语权；我们选择将富人的权力和物质利益置于普通美国人之上的领导人。"

---

① Carter C. Price, Kathryn A. Edward, "Trends in Income From 1975 to 2018", RAND Corporation, 2020, https://www.rand.org/pubs/working_papers/WRA516-1.html.

2020 年年初，新冠疫情席卷全球，世界第一经济体美国的表现让人瞠目结舌：死亡率、感染率全球第一；失业率失控，经济摇摇欲坠；公共服务措手不及，人们失去与病毒斗争的意志和意愿。尼古拉斯和戴维认为，正是"房间里的大象"①——愈发加剧的贫富差异，让病毒更致命，经济后果更严重。

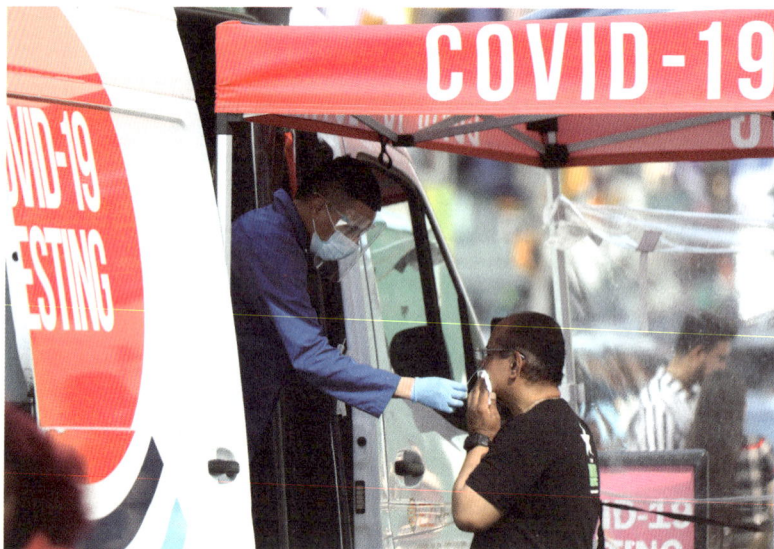

图 5-6　2022 年 5 月 17 日，一名男子在美国《纽约时报》广场接受新冠病毒检测

资料来源：新华社发（王迎摄）。

病毒侵染的是这样一个美国：工人年收入比他们应得的少了 2.5 万亿美元；47% 的租房者入不敷出，40% 的家庭拿不出 400 美元紧急支出；半数 55 岁以上美国人没有退休储蓄；2800 万人没有健康保险。这样的美国不得不在病毒仍肆虐时草草放开经济：企业太脆弱，经不起继续停业；工人们太贫困，不得不走进工厂大门。②

---

① "房间里的大象"：喻指众人心知肚明却刻意回避的棘手问题。

② Nick Hanauer, Daivd M. Rolf, "The Top 1% of Americans Have Taken ＄50 Trillion from the Bottom 90%—and That's Made the U. S. Less Secure", Times, Sept. 14, 2020, https：//time. com/5888024/50-trillion-income-inequality-america/.

2023 年 5 月，意大利博科尼大学、瑞典斯德哥尔摩大学等，洛克伍尔基金会共同发布《高收入国家代际贫困报告》，称美国贫困儿童成年后遭遇贫困的可能性比非贫困儿童高 43%，是丹麦和德国的 4 倍，是澳大利亚和英国的 2 倍。

如果将"美国梦"定义为向上流动性，在丹麦、澳大利亚、德国实现"美国梦"可能性更大。与其他高收入国家相比，美国机会不平等程度更高。在美国，寿命、教育、安全状况与"住在哪"息息相关。这一切使得"美国社会这架梯子，踏板间隔大到难以攀登"①。

讽刺的是，越来越多研究将矛头指向"美国梦"本身。美国作家、批评家艾丽莎·奎特梳理了 19 世纪以来的美国经典文学、政治演说，发现无不暗含这样一种意识：美国人习惯将经济成败归因于个人。② 在"美国梦"滤镜下，人们责备穷人，责备作出糟糕人生选择的人。

在这场旷日持久针对穷人的"国家霸凌"中，政府堂而皇之地减少对社会福利的投入，忽视结构性问题，推出伤害普通人的政策，导致不平等愈演愈烈。

"美国梦，这个最危险的迷思，什么时候才终结"，奎特写道。

---

① Matt Turner, "You're more likely to live the American Dream in Germany, Demark or Australia", Insider, Jan. 22, 2023, https：//www. businessinsider. com/american-dream-social-economic-mobility-more-likely-germany-denmark-australia-2023-6.

② Alissa Quart, "National Bulling of the Poor: the Trouble with America's Bootstrapping Myths", the Guardian, April 6, 2023, https：//www. theguardian. com/books/2023/apr/06/poverty-us-bootstrapping-self-made.

第六章　阴影女神

"多数古巴人支持卡斯特罗，唯一离间内部支持的方法是制造经济上的困苦，使古巴人产生不满。可采取一连串动作，包括对古巴最大限度进行经济封锁，带来饥饿、绝望，最后推翻政府。"

——负责美洲国家事务的前美国助理国务卿列斯特·马洛里

2022 年 4 月 12 日，正值早高峰的 8 点 20 分前后，纽约北行地铁 N 线列车驶离 25 街车站，驶向 36 街车站。车上一名男子喃喃自语，随后戴上防毒面具，向一节车厢的地板投掷烟幕弹，于浓烟之中对着车内乘客发动连续枪击。33 声枪响下，包括孕妇、儿童在内的 29 名乘客受伤，地铁站血迹遍地、哀号不止。

也正是在这一天，美国国务院发布《2021 年国别人权报告》，再次扮演所谓"世界人权法官"，对世界近 200 个国家的人权状况指指点点，而对本国劣迹斑斑的人权状况回避躲闪。

无视美国公众难以承受的枪支暴力之痛，反而连篇累牍地"关心"别国民众人权，在华盛顿政治精英眼里，"人权"不过是被用来维护其政治利益的工具。

一　虚构的自我认知

1886 年 10 月，纽约港哈得孙河自由岛上的自由女神像落成。头戴象征世界七大洲的光芒四射冠冕，左手捧着《独立宣言》，右手高举火炬，"女神"象征着"自由之火照耀世界"，从此成为感召世界的一个符号。而当时钟转到 2004 年的 4 月和 5 月，一张张伊拉克阿布格莱布监狱美国军人侮辱、虐待囚犯的照片震惊了世界。

今日美国是一个打着自由旗号，标榜保护人权，四处输出所谓民主却造成很多破坏的国家。究其历史，可以看到另一副面孔。在《理想的幻影：美国政府是如何操纵人权问题的》一书中，美国历史学家詹姆斯·派克就指出，在追求自由、平等和人权等理想的斗争中，出现了众多悖论和矛盾，包括奴隶制与所有人生来平等的信仰共存，自由主义与殖民主义剥削共生，自由呼声与忽视妇女权利同在等。[1]

尽管美国国内在人权、民主问题上反思不断，民意调查却一直显示，美国人仍认为他们的国家是自由的象征，是人权的捍卫者。这种根深蒂固的信念塑造了美国人的身份，影响其自我认知。一方面，自由女神的阴影下藏匿着美国民主、人权的一身污泥；另一方面，美国乐此不疲地在全球扮演"自由世界"领袖的角色。如何理解这两个矛盾体的共存？

哈罗德·拉斯韦尔在他 1927 年的经典著作《世界大战中的宣传技巧》中指出，经验老到的政治领袖知道"通过制造错觉比通过胁迫更容易取得成功"[2]。在过去的两个多世纪中，美国重要政治人物将美国描述为"自由的帝国""山巅之城""地球上最后的希望""自由世界的领袖"和"不可或缺的国家"等。"美国例外论"也深深镶嵌进美国的政治话语体系中。2009 年，面对英国《金融时报》记者有关是否相信美国例外主义的提问，美国前总统奥巴马回答说，他对美国例外论的态度就如同英国人对待英国例外主义、希腊人对待希腊例外主义的态度一样。言外

---

① James Peck, *Ideal Illusions: How the U. S. Government Co-opted Human Rights*, New York: Metropolitan Books, 2011, p. 25.

② Harold D. Lasswell, *Propaganda Technique in the World War*, New York: Peter Smith, 1927, p. 222.

之意是美国没那么特殊。此话一出，美国国内批评声铺天盖地而来。①

许多"美国例外论"的说法都假定美国的价值观、政治制度和历史都是独特的，值得普世崇拜，这也意味着美国注定要在世界舞台上扮演道德领袖的角色。但正如美国《外交政策》专栏作家、哈佛大学罗伯特和勒妮·贝尔弗国际关系教授史蒂夫·沃特指出，这种对美国全球角色的描述充斥着自鸣得意，但最大的问题是，这一自我认知是被人为虚构出来的。②

"美国例外论"这个词最早在20世纪40年代末冷战初期被引入公众词汇中，但它的出现可以追溯到19世纪中叶，主要是为这个缺乏古老民族固有共同情感和凝聚力的年轻移民国家创造出一个共同的国家认同。

1787年9月17日，美国宪法在费城召开的制宪会议上获得代表的批准。但对于被誉为美国建国元勋之一的亚历山大·汉密尔顿而言，美国崩溃的风险依旧。在《联邦党人文集》第8篇中，他警告说，如果新起草的宪法没有被最终批准生效，那么一场由非正规军队在无防御边界间进行的"州与州之间的战争"是不可避免的。大州会侵略小州，掠夺和毁灭将蔓延全境，使平民处于"不断危险的状态"，从而滋养出威权主义和军事化机构。③

当然，汉密尔顿在1787年11月的呼吁团结是成功的，两年后美国人的这部宪法正式生效。但是，他们仍然没有就为什么会走到一起以及什么是他们作为一个民族的共同身份定位达成一致。

美国历史学家科林·伍达德指出，对于美国来说，保持共同国家意识一直是一项巨大挑战。美国并不是作为一个国家出现的，而是原英国殖民地的13个州为了反对共同敌人，以契约性协议方式结成同盟"邦

---

① Robert Farley, "Obama and 'American Exceptionalism'", https：//www.factcheck.org/2015/02/obama-and-american-exceptionalism/.

② Stephen M. Walt, "The Myth of American Exceptionalism", https：//foreignpolicy.com/2011/10/11/the-myth-of-american-exceptionalism/.

③ Alexander Hamilton, "The Consequences of Hostilities Between the States From the New York Packet", https：//avalon.law.yale.edu/18th_century/fed08.asp.

联"。这个国家的人民缺乏共同的历史、宗教或种族。他们没有一种独特的语言，大多数人占领这片大陆的时间还不够长，不能把它想象成他们神话中的家园。他们没有共同的故事，不知道自己是谁，自己的目的是什么。总之，他们缺少一个民族国家该有的基础。①

独立战争之后，美国人失去了"共同参加战争"这个统一的故事，再次陷入寻求自我身份定位的泥潭：新出现的美国国民身份以及地域身份、州籍身份、党派身份等各种诉求争执不休。正如阿普比尔在《历史的真相》中所指出的那样："美国革命并未制造出一个民族，遑论一个统一的民族。"②

乔治·班克罗夫特是第一个为美国呈现国家故事的人，他认识到构建一个共同叙事的重要性，这将促进美国人的团结和自豪感。他的父亲是马萨诸塞州的一名传教士，班克罗夫特 1817 年于哈佛大学毕业后，被哈佛派往德意志邦联留学。他虽然曾尝试过成为诗人、教授、预科学校校长和传教士，但最终开始了自己的终身事业：为他的年轻国家提供一部历史，回答诸如此类问题：我们是谁？我们从哪里来？我们将去往何方？班克罗夫特开创一种新的历史写作方式，将历史变成一种神话，使美国人可以从中找到共同身份认同和文化价值观。他的《美国史》对后来的美国例外主义思想形成产生深远影响。

《美国史》是一部以新大陆的发现为开端，一直到制宪会议召开、宪法形成的美国通史。该书试图创造一种国家叙事，颂扬美国的特殊性并展示美国的正面形象。在作品中，班克罗夫特旨在展示美国历史的进步，即不断向自由、进步和民主理想迈进。他强调了个人自由、自治和美国领土扩张的优点。班克罗夫特的叙述将美国描绘成一个"被选中的国家"（"天选之国"），注定要将其民主和自由的原则传播到整个大陆和其他

---

① Colin Woodard, "The Pitfalls and Promise of America's Founding Myths", https：//www.smithsonianmag.com/history/determining-americas-national-myth-will-determine-countrys-fate-180977067/.

② Alan R. Sadovnik, Susan F. Semel, *Twentieth-Century Textbook Wars：A History of Advocacy and Opposition*, New York：Peter Lang Publishing, 2003.

地区。这一思想的影响延续至今。

为了突显美国国内的和谐统一和人人平等的原则，班克罗夫特提倡宗教宽容、政治宽容和社会宽容。在他笔下，美国是理想中的"山巅之城"，是世界各国人民向往的地方。不过，班克罗夫特书中鲜有提及印第安人和黑人奴隶在美国历史中的贡献，并认为奴隶贸易是西欧强加给美国的，奴隶制不是美国的"原罪"。

美国历史学家伍达德指出，班克罗夫特对于美国身份的宽泛概念存在值得怀疑的地方。班克罗夫特声称建国者受到上帝的指引，美国人是被选中的民族，注定要遍布整个大陆，他们的成功是命中注定的。"这些说辞体现出的傲慢和帝国主义倾向在他的一生中变得越来越清晰。"[1]

但从 19 世纪 30 年代起，班克罗夫特对美国公民凝聚力的看法并不是唯一的国家叙事，甚至算不上是最占上风的叙事。从班克罗夫特阐述其观点的那一刻起，他就遇到了来自南方腹地和切萨皮克地区（包括弗吉尼亚和马里兰大部分及北卡罗来纳东北部在内的环切萨皮克湾农业区）的政治和知识领袖的猛烈挑战，他们对谁能成为美国人以及联邦的目的是什么有着更狭隘的看法。

比如，美国内战前南方蓄奴州领袖威廉·西姆斯就坚持认为：人生来就不是平等的；这片大陆属于优越的盎格鲁－撒克逊人种。"优越民族征服并教育了劣等民族"，西姆斯在 1837 年宣称。"作为回报，优越民族有权获取后者的劳动成果。"

1861 年，邦联长老会的领袖约瑟夫·威尔逊宣布，奴隶制得到了上帝的认可。[2] 这是他灌输给他忠诚的儿子、美国第 28 任总统伍德罗·威尔逊的众多关于盎格鲁－撒克逊至上主义思想中的一个。伍德罗·威尔逊在 19 世纪 80 年代和 90 年代撰写历史文献，大肆贬低黑人和天主教移民。

---

[1]　Colin Woodard, "The Pitfalls and Promise of America's Founding Myths", https：//www. smithsonianmag. com/history/determining-americas-national-myth-will-determine-countrys-fate-180977067/.

[2]　Wilson, Joseph R., *Mutual Relation of Masters and Slaves as Taught in the Bible*, *A Discourse Preached in the First Presbyterian Church*, *Augusta*, *Georgia*, *on Sabbath Morning*, *Jan. 6*, *1861*, Electronic Edition, https：//docsouth. unc. edu/imls/wilson/wilson. html.

在他就任总统前，美国黑人在联邦政府的各个层面工作。但是，当威尔逊于 1913 年上任后，他动用行政力量和元首权力，下令联邦机构重新实行种族隔离。美国全国经济研究所一份研究报告中指出，威尔逊的种族隔离指令旨在通过降职和不雇用合格的黑人候选人，来限制黑人获得白领职位。①

在 20 世纪 60 年代前后，由西姆斯、威尔逊父子等权势一族倡导的白人至上主义在全美成为主流思想，邦联纪念碑在前邦联和联邦领土上出现，"吉姆·克罗法"在南部和边境各州巩固了种族隔离制度。臭名昭著的三 K 党在此后数十年通过恐吓、攻击或杀害各种非盎格鲁-撒克逊人来恢复"真正的美国主义"。到 1921 年，该组织成员增加到 100 万，到 1925 年据估多达 500 万，其中不乏未来的州长、参议员、大城市市长等政治精英。

在 20 世纪 60 年代民权运动中，非裔美国人和其他少数族裔争取平等权利并获得一定胜利，但这并没有消除种族主义和族裔民族主义在美国社会中的存在。正如美国历史学家伍达德指出，西姆斯的观点和班克罗夫特的观点与"美国"一样古老，是美国国家叙事中另一种主导范式。②

现在美国主流社会或许对倡导"人生来不平等"族裔民族主义的西姆斯观点侧目，但班克罗夫特构建的英雄美德国家叙事同样充斥致命缺陷。他创造了以民主和自由价值观为基础的民族国家认同，但享有"天赋权利"的显然并不涵盖所有人。正如 20 世纪美国颇具影响力史学家小阿瑟·施莱辛格在《美国的分裂：对多元文化社会的思考》中指出："美国历史的撰写很长时间内是为迎合盎格鲁-撒克逊白人男性新教徒利益。爱尔兰人和黑人在教科书里表现更差，而唯一的好印第安人就是死了的印第安人。非白人盎格鲁-撒克逊新教徒在美国历史上都是'隐形人（和

---

① Abhay Aneja and Guo Xu, *The Costs Of Employment Segregation：Evidence From The Federal Government Under Woodrow Wilson*，https：//www.nber.org/system/files/working_papers/w27798/w27798.pdf.

② Colin Woodard，"The Pitfalls and Promise of America's Founding Myths"，https：//www.smithsonianmag.com/history/determining-americas-national-myth-will-determine-countrys-fate-180977067/.

女人）'。"①

　　冷战以来，华盛顿政治精英和媒体宣传机器接过班克罗夫特关于美国国家叙事的衣钵，对外广为传播的意识形态公式是，以人权民主为基础建立的美国自然是全球人权事业捍卫者和推动者。这一政治宣传，旨在强调美国在世界上的独特性和优越性，往往被政客们用来推动他们的政治议程，并为美国海外干涉行动提供正当性，不论这些所谓的正当性在世人看来有多么荒唐。

　　这也就不难理解为什么美国前国务卿玛德琳·奥尔布赖特在1996年担任美国常驻联合国代表时，当被问到美国对伊拉克制裁导致50万儿童死亡是否值得时，她断然称"值得"。

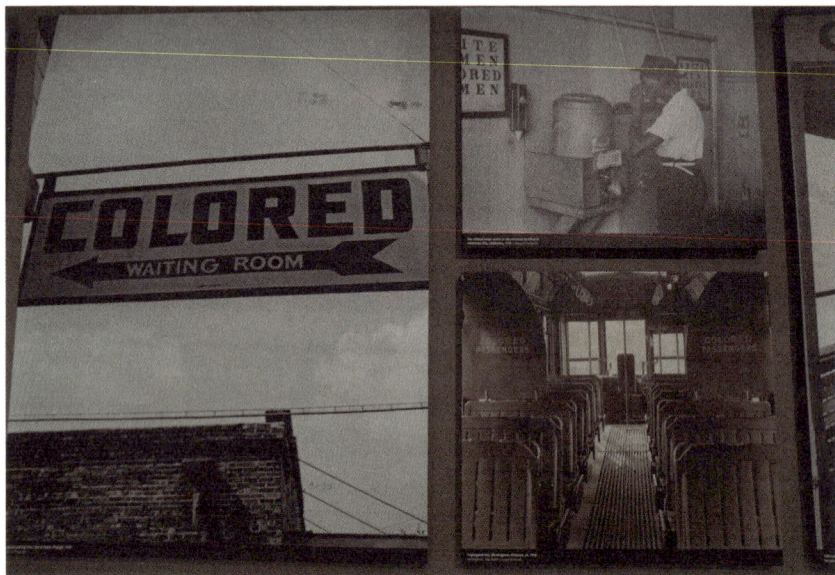

图 6-1　非洲裔美国人历史和文化国家博物馆

　　注：2022年8月10日，在美国华盛顿非洲裔美国人历史和文化国家博物馆，人们参观美国种族隔离时期公共场所区分白人和有色人种的图片。图为"有色人种等候室"。

　　资料来源：新华社发（刘杰摄）。

---

　　①　［美］小阿瑟·施莱辛格：《美国的分裂：对多元文化社会的思考》，王聪悦译，上海译文出版社2022年版，第83页。

二 暗藏私心的人权外交

法国哲学家贝特朗·德·茹弗内尔在他 1948 年出版的《论权力》一书中指出："一种思想的崛起和得势，通常是以其本身的自我堕落为代价。它的迅猛发展不是以理性来指引道路，而靠的是激情和树立旗帜。"[①]

"人权"也难免面临这样的问题。"人权"议题能被美国如此重视而成为其外交政策的重要组成部分，更多的要归因于华盛顿国家安全机构的战略利益，而不是人权运动本身带来的真正的良知转变。如果仔细翻阅包括美国中央情报局、国家安全委员会、五角大楼、智囊团和美国政府发展机构等发布的国家安全文件，不难发现，华盛顿自冷战起，着手将人权这一能激起高涨情绪的理想主义塑造成一种强大的意识形态武器，以达到与人权无关的目的——维护美国国家利益。

1947 年 10 月，美国全国有色人种协进会向联合国提交了一份请愿书，寻求对美国境内侵犯非洲裔美国人人权的行为进行问责。该请愿书共有六章，每一章由一位知名专家撰写，涵盖了从奴隶制和"吉姆·克罗法"到投票权、刑事司法、教育、就业和获得医疗保健等主题。这些领域的种族歧视至今仍然在美国根深蒂固。

当时，联合国刚成立几年，且正值冷战初期，美国正着手建立一个新的世界秩序，并对抗苏联的影响。但美国显然未能达到它在全球倡导的人权标准。担心美国在人权议题上的双重标准会被曝光，杜鲁门政府不遗余力地破坏联合国新兴的人权机构的建立。在内部文件中，美国国务院承认，美国担心会建立一个国际论坛，在那里美国"黑人问题"太容易成为焦点。[②]

---

① Bertrand de Jouvenel, *On Power：The Nature and History of Its Growth*, Boston：Beacon Press, 1948, p. 238.

② Jamil Dakwar, *W. E. B. Du Bois's Historic U. N. Petition Continues to Inspire Human Rights Advocacy*, https：//www.aclu.org/news/human-rights/web-du-boiss-historic-un-petition-continues.

1948 年 12 月，联合国大会通过并颁布《世界人权宣言》，这是国际社会共同承诺保障人权的第一份历史性文件。但实际上人权在冷战早期的美国战略政策中几乎没有发挥任何作用。历史学家派克在《理想的幻影：美国政府是如何操纵人权问题的》中指出，人权一词"通常是在关于如何处理南方种族隔离这一国际尴尬问题的相对次要的讨论中才出现"①。时任美国总统杜鲁门甚至担心，如果《世界人权宣言》被用来挑战美国国内的"吉姆·克罗法"，他将面临南方州参议员对其任期内一系列重要政策执行的阻挠。

艾森豪威尔总统执政时期，时任美国常驻联合国代表小亨利·洛奇曾寻求美国"心理战略委员会"制定的针对苏联和其他共产主义国家的心理战战略。但和杜鲁门一样，艾森豪威尔由于担心外国对美国国内人权问题的审查，下令停止了牵扯到联合国人权协定的意识形态战争。

也正是在冷战初期的这段时间，当时的美国政治精英比他们高唱民主人权赞歌的继任者们更加坦率地讨论他们对民主的真实看法。艾森豪威尔政府的国务卿、共和党人约翰·杜勒斯曾这样对前法国总统戴高乐说："在每个社会中，占主导地位的永远是少数人。问题是少数人如何做到这一点。如果少数人冒犯了社会上的多数人，他们就会失去影响力。如果谨慎操控，少数人的影响力可以是有效的和可取的。"②杜鲁门政府的国务卿、民主党人迪安·艾奇逊看待民主的观点则更尖锐。他这样说过："你们都是从民主多少是个好东西这一前提出发的。我认为它毫无价值……人们说，'如果美国国会能更多地代表人民，就会更好'。我说国会太代表人民了。它（国会）就像人民一样愚蠢，一样没有受过教育，一样愚蠢和自私。"③

卡特执政期间，人权外交政策被首次提升到国家外交战略的层级与

---

① James Peck, *Ideal Illusions*: *How the U. S. Government Co-opted Human Rights*, New York：Metropolitan Books, 2011, p. 43.

② "John Foster Dulles in George Ball Papers", Princeton University, Box 153.

③ Dean Acheson, *Oral interview*, Truman archives database, Truman Presidential Library.

高度来处理。他在 1977 年 1 月的总统就职演说中称，美国外交政策的基本思想是"捍卫人权"。在 1978 年 12 月纪念《世界人权宣言》发表 30 周年的大会上，卡特再次提出，人权原则是美国对外政策的灵魂。

当时，美国国内危机不断，迫使新政府采取措施树立美国政府的新形象：越战失败、水门事件、民权运动兴起，使国内出现了信任危机；经济长期"滞胀"，政府财政赤字居高不下，但美国对这些问题都无法采取立竿见影的措施。卡特执政时期美国国务院负责政策规划的主任安东尼·雷克说，在经历越战和水门事件后，美国的世界形象严重受损。"这项人权事业对我们努力恢复美国的形象至关重要。"① 卡特总统的国家安全顾问兹比格涅夫·布热津斯基更是直白地指出，政府在国内外滥用权力一事受到一系列几乎是无休止的揭露后，美国人民对政府感到不满，在国际事务中似乎存在道义上的真空，为此政府要将外交方面的所作所为与国家的政治价值和理想一致起来，"为被越南战争的经历玷污了的美国形象重新注入生命力"，"通过强调人权，美国可以再一次使自己成为人类希望的使者、未来的潮流之所在"②。

但显然，卡特政府"高举人权旗帜"的同时并没有打算好好审视美国在越战中犯下的人权罪行。卡特鲜有提及美军在越南战争中犯下的战争罪行和侵犯人权行为，比如设立"自由开火地带"允许美军随意射杀身份不明的平民，将越军战俘关押在臭名昭著的"老虎笼"这种极其狭窄的牢房，以及对越南、老挝和柬埔寨的大规模轰炸等令人震惊的军事行动。他也没有质疑过美军发动越战的意图，坚称"我们去那里是为了捍卫越南人的自由"，"而不是想把美国的意志强加给另一个民族"。卡特的少数顾问认识到，在经济不平等程度明显的社会中，侵犯人权的行为大行其道，因此经济发展的问题也需要得到解决。卡特政府中担任美国

---

① Anthony Lake to the Secretary of State（Vance），"The Human Rights Policy：An Interim Assessment"，January 20，1978，11，5，DDRS.

② ［美］兹比格涅夫·布热津斯基：《实力与原则》，邱应觉等译，世界知识出版社 1985 年版，第 146 页。

常驻联合国代表的安德鲁·杨就曾表示，那些被迫生活在贫困、饥饿和疾病中的人不可能真正获得自由。杨在 1978 年的大会演讲中倡导公民权利和政治权利的重要性，但他强调这些权利对于面临饥饿和贫困威胁的人口来说是次要的。不过他很快发现，这样的观点不被他在华盛顿的老板所欣赏。

图 6-2　尼克松在水门丑闻曝光后举行记者招待会的资料照片

资料来源：摄于 1973 年，新华社发。

在卡特政府执政初期，美国中央情报局指出，"平等主义"（egalitarianism）可能成为国家内部或国与国关系中的一个破坏因子。自 1960 年以来，富国和穷国之间的差距已经扩大了一倍，而且差距还在扩大。对平等的要求可能会导致出现国家主导的发展模式，包括公司财产国有化，收回自然资源的开采权并自行开采资源等。中央情报局警告说，非西方国家正在呼吁建立"全球经济新秩序"，称这是一个严重威胁。①

———————————

① CIA，"Intelligence Memorandum"，*World Trends and Developments*，February 1977，9，FOIA.

此外，用布热津斯基的话说，当时飞速发展的大众传播正在创造一种"对全球不平等的高度认识"①。大众传媒让人们发现，消费主义正席卷全球，但并不是所有人都享受着消费社会带来的物欲享受。布热津斯基告诉卡特："美国有可能被视为一个以消费为导向的社会，使我们成为羡慕和怨恨的对象。"②

美国政府开始着眼于将世人对经济不平等现象的注意力转向政治权利和个人权利。这一人权推广过程中重心的转移也产生了一些意想不到的实际好处。在此之前，美国不得不秘密地与他国反对派人物建立联系。现在，持不同政见者有充分的理由与美国官员进行频繁和公开的接触。

卡特政府初试人权外交，为后来的政府积累了经验教训。里根政府的"民主运动"就借鉴了很多卡特时期的人权举措。如1977年12月3日，布热津斯基向卡特总统建议成立人权基金会。这个基金会是模仿美洲基金会，由国会负责拨款而成立的一个准政府组织，其与政府保持松散关系，自行制定"人权外交"政策。人权基金会的作用包括：向国际人权组织和其他国家的人权组织提供人权资金；为难民重新安置工作提供支持等。这与1984年里根政府支持成立的国家民主基金会的模式如出一辙，后者后来成为"和平演变"社会主义制度的重要工具。

1981年共和党里根政府取代民主党卡特政府。里根在首次记者招待会上宣布，他将把人权问题放在处理国际事务清单的前列，如同军备控制问题那么重要。里根政府在1981年10月提交国会的"人权备忘录"提出，人权政策应有双重标准，即所谓发扬光大民主价值观使苏联政府陷于窘境的"积极标准"和对盟国侵犯人权行为不必采取行动而只批评一下即可的"消极标准"。

此前在肯尼迪—约翰逊时代，美国极力避免暴露自己在海外政治战

---

① Zbigniew Brzezinski, "U. S. Foreign Policy: The Search for Focus", *Foreign Affairs*, July, 1973, p. 717.

② Zbigniew Brzezinski to Jimmy Carter, "Weekly National Security Report No. 9", April 16, 1977, DDRS.

争中的作用。正如当时的一份国家安全委员会备忘录所说，政治战争是
"战争而不是公共关系……它包括各种形式的胁迫和暴力，比如组织罢工
和暴乱、经济制裁、对游击队或代理战争的补贴，以及必要时对敌方精
英的绑架或暗杀"①。

里根政府的做法恰恰相反。美国开始将卡特政府的人权外交政策囊
括入新政府所称的推广"民主化"进程中。里根的国家安全顾问们巧妙
地将以往的反共意识形态词汇贴上"民主化"标签，使得以前需要偷偷
摸摸进行的渗透行为公开化和"合理化"。例如，他们把用金钱影响选举
和当地媒体的行为包装成为公开承诺民主化所要求的行为。资助和建立
大学、新闻机构、工会和选举成为关键工作。在那些年份的国家安全文
件中，"公民社会""领导力培训""国际网络""社区行动组织""通过
非政府组织深入到其他社会的核心""民主人权建设架构""民主推动努
力"等术语被特别突出出来。② 此前见不得光的行为一下子成为推动
"民主化"进程的必要行为。

随着冷战进入中后期，从事美国国家安全事务的政治精英发觉民众
对共产主义的恐惧本身已不足以支撑美国继续高举"民主捍卫者"的旗
帜。他们着手将世界，尤其是第三世界，描绘成一个充斥着侵犯人权行
径的地方。在这样一个世界里，美国把自己描绘成少数几个可以发挥积
极作用的大国之一。

华盛顿政治精英持续推进他们的民主化输出，但也并非没有遭遇挑
战。第21届联合国教科文组织大会的麦克布莱德委员会发布报告《多种
声音，一个世界——传播与社会：今天与明天——走向一个更加公正、
更加有效的世界信息与传播新秩序》，在许多方面反映了广大发展中国家
对平等、公平的传播结构的立场、观点与合理要求。报告尤其提到"传

---

① Michael McClintock, *The American Connection*, London: Zed Books, 1985, p. 16, quoting Frank R. Barnett, "A Proposal for Political Warfare", *Military Review*, March, 1961.

② David K. Shipler, "Missionaries for Democracy: U. S. Aid for Global Pluralism", *New York Times*, June 1, 1986.

播民主化"，呼吁全面保护人权，特别是信息方面的权利；消除阻碍传播的障碍和限制；加强传播内容的多样化和可选择性。

报告指出，在一个新的通信技术日益强大的时代，信息的"自由流动"正在变成"单向流动"，传播的更多是少数先进国家的生活方式、价值观和模式，以及某些消费和发展模式，而这些不可能为其他国家，尤其是发展中国家提供可持续发展模式。被商业化的大众文化正在通过高度集中的、以利润为导向的、被企业掌控的全球通信网络进行传播，导致"以牺牲其他价值为代价的获取和消费主义"的崛起。这些发展有可能削弱当地文化，使个人由于媒体对其生活的渗透而与他们所处的社会更加隔绝，并破坏了他们以非市场、非营利的方式思考人类真正的需求和人权的能力。[①]

报告还指出，第三世界不同国家的人民主要通过西方媒体了解彼此，新闻流向"倾向于南北方向"，从而抑制了第三世界国家之间必要的信息交流，而这种交流对于更好地了解他们的共同问题至关重要。此外，西方国家和公司对国家的经济和技术方面的了解往往比第三世界本土精英多得多，进一步限制了第三世界政府控制自己发展命运的能力。

在麦克布莱德委员会看来，全球通信系统本质上是西方对其他国家的信息单向流动，而信息交流是人权问题，其中最关键的是"被倾听的权利"。援引《世界人权宣言》，委员会指出，单边的、商业化的方法错误地将新闻和传播自由等价于"接受"西方信息，侵犯了公众获得全面和真实信息的权利，侵犯了每个国家向世界通报其事务的权利，以及侵犯了每个国家保护其文化和社会特性免受西方大量报道中的虚假或歪曲信息影响的权利。当然，由于西方国家的反对，这些内容在最终报告中被删除了。

麦克布莱德委员会认为，里根式的民主化是要把来自不同社会的人

---

① Sean MacBride, *Many voices，one world：towards a new，more just，and more efficient world information and communication order*，https：//unesdoc. unesco. org/ark：/48223/pf0000040066.

拉进由美国和其他西方国家建立的一个跨国网络，美国人和其他西方人在其中感到舒适并占据了道德高地。委员会认为，由于第三世界国家继续抵制按照西方条件将其经济和文化纳入全球市场体系，西方越来越多地将第三世界描绘成一个由专制者、施暴者和恐怖分子组成的世界，一个由落后文化和残暴政权组成的荒地。在发达国家传播的关于第三世界的所有新闻报道中，50%集中在暴力、灾难、落后、愚蠢和其他负面因素上；而发达国家的这一比例不到10%。[①]

不幸的是，尽管冷战早已结束，信息的单向流动并未改变，西方对世界其他地区的负面形象塑造攻势非降反升，这也为突然失去意识形态死敌的华盛顿提供了另一个加大攻势进行对外干涉的理由。

三 致命的民主输出

随着苏联解体、美国经济复苏，到21世纪初，美国的超级大国地位得到进一步巩固，成为名副其实的唯一超级大国。拥有强大实力本身不可怕，可怕的是还有一颗征服世界的野心。"在美国人看来，除了美国利益之外，地球上不存在任何的地域界限。只要为了美国利益，美国可以占领世界任何地方；只要有力量，美国就可以在世界任何地方追求利益、荣耀和权力。"[②]

美国著名智库兰德公司在当时一份报告中指出，随着苏联解体及其对美国行动进行反击的威胁消失，"美国在任何地方进行干预"都变得比较安全，"因为不再会出现美苏冲突升级造成世界末日的危险"[③]。

与此同时，美国在意识形态宣传上面临新挑战：冷战时期意识形态

---

① Sean MacBride, *Many voices, one world: towards a new, more just, and more efficient world information and communication order*, https://unesdoc.unesco.org/ark:/48223/pf0000040066.

② 刘国平：《美国民主制度输出》，社会科学文献出版社2006年版，第101页。

③ Rand Corporation Report, "U. S. and Russian Policymaking with Respect to the Use of Force", eds. Jeremy R. Azrael and Emil A. Payin, *Introduction*, 1996, http://www.rand.org/pubs/conf_proceedings/CF129/CF-129.introduction.html.

敌人已经消失。前总统比尔·克林顿的感叹可以很好地概括当时华盛顿面临的难题："目前关键问题是，一群聪明人还没能想出一个新的口号。我们需要以简明易懂的方式表达我们的想法，否则，我们就会失败。"① 也正是在这段时间，诸如"失败国家""无赖国家""种族灭绝""人道主义干涉"之类的词开始出现。

干涉主义是美国外交的重要工具和组成部分，但在冷战后，它被披上一件"道德大衣"，转而成为"人道主义干涉"。人道主义干涉也被称为"新干涉主义"，是传统干涉主义的继续和发展，是指基于人权或人道的理由而利用政治、经济、文化等手段而对一个国家实行干涉，目的是使被干涉国家改变政策、制度甚至政府形式，具有很强的政治意味。②

整个冷战时期，以美国为首的西方开展人道主义干涉行为并不多，主要是主权原则起到了重要作用。《联合国宪章》明确禁止干涉他国内政，人道主义干涉的正当性降低。此外，美苏两极格局的权力制衡也是一个重要因素。在两大集团的政治军事对抗中，维护自身安全、争取战略利益是美苏两个超级大国的优先考虑，任何一方的对外干涉行动都可能造成重大的国际后果，因而都对干涉的实施采取了极为谨慎的态度。冷战结束打破了国际层面的权力平衡，美国不再仅仅追求管理半个世界，而是要将手伸向整个地球。

美国推行新干涉主义所仰仗的理论基础是所谓"人权高于主权论""国家主权过时论""人权至上论"等，它在实践中对现行国际秩序造成极大冲击。

所谓"人权高于主权"，其实质是以"普世"的名义制造"人权"与"主权"的对立，解构以主权原则为根本的国际秩序，通过武力干涉等手段构建起维护美国霸权利益的国际秩序。为使干涉行为获得所谓"合法"授权，美国必须寻求"正当理由"，如以保障某国人权、缓解当

---

① Strobe Talbott, *The Russian Hand：A Memoir of Presidential Diplomacy*, New York：Random House，2002，p. 134.

② 任晓、沈丁立主编：《自由主义与美国外交政策》，上海三联书店 2005 年版。

地安全形势和维护地区和平稳定等一系列借口，为暴力行为提供"合法性"加持。更有甚者，美国无视或绕过联合国，直接以北约或其他"自愿"联盟的形式，抑或单独行动，践踏他国主权。

冷战结束前，非政府组织和人权团体对于可能参与推翻或重建国外政权感到难以想象。人权组织"国际特赦组织"创始人彼得·贝嫩森1961年6月在第一份大赦通讯中这样写道："我们丝毫无意涉足其他国家内政。"①但随着时代变化，华盛顿看到吸引这些团体参与其民主推广的机会，这个世界上仅存的超级大国认为自己"有道德义务对人类暴行采取反对立场，无论这些暴行何时何地发生"②。克林顿执政时期负责民主和人权事务的国防部助理部长莫顿·霍尔珀林的一句话能很好地概括美国为继续对外干涉不惜一切代价："我们将世界一分为二。对于那些选择民主的国家，我们给予帮助；对那些没有选择的国家，我们创造条件让他们选择民主。"③

"9·11"事件对美国乃至整个世界来说都影响巨大，改变了世界，更改变了美国的外交侧重点，也成为美国外交政策变化的名正言顺的导火索，让美国摆脱了冷战后在扩展霸权过程中受到的束缚，削弱了美国国内的孤立主义思想。在爱国主义精神的鼓舞下，民众普遍支持积极介入国际事务以消除威胁。同时，恐怖袭击事件使美国人思考恐怖主义产生的根源，认为缺乏自由民主是恐怖主义产生的土壤。"9·11"事件给美国推行更具攻击性的对外政策提供了借口。

在"9·11"事件之前的很长一段时间内，美国的意识形态输出仅仅在大陆扩张和海外扩张几个有限的时期内使用过武力手段，大部分时间内还是以采用经济、文化等手段进行"和平演变"为主。"9·11"事件给

---

①　Benenson quoted in Stephen Hopgood, *Keepers of the Flame: Understanding Amnesty International Ithaca*, N. Y.: Cornell University Press, 2006, p. 24.

②　USAID, Providing Humanitarian Aid, Chapter 5.

③　Morton Halperin, October 1994, quoted by Ralph McGehee, http://www.serendipity.li/cia/ciabase/ciabase_report_1.htm.

图 6-3　2003 年 2 月 5 日，美国国务卿鲍威尔在联合国安理会就伊拉克问题
举行的公开会议上向安理会通报有关伊拉克藏匿大规模杀伤性武器的证据

资料来源：新华社发（彭张青摄）。

美国政府提供了一个契机，凭借自身超强的实力，美国开始加大意识形态输出的力度，"硬扩张"和"软扩张"综合应用。

所谓的"硬扩张"归结起来就是：对于那些美国人眼中的"无赖国家"，美国运用政治、经济、外交等手段进行制裁，必要时可以绕开联合国，实行单边主义，甚至直接进行武力威胁、武力打击。这是一种以强硬手段输出意识形态的表现。而"软扩张"则指通过提供经济援助、施加意识形态压力、培植反对势力、建立国际协调机制、开展合作等手段，试图颠覆这些国家的政权，促进其"民主"体制发展。

"美国的政策是在每一个国家和文化中寻求并支持民主运动和民主制度，最终目标是结束世界上的暴政和专制统治。"[1] 由此打着"民主"的

---

① 《美国国家安全战略》，2006 年。原文出处：U. S. National Security Council, "The National Security Strategy March 2006", *Overview*, https：//georgewbush-whitehouse. archives. gov/nsc/nss/2006/sectionI. html。

幌子，美国开始自己的武力输出之路。美国通过军事手段强制进行意识形态输出和民主改造，不是没有战略重点区域、优先方向和轻重缓急的。美国早早就确立了优先目标——阿富汗塔利班政权和伊拉克萨达姆·侯赛因政权。2003 年 11 月，小布什签署了在阿富汗和伊拉克推进民主化的 875 亿美元的拨款法案，并发表讲话指出为使中东地区的民主不再滋生仇恨和恐怖，美国正通过在中东推进民主来实现这场战争的长期胜利。此后小布什又在民主基金会发表讲话，称美国决心在中东推行民主化，民主化在伊拉克能否取得成功直接关系到美国民主化战略的成败。伊拉克战争后，经过反复酝酿，美国于 2004 年年初形成了 "大中东计划倡议草案"。小布什在国情咨文里明确表示："在中东地区，只要仍然存在暴政、绝望和怨恨，就将继续产生威胁美国及其盟友安全的活动，所以，美国执行在大中东地区促进自由的前进战略。" 美国 "大中东计划" 的主要内容是：通过 "帮助" 大中东地区实行改革，建立民主制度。在解释实行这一计划的动因上，美国国家安全事务助理康多莉扎·赖斯指出：中东地区如果希望摆脱停滞状态并结束暴政，必须促使自由在整个中东地区深深扎根，而这正是美国正在采取推进中东自由战略的原因。

　　"颜色革命" 是美国软扩张战略的重要内容，其实质是选举政变。"颜色革命" 的理论基础是 "非暴力革命" 理论，也被称为 "非暴力抗争"，它的创始人是美国人吉恩·夏普，他本人在西方被称为 "非暴力战争的教父" 和 "非暴力战争的克劳塞维茨"，这个理论的核心就是通过非暴力的手段演化颠覆一个国家的政权，变更这个国家的社会制度。① 理论强调非暴力，"在军事上取得胜利，是靠摧毁对手继续战斗的能力或意志。在这一点上，非暴力战略无异于武装冲突，只是两者所用的武器系统截然不同"②。而美国发动的 "颜色革命" 就是这一理论忠实的实践者。

---

① 马钟成：《美国 "颜色革命" 战略及其应对思路探讨》，《探索》2015 年第 1 期。
② 吉恩·夏普：《从独裁到民主——解放运动的概念框架》，东波士顿：阿尔伯特·爱因斯坦研究所 2002 年版。

美国实施"颜色革命"的具体做法是：不以国家的名义，而是利用非政府组织，通过大量资金投入和援助，培养亲美的观念，对某些国家进行渗透；通过各种各样的手段、利用各种机会培育和发展亲美势力，特别是政治领袖人物，支持壮大反对派；利用这些国家体制上的缺陷，利用收买媒体，宣传这个国家政治腐败等负面新闻，制造这些国家没有民主的舆论；在选举问题上做文章，在资金等各方面支持亲美领袖，直至亲美势力当选。[①]

针对中亚和东欧地区，实行"颜色革命"，而不是采取类似中东地区的直接军事手段强制移植"民主"，这是有特殊原因的。中亚和东欧国家相对来说政权稳定，最重要的原因是在这一地区，俄罗斯和中国拥有不可忽视的影响力，即便美国军事实力超强，也不敢贸然发动战争，因此采取"颜色革命"的形式是最好的方式。美国以中亚、东欧国家当政者执行政策不当，经济发展缓慢，社会矛盾突出，逐渐失去人心为借口，开始有步骤地实施"颜色革命"计划。在美国的影响下，先后发生了捷克斯洛伐克的"天鹅绒革命"、格鲁吉亚的"玫瑰革命"、乌克兰的"栗子花革命"（又称"橙色革命"）、黎巴嫩的"雪松革命"、吉尔吉斯斯坦的"郁金香革命"。这些都实现了美国想通过选举颠覆政权的目的，都是美国所梦想的"颜色革命"。尽管也有类似白俄罗斯、哈萨克斯坦和伊朗等国家的"颜色革命"不成功，但总体来说，美国的"颜色革命"是一种低成本、高收益的意识形态输出模式。

但正如《理想的幻影：美国政府是如何操纵人权问题的》一书中所指出的，美国对外进行民主输出和干预的结果常常是无效的，反而导致对象国贫富差距扩大，生活水平下降以及腐败加剧。尽管结果不尽如人意，但美国主导的世界银行、国际货币基金组织、美国国务院、国家安全委员会和人权机构等组织仍继续推动更多相同的干预措施。"干预行径造成的挑战和危机没有对干涉主义信念质疑，反而促使美国继续完善、

① 刘国平：《美国民主制度输出》，社会科学文献出版社 2006 年版，第 186 页。

更新和精准宣传自己的对外干涉。失败反而加强干涉主义信念：必须对失败作出解释，并做出更大努力去对外干涉。"[1]

以美国在海外推广"国家建设"为例。美国官员们时不时会承认，国家建设确实没有什么模式可以参照依循，经济和政治发展之间的联系是模糊的。2004 年，中央情报局资助开展的一项研究中说："'国家建设'充其量是一个不完美的概念。"[2] 由塞缪尔·伯杰和布伦特·斯考克罗夫特这两位前总统国家安全事务助理领导的一个委员会在国家安全机构进行了 40 多年的海外国家建设工作之后，在 2005 年的一份报告中总结道："美国政府现在赋予了'国家建设'更高优先权，但在政府内部尚未形成与这一更高优先权匹配的全面政策或体制能力。"[3] 在此期间，美国外交学术界对美国推广"国家建设"的批评更是直白。美国最有影响力的国际关系理论学家之一、斯坦福大学教授史蒂芬·克拉斯纳就曾批评说，"尽管我们想推广民主，但事实是，我们并不知道如何进行民主推广……简单的事实是，我们不知道如何进行民主建设"[4]。

尽管如此，美国进行海外"国家建设"的步伐丝毫未见放缓。1994年，中央情报局成立了一个工作组应对所谓"失败国家"。当早期的研究表明所谓"失败国家"的数量相对较少时，新的标准在未来几年将"革命战争、种族战争、不利的或破坏性的政权过渡，以及不同程度的种族灭绝或屠杀"也列入其中。这样一个广泛的定义很快就包括了大约 113个"上榜国家"。

不论是以单边军事行动强行输出"民主"，还是"人道主义干涉"，美国的海外干预行为都是鲁莽、草率的，常常造成灾难性后果。1999 年，

① James Peck, *Ideal Illusions: How the U.S. Government Co-opted Human Rights*, New York: Metropolitan Books, 2011, p. 405.

② National Intelligence Council, "Mapping the Global Future", *Report of the National Intelligence Council's 2020 Project*, December 2004, p. 104.

③ Samuel Berger and Brent Scowcroft, *In the Wake of War: Improving U.S. Post-Conflict Capabilities*, New York: Council on Foreign Relations, 2005, www.cfr.org/publication/8438/in_the_wake_of_war.html.

④ Stephen Krasner, *We Don't Know How to Build Democracy*, https://www.latimes.com/archives/la-xpm-2003-nov-16-op-krasner16-story.html.

美国对南联盟实行的所谓"人道主义干涉"，不但没有解决科索沃当地的民族矛盾，反而制造了一场更为悲惨的人道主义灾难。据西方媒体报道：当地有 200 座城镇被炸，许多工厂、企业、医院遭到严重破坏，480 个各类学校和教育设施成为废墟，11 座桥梁被炸，水、土、森林遭到严重污染，80 万居民外逃、60 万人失业，250 万居民丧失了最低生活条件，民族矛盾空前尖锐，损失达千亿美元。以美国为首的北约靠武力干涉打败了斯洛博丹米洛舍维奇领导的南联盟，却制造了一场使许多平民丧失基本生存权的灾难。

此外，除了军事打击伊拉克等国，西方国家对伊拉克的长期封锁造成了极其严重的人道主义灾难，数十万儿童因为缺少食品和药品而死亡。1993 年世界人权大会对此行为进行了谴责，并呼吁西方国家不要将"粮食援助"作为外交政策的工具，更呼吁不要以人权为借口野蛮地干涉他国内政。然而，1995 年以后美国等西方国家对朝鲜仍然常常采用停止援助和停止食品供应等手段。

自由女神阴影下，藏匿着所谓民主、人权、自由的一身污泥，而美国对此视而不见，却喜用放大镜去挑剔他国民主、人权、自由状况，还乐此不疲地要把美式"民主、人权、自由"像商品一样在全球推销。美国把自己当作道德上的评判者，将对弱小国家的干涉美化成"人道主义救援"，他们竭力美化"民主、人权、自由"，强调其所发动战争的所谓正义性，就是为了掩盖战争造成的人道主义灾难和强权政治的罪恶本质。

近些年来，自由女神像内部已经千疮百孔，骨架铆钉出现严重松动或者脱落，内部钢铁支架也被锈蚀。美国政府反复对雕像进行修复。无论如何粉饰，这尊所谓自由女神更像是一个阴影女神，笼罩全世界。

第七章　暴力巨人

如果我们必须使用武力，那是因为我们是美国。我们是不可或缺的国家，我们站得很高，比其他国家看得更远，我们看到了所有人面临的危险。

——玛德琳·奥尔布赖特，美国第64任国务卿①

在美国弗吉尼亚州阿灵顿国家公墓北侧的坡地上，坐落着美国海军陆战队战争纪念雕像。雕像的基石上印刻着海军陆战队从1775年独立战争起参加过的28场大小军事行动的年份和地点，这串记录的末尾是2003年开始的伊拉克战争。

20年前，小布什政府在"大规模杀伤性武器"的恐惧和"开启中东和平新阶段"的幻觉中发动伊拉克战争。这场战争的恶果至今深刻影响着伊拉克、中东、美国和世界。

在当时一些人看来，这场侵略是在美国国内新保守主义者推动下导致的特殊后果。时任美国外交学会主席理查德·哈斯说："（美国）对于推行民主和政权更迭的重视，对于伊拉克战争的选择，所有这些都是与其传统（外交政策）方式的背离。"②

---

① Madeleine K. Albright, "Interview on NBC-TV 'The Today Show' with Matt Lauer", February 19, 1998, https://1997-2001.state.gov/statements/1998/980219a.html.

② Peter Baker, "Embittered Insiders Turn Against Bush", The Washington Post, November 19, 2006, https://www.washingtonpost.com/archive/politics/2006/11/19/embittered-insiders-turn-against-bush/8b990ce4-b05c-4687-8d6f-56cc4a5e0f02/.

他们错了，哈斯口中的"所有这些"正是美国对其历史传统的遵循。

美国自建国以来的240多年历史中，仅有不到20年处于和平状态，在全球进行了近400次的军事干预，在二战结束后实施超过70次政权更迭行动①……美国人认为自己是热爱和平的，但每一代美国人都经历和承受了战争。

美国通过美墨战争使国土横跨北美大陆，借助美西战争将势力范围延伸至东亚，历经两次世界大战一跃成为超级大国，在冷战结束后迎来单极时刻而更加穷兵黩武……战争是美国从殖民地通往全球霸权道路上的指示牌和里程标。

一 "命定"与"民主和平"？

"我们总自以为是一个温和的、宽容的、仁慈的民族，一个受法治而不是君主统治的民族……然而，这绝不是我们传统中的唯一气质。因为我们一直是一个崇尚暴力的民族。看不到这一点，我们就不能正视我们国家的现实……在它的深处，在它的传统中、社会体制中、条件反射中和灵魂中，深深地埋藏着一种暴力倾向。"美国历史学家小亚瑟·施莱辛格曾这样描述美国的暴力之源。②

美国人认为自己热爱和平，大部分美国人也相信外交是确保和平的最佳方式，③然而战争始终贯穿美国历史并影响着每一代美国人。一个重要原因

---

① David Brennan，"Jimmy Carter Took Call About China From Concerned Donald Trump：'China Has Not Wasted a Single Penny on War'"，Newsweek，April 15，2019，https：//www.newsweek.com/donald-trump-jimmy-carter-china-war-infrastructure-economy-trade-war-church-1396086；Sidita Kushi，Monica Toft，"Introducing the Military Intervention Project：A New Dataset on US Military Interventions，1776-2019"，Journal of Conflict Resolution，Volume 67，Issue 4，April 2023，pp. 752-779；Lindsey O'Rourke，Covert Regime Change，America's Secret Cold War，New York：Cornell University Press，2018，p. 2.

② Arthur M. Schlesinger Jr.，Violence：America in the Sixties，New York：New American Library/Signet Book，1968. 转引自王缉思《美国霸权的逻辑》，《美国研究》2003年第3期。

③ "In a Politically Polarized Era，Sharp Divides in Both Partisan Coalitions"，Pew Research Center，December 17，2019，https：//www.pewresearch.org/politics/2019/12/17/6-views-of-foreign-policy/.

是为军事扩张和对外战争赋予合理性、正当性的思想观念和理论学说根植于美国历史各个阶段之中，它们被政治精英普遍推崇，被普罗大众广泛接受，深入美利坚民族的身份认同，甚至成为治国方略的指导原则。

个人主义和自由主义是美国对外扩张的思想基础。17 世纪，来自英国的移民将思想家约翰·洛克的自由主义观念和英国人自身的"天命"思想带到北美大陆，扩张的意识和行为在殖民和开垦中逐渐在北美发扬传播。美国学者罗伯特·卡根认为，在北美的盎格鲁定居者继承了英国人的种族文化优越感，对新教优势及其政治体制"完美性"的认知，产生了以文明之名征服落后民族的信念。贪婪利己的个人主义是盎格鲁人实施领土扩张的强大动力，而自由主义造就了特别适合扩张、殖民以及渗透外国市场的人。在他看来，美国的外交政策是基于自由主义而形成的，18 世纪及之后的自由主义是美国实现扩张的主要推力，部分原因在于一个建立在所谓"自由原则"之上的政府难以制止扩张。[①]

"天定命运说" 19 世纪在美国大行其道，为美国在这一时期的领土扩张和对外战争赋予所谓的神圣性和正当性。美国专栏作家约翰·奥沙利文于 1845 年提出"天定命运说"，其要义为上帝授意美国在北美大陆甚至以外的地区扩大领土与势力范围，传播其制度和价值观。[②] 有观点认为，早在 1803 年，当美国从法国手中购得路易斯安那地区就为"天定命运说"赋予了领土扩张和帝国构建的实质，而在 1812 年美英战争爆发时，美国国内支持武力扩张的鹰派首次将"天定命运说"作为一种政治力量加以释放。[③] 此后无论是吞并得克萨斯还是夏威夷，"天定命运说"成为美国使用军事手段开疆拓土和暴力迫害原住民的依据和借口，带有明显的自私自利和种族主义特征。

---

① ［美］罗伯特·卡根：《危险的国家：美国从起源到 20 世纪初的世界地位》，袁胜育、郭学堂、葛腾飞译，社会科学文献出版社 2016 年版，第 6、9、74—76 页。

② John O'Sullivan, "Annexation", *United States Magazine and Democratic Review*, Vol. 17, No. 1, July August 1845, pp. 5–10, https：//pdcrodas. webs. ull. es/anglo/OSullivanAnnexation. pdf.

③ George Herring, *From Colony to Superpower: U. S. Foreign Relations since 1776*, Oxford：Oxford University Press, 2008, pp. 107, 126, 180.

与之相关的是带有社会达尔文主义色彩的"边疆理论"的形成和发展。历史学家理查德·斯洛特金认为，欧洲移民对北美荒蛮之地和原住民的征服造就了民族认同、民主政治、经济扩张和文明进步，征服和扩张不仅是为了土地等有形财富，更是"以暴力促革新"，边疆成为文明征服野蛮的地点。① 历史学家弗雷德里克·特纳在 1893 年发表的《边疆在美国历史上的重要性》一文中写道，边疆的推进意味着摆脱欧洲的影响，以及美国独立的发展，而拓展边疆最重要的意义是促进民主。② 在特纳看来，在北美大陆边疆拓展的终结是对美国民主的威胁，因此美国需要在别处继续扩展边疆。与美国第 26 任总统西奥多·罗斯福关系密切的历史学家布鲁克斯·亚当斯赞同这一观点，他建议罗斯福及其前任威廉·麦金利总统"使用经济和军事力量将美国的边疆继续向西扩张至中国腹地"③。随着世界历史演变和美国国力变化，"边疆理论"成为美国 20 世纪在全球范围内争夺领导力、输出价值观和对外武力干涉的思想根源之一。如国际政治学者约翰·蒂尔曼所说，有关"边疆理论"的陈词滥调在第二次世界大战后仍然活跃，苏联共产党及其盟友是这一时期的"印第安人"，接受马列主义的国家和从欧洲殖民者手中独立解放的全球南方为"荒蛮之地"，美国在全球边疆扩张的舞台已搭建完成。④

另有一些学者认为民主制度本身造就了美国的扩张和霸权主义。随着美国国内的社会多元化和民主外延的扩展，美国国内具有高度统一的、以"自由"为核心观念的意识形态，以及民主制度逐渐取代白人种族主义和基督新教的"天定命运说"，成为美国霸权主义的思想和社会基础。简单划一的意识形态使美国人难以在国际事务中"换位思考"，甚至很难理解

① Richard Slotkin, *Gunfighter Nation*: *The Myth of the Frontier in Twentieth Century America*, University of Oklahoma Press, 1998, p. 10.

② Frederick Turner, "The Significance of the Frontier in American History", https://www.historians.org/about-aha-and-membership/aha-history-and-archives/historical-archives/the-significance-of-the-frontier-in-american-history- (1893).

③ William Appleman Williams, "The Frontier Thesis and American Foreign Policy", *Pacific Historical Revies*, Volume 24, No. 4, Nov. 1955, pp. 379-395.

④ John Tirman, *The Death of Others*: *The Fate of Civilians in America's Wars*, Oxford: Oxford University Press, 2012, pp. 39-40, 49.

别国的复杂国情，在追求民族私利的时候很少存在道德顾忌，充满自以为是的领袖欲望。此外，美国民主为霸权行为服务，对外霸权行为可以通过民主制度获得合法性，美国国内民主在对外事务中演化成特殊形态的美国民族主义，民主的扩大促进霸权思想的膨胀，为其在世界上的霸权行为提供有力支持。[1]

除思想观念和社会体制之外，20世纪初国际关系学科的产生和国际关系理论的发展对美国外交政策的影响也不容忽视。美国自二战后成为超级大国，这一时期正值国际关系理论成长成熟期和发展期，美国又是国际关系理论的研究中心，其中现实主义和自由主义等理论学派为美国追求和维护霸权以及对外军事干涉提供了依据和指导原则。

以权力政治为核心的现实主义学派为美国追求和维护霸权提供了理论上的正当性。其核心观点是，国际社会的无政府性是国际政治的本质，在这种无政府的环境与压力之下各民族国家为了生存与安全、权力与利益而展开了竞争、对抗、冲突乃至战争等各种形式的自助行为。[2]因此，每个国家都希望成为国际体系中军事实力最强的国家，理想的结果就是成为国际体系中的霸权国，这样生存就有了保障。[3]

自由主义则强调人民享有不可剥夺的权利，而这一逻辑使得自由国家因为人权问题而干涉别国内政是可以允许的，而保护他国人权的最佳方式是在他国实现所谓"自由民主"，建立一个由民主国家组成的世界是实现世界和平的理想方式。[4]该理论的形成发展使美国在干涉他国内政和政权更迭方面有着巨大的冲动和积极性。

冷战时期，美国国家安全战略和外交政策明显受到现实主义的影响，例如冷战初期的两份指导性文件——美国驻苏联大使馆临时代办乔治·凯

---

[1]　王缉思：《美国霸权的逻辑》，《美国研究》2003年第3期。

[2]　Joseph Nye，"Neorealism and Neoliberalism"，*World Politics*，Vol. 40，No. 2，Jan 1988，pp. 235-251.

[3]　John Mearsheimer，"The False Promise of International Institutions"，*International Security*，Vol. 19，No. 3，Winter 1994-1995，pp. 10-11.

[4]　John Mearsheimer，*The Great Delusion：Liberal Dreams and International Realities*，New Haven and London：Yale University Press，p. 2.

南的"长电报"和美国国家安全委员会第 68 号文件都体现出鲜明的现实主义思路。

　　在冷战尾声和结束后，单极稳定论和民主和平论在学界和政策界颇受关注和争议。前者在一定程度上是霸权稳定论的继承和发展，认为冷战后的世界是美国主导的稳定的单极体系，单极体系能带来和平，并且是持久的。[①] 该理论指出，"做得太少比做得太多要危险得多……鉴于力量的分布，美国的干涉主义是可以理解的。在很多情况下，美国的插手是由需求驱使的，正如人们会在一个有明确领导者的体系中所期待的那样"[②]。该理论是冷战后美国的世界地位和国际力量对比的折射，并且是对美国对外干涉主义的诠释。[③]

　　"民主和平论"也被认为是冷战结束后美国行使霸权的重要理论基础，深刻影响了美国的外交政策。该理论的核心论点为民主国家之间很少（或从不）发生战争，因而推广民主制度可以促进世界和平和稳定。[④] 从 20 世纪 90 年代开始的北约东扩战略，到 1999 年以美国为首的北约以所谓"人权高于主权"发动对南联盟的空袭，再到 2011 年以所谓"保护责任"对利比亚的军事干预并最终武力推翻奥马尔·穆阿迈尔·卡扎菲政权，其动机都与美国政府在支持和推广所谓的自由民主制度和价值观有关。[⑤]

　　有学者归纳美国安全观念与战略思想的特点：立足"最坏假设"，强调实力地位，保持技术优势，偏重军事手段，追求绝对安全，维持全球霸权，秉持道德普遍主义和意识形态优越论。[⑥] 这些特点一定程度上模糊了现实主

---

　　① 霸权稳定论提出霸权国的存在能带来国际体系的相对和平与稳定，而"美国国力的相对衰落以及对于武力使用的克制导致超级大国之间进入不稳定共存的时代"。参见 Robert Gilpin, *War and Change in World Politics*, London：Cambridge University Press, 1981, pp. 145, 242。

　　② William Wohlforth, "The Stability of a Unipolar World", *International Security*, Vol, 24, No. 1 Summer, 1999, pp. 5-41.

　　③ 王义桅、唐小松：《从霸权稳定论到单极稳定论——冷战后新现实主义的回归》，《世界经济与政治》2000 年第 9 期。

　　④ 倪世雄等：《当代西方国际关系理论》，复旦大学出版社 2001 年版，第 452—453 页。

　　⑤ Stephen Walt, *The Hell of Good Intentions*：*America's foreign policy and the decline of U. S. Primacy*, New York：Macmillan, 2018, p. 58.

　　⑥ 石斌：《美国国家安全战略的思想根源》，《国际政治研究》2021 年第 1 期。

义权力政治和自由主义价值观外交的界限，这两者的结合交织深刻影响着美国的外交和安全政策，并将美国带入一场又一场战争之中。

二　走向超级大国

美国第 39 任总统吉米·卡特曾说，美国是世界上最好战的国家，在 242 年的历史中仅享有 16 年的和平。[①] 一项近期的学术研究显示，美国自 1776 年以来实施了 392 次军事行动（包括威胁使用武力、展示武力以及特种部队行动）。[②]与其说美国从建国开始便一直进行战争，倒不如说是战争本身造就了美国，美国所打的战争成就了今天的美国，也将塑造未来的美国。

独立战争、印第安人战争、美墨战争、南北战争、美西战争、第一次世界大战、第二次世界大战、朝鲜战争、越南战争、海湾战争、科索沃战争、阿富汗战争、伊拉克战争……美国在战争中形成，在战争中扩张，在战争中称霸。其中，美墨战争、美西战争显著增加了美国国土面积和势力范围，一战和二战使美国深度参与和主宰世界事务，这四场战争使美国在积累国力的同时塑造了国民心态和世界观，是美国从殖民地通往全球霸权道路上显眼的指示牌和里程标。

1846 年至 1848 年的美墨战争是美国首次在国境之外开展的大规模军事行动，也是美国首次通过战争强占别国领土。19 世纪上半叶，以追求领土和价值观扩张为目标、带有种族主义色彩的"天定命运说"被美国社会广泛接受和推崇，成为美墨战争的思想根源。19 世纪二三十年代，美国人来到墨西哥控制下的得克萨斯垦殖定居，定居者逐渐与墨西哥政府在移民、奴隶制度和民兵武装等问题上矛盾激化。在美国的支持下，这些在得克萨斯的定居者

---

① David Brennan, "Jimmy Carter Took Call About China from Concerned Donald Trump: 'China Has Not Wasted a Single Penny on War'", Newsweek, April 15, 2019, https://www.newsweek.com/donald-trump-jimmy-carter-china-war-infrastructure-economy-trade-war-church-1396086.

② Sidita Kushi, Monica Toft, "Introducing the Military Intervention Project: A New Dataset on US Military Interventions, 1776-2019", *Journal of Conflict Resolution*, Volume 67, Issue 4, April 2023, pp. 752-779.

于 1836 年击败墨政府军，宣布得克萨斯从墨西哥"独立"，但后者始终拒绝承认得克萨斯的独立地位。

表 7-1　　美国海军陆战队 1775 年以来参与主要军事行动列表

时间	军事行动名
1775—1783	独立战争
1798—1801	美法海上冲突
1801—1805	第一次巴巴里战争
1812—1815	1812 年美英战争
1835—1942	第二次塞米诺尔战争
1846—1848	美墨战争
1861—1865	美国内战
1898	美西战争
1898—1902	美菲战争
1900	义和团运动
1912	美国占领尼加拉瓜
1914	韦拉克鲁斯战役
1915—1934	美国占领海地
1916—1924	美国占领多米尼加共和国
1917—1918	第一次世界大战
1926—1933	美国占领尼加拉瓜
1941—1945	第二次世界大战
1950—1953	朝鲜战争
1958	黎巴嫩危机
1962—1975	越南战争
1965	多米尼加共和国内战

续表

时间	军事行动名
1981—1984	黎巴嫩内战
1983	美国入侵格林纳达
1987—1991	海湾战争
1988—1990	美国入侵巴拿马
1992—1994	索马里内战
2001—2021	阿富汗战争
2003—2011	伊拉克战争

资料来源：美国海军陆战队战争纪念雕像。

当时的美国觊觎得克萨斯久矣，而得克萨斯的"独立"对美国而言既是机遇也是麻烦。支持奴隶制的民主党人主张兼并得克萨斯，辉格党人等废奴主义者则不愿看到此举带来蓄奴州政治势力的进一步强化。1845 年，热衷于扩张的民主党人詹姆斯·波尔克出任总统后正式着手兼并得克萨斯，他派兵至格兰德河（此处位于得克萨斯与墨西哥实际边界以南），双方因此产生的外交摩擦和武装冲突最终导致美墨战争在 1846 年 4 月爆发。

"'天定命运'不是波尔克的发明，但波尔克是天定命运完美的代理人。"① 在种族主义影响下，波尔克认为"劣等"的墨西哥人会在战场上溃败，战争能在三四个月内结束。然而，战争进行得并非如美国想象的那般顺利，一度呈现消耗战的迹象。1847 年 3 月，温菲尔德·斯科特将军带兵在墨西哥东部韦拉克鲁斯发起美国历史上首次大规模两栖登陆作战，并逐步向墨首都墨西哥城进军，最终在同年 9 月占领墨西哥城。在后续双方签订的《瓜达卢佩—伊达尔戈条约》中，墨西哥承认格兰德河为美墨边界，并将上加利福尼亚和新墨西哥地区割让给美国。

---

① John Eisenhower, *So Far from God*: *The U. S. War with Mexico*, *1846-1848*, New York: Random House, 1989, p. 36.

这场战争在地理上永久改变了美国和墨西哥。美国今天的领土有约三分之一是在美墨战争中获得的，美国在这场战争前后夺取约 300 万平方千米的土地，至此其版图横跨北美大陆，并获得了太平洋的出海口，为美国后续在亚太地区的军事和经济扩张创造了条件。而此役战败对于独立不久的墨西哥而言是一场悲剧，在丢掉一半领土的同时带来了国家的动荡。

美国人对战争胜利感到振奋，但也为这场战争付出了相应代价。这包括 1.3 万名美军的阵亡、1 亿美元的战争开销以及战后向墨西哥支付的 1500 万美元"赔款"，而更深远的代价是战争胜利激发起国内对于奴隶制是否应随着领土扩张而延伸的争论，美国开始踏上通往内战的道路。[①]

1861 至 1865 年的南北战争后，美国城市化和工业化进程加速，美国经济在"镀金年代"中高速发展，为后续的武力扩张创造了条件。19 世纪末，西进运动已到达太平洋沿岸，北美大陆的"边疆"逐步消失，德国、日本等新兴列强正加紧帝国主义殖民扩张，美国国内对于向外扩张的呼声甚嚣尘上。在海军将领、历史学家阿尔弗雷德·马汉的"海权论"影响下，美国海军实力在这一时期迅速提升，外交政策也更为强势，1898 年的美西战争正是这些因素共同影响的结果。

美西战争的起因可以追溯到美国 1894 年出台的威尔逊—戈曼关税法案，该法案使古巴糖品在美国市场失去竞争力，进而导致在西班牙殖民统治下的古巴经济遭到重创、社会局势动荡，最终演变为古巴民众反抗西班牙殖民者残暴统治的反叛冲突，而这又威胁到美国在古巴广泛的商业利益和人员安全。[②] 1898 年 1 月，美国总统麦金利派遣"缅因"号战舰

---

① Geoffrey Perret, *A Country Made by War*：*From the Revolution to Vietnam—the Story of America's Rise to Power*, New York：Random House, p. 170.

② Alistair Hennessey, "The Origins of the Cuban Revolt", in Angel Smith and Emma Dávila-Cox, eds., *The Crisis of 1898*：*Colonial Redistribution and Nationalist Mobilization*, New York：Palgrave Macmillan, 1998, pp. 81–88.

前往古巴保护美国经济利益和人员安全，2 月 15 日，"缅因"号在古巴哈瓦那港内爆炸沉没，超过 260 名美军身亡。尽管"缅因"号爆炸原因存疑，但在当时美国"黄色新闻"的煽动拱火下，公众对西班牙殖民者的憎恶情绪因此事件进一步发酵，"记住'缅因'号，西班牙下地狱"成为一句流行口号。两个月后，美国国会正式对西班牙宣战。[①]

有观点认为，美西战争并不是由美国主动挑起，美国是在媒体舆论的煽动下不情愿地介入一场进行中的反殖民叛乱战争。[②] 这一观点忽视了积极对外扩张是美国 19 世纪末对外政策的主流共识，也夸大了"黄色新闻"的作用。古巴、西班牙和美国之间的矛盾分歧并不因"黄色新闻"而起，即便没有媒体的拱火，战争依然会发生。如时任助理海军部长西奥多·罗斯福在 1897 年与马汉的通信中写道："在我们明确将西班牙从这些岛屿上赶走之前（如果我有办法明天就能实现），我们将永受威胁。"[③]

美西战争的主战场在古巴和菲律宾。海军上将乔治·杜威率领的美国海军舰队在菲律宾马尼拉湾击溃了西班牙海军，在不到 4 个月的时间里，美军就征服了古巴。美军还从西班牙手中夺取关岛，占领马里亚纳群岛。在 1898 年 12 月签署的巴黎条约中，美国向西班牙支付 2000 万美元，西班牙则将波多黎各、菲律宾、关岛正式割让给美国，并同意古巴的"独立"。当时的美国驻法国大使贺拉斯·波特这样评价美西战争对于美国的意义：历史上没有哪场战争在如此短的时间内实现了如此多的目标，而损失却如此之小。[④]

---

① Frankie Witzenburg, "'Remember the Maine, to Hell with Spain!'", US Naval Institute, https：//www. usni. org/remember-maine-hell-spain.

② Kori Schake, *Safe Passage：The Transition from British to American Hegemony*, Cambridge：Harvard University Press, 2017, p. 186.

③ Henry Hendrix, "Fulcrum of Greatness", U. S. Naval Institute, https：//www. usni. org/magazines/naval-history-magazine/2002/december/fulcrum-greatness#footnotes.

④ W. Joseph Campbell, *The Spanish-American War：American Wars and the Media in Primary Documents*, http：//fs2. american. edu/wjc/www/spanish. html. 转引自 Ivan Musicant, *Empire by Default：The Spanish-American War and the Dawn of the American Century*, New York：Henry Holt and Co., 1998, p. 597。

美西战争是美国在北美大陆之外发动的第一场征服性战争，也是美国首个帝国主义时代的高潮。在这场战争中，美国实现了百年来将西班牙逐出西半球的战略目标，将自身势力范围从北美延伸至东亚。欧洲国家逐渐意识到美国正成为举足轻重的世界性大国，美西战争被认为是"美国世纪"的开端。[1] 而在美国国内，这场战争强化了美国高涨的民族主义，并一定程度上为内战后的国内凝聚和团结提供了机遇。"没有哪一场战争像与西班牙的战争那样改变了我们"，时任普林斯顿大学校长伍德罗·威尔逊在 1902 年感叹。[2] 威尔逊很难想到，10 年后他当选美国第 28 任总统，并在任内带领美国参与一场世界大战。

1914 年夏天，"八月枪声"终结了欧洲大陆近百年的整体和平。在战争爆发后的近三年内，美国声称维持"中立"，但在实际政策中偏向以英法为首的协约国一方。在战争爆发前，约 60% 的美国商品出口目的地是战争中的协约国国家，而在战争中这一比例上升至 80%。[3] 英法两国从美国购买大量物资以维持战争，随着战争的进行，两国现金逐步枯竭，美国为其提供了巨额的美元信贷。用历史学家亚当·图兹的话说，到 1916 年年底，美国投资者已为协约国的胜利豪赌了 20 亿美元，英法的胜利与美国的经济利益捆绑在一起。[4]

美国对英国海军在战争中对欧洲国家实施海上封锁采取默许立场，也最终导致美国加入协约国阵营之中。1915 年 5 月，德国潜艇在爱尔兰附近海域击沉英国邮轮"卢西塔尼亚"号，导致包括 128 名美国公民在内的约 1200 人丧生，该事件深刻影响了美国舆论对战争和德国的认识。1917 年 1 月底，德国宣布实施无差别潜艇战，威尔逊政府随即与德国断

---

[1] George Herring, *From Colony to Superpower：U. S. Foreign Relations since 1776*, Oxford：Oxford University Press, 2008, p.336.

[2] Woodrow Wilson, "The Ideals of America", *The Atlantic Monthly*, December 1902 Issue, https：//www.theatlantic.com/magazine/archive/1902/12/the-ideals-of-america/376192/.

[3] Kori Schake, *Safe Passage：The Transition from British to American Hegemony*, Cambridge：Harvard University Press, p.220.

[4] Adam Tooze, *The Deluge：The Great War, America and the Remaking of the Global Order, 1916-1931*, New York：Penguin Group, 2014.

交；数周后，德国外交大臣阿图尔·齐默尔曼提议德国和墨西哥结盟抗美以及德国帮助墨西哥收复失土的电报被英国截获并公之于众，美国国内反德情绪到达顶点。4月，参议院以82：6、众议院以373：50的表决结果高票通过了威尔逊的宣战法案。国父华盛顿百余年前对美国不要介入欧洲国家间战火纷争的警告已彻底成为过去，美国事实上已成为一个"欧洲大国"①。

然而，美军对于战场的直接影响要到宣战一年后才得以体现。在1918年夏天，美国平均每天可投入约一万人的兵力至欧洲战场，这对于协约国当年夏秋的反攻作战起到重要作用，迫使德军回退至兴登堡防线。面对美国巨大的战争潜力，德国失去继续作战的士气，并于同年11月接受停战协议。

欧洲列强的实力在四年的大战中被严重削弱，美国的军事、政治和经济地位显著提升。美国1916年通过国防法案和海军法案显著扩充军力，一战结束后，美国陆军人数从1917年的不足13万人扩充至400万人。② 美国海军力量也不断壮大，同时借助1922年《关于限制海军军备条约》使其海军规模与英国持平，并对日本海军加以限制，这标志着英国开始将其海上支配地位让位于美国。在经济上，一战帮助美国走出战前的经济衰退，并历史上首次成为债权国。英、法、意三国在1921年合计欠美国98亿美元，美元霸权逐步显现。如美国耶鲁大学历史学家杰伊·温特所说，美国也许是一战唯一的战胜国，其他所有国家都战败了，即便是战胜国也失去了太多。③

一战还催生了美国国内对于外交政策的新辩论。在威尔逊看来，美

---

① Kori Schake, *Safe Passage*: *The Transition from British to American Hegemony*, Cambridge: Harvard University Press, 2017, p. 13.

② "The American Expeditionary Forces", Library of Congress, https://www.loc.gov/collections/stars-and-stripes/articles-and-essays/a-world-at-war/american-expeditionary-forces/.

③ "An Economic Superpower: How the Great War Turned America Into an Economic Superpower", Public Broadcasting Service, https://www.pbs.org/wgbh/americanexperience/features/the-great-war-economic-superpower/.

国应该承担起领导世界的责任，他提出包括成立国际联盟和提倡民族自决在内的"十四点计划"来实现战后持久和平。尽管威尔逊的自由主义理念在当时因国内孤立主义者的反对以及美国自身实力的限制并未立刻付诸实践，但它深刻影响了美国 20 世纪的对外政策，且其影响延续至今。

20 世纪 30 年代中后期，美国第 32 任总统富兰克林·罗斯福领导的美国在经济大萧条中试图以孤立主义和中立政策与动荡的世界隔绝。仅仅数年之后，美国从第二次世界大战的硝烟中走出，拥有重塑世界的能力和意志，成为真正意义上的军事霸权和超级大国。

美国在 1941 年 12 月正式对轴心国宣战后的数月里，盟军在战场上的形势一度极其严峻，日军在东亚和太平洋战场进展迅速，德军在东线和北非也占据优势。但到了 1942 年冬季，历经中途岛海战、阿拉曼战役、斯大林格勒保卫战后，盟军开始逐渐扭转局面。战时生产刺激了美国战前停滞的经济，远离战场的美国展现出巨大的军事潜力，其战争产能在 1943 年得以完全释放。1944 年，美英在欧洲开辟第二战场，苏联也解放本国全境掀起反攻狂潮，美国在太平洋的跳岛作战节节胜利，奠定了盟军在 1945 年的胜局。

美国全球霸权的两大支柱，军事和经济霸权都是通过二战实现的。在战争结束时，美国成为史无前例的战争机器：拥有 1250 万军人，其中 750 万驻扎在海外，装备了包括约 1200 艘大型军舰、具备全球力量投送的海军和陆战队，以及拥有远程轰炸机的空军，并且垄断着核武器。[1] 美国在二战期间一度在全球拥有 2000 多个军事基地，战争结束时其在各地的军事设施数量平均每月增加 112 个。[2] 战后，在美国主导下建立的布雷顿森林体系确定美元与黄金挂钩，美元成为国际储备货币，美国 1947 年

---

[1]　Paul Kennedy, *The Rise and Fall of the Great Powers: Economic Change and Military Conflict from 1500 to 2000*, London: Unwin Hyman Limited, 1988, p. 358.

[2]　David Vine, *The Unite States of War: A Global History of America's Endless Conflicts, from Columbus to the Islamic State*, Oakland, California: University of California Press, 2020, p.157.

的黄金储备占全球总储备的 70%，美元霸权完全确立，曾经的全球金融霸权国英国已从最大债权国沦为最大债务国。西欧——曾经的世界政治经济中心——的战后重建完全依赖于美国的援助。① "此刻，美国正站在世界之巅"，英国首相丘吉尔在战争结束时说。②

第二次世界大战彻底改变了美国和美国人的世界观和国家利益观。与一战截然不同的是，美国政府和人民已完全认同通过参与和主宰国际事务来塑造有利的国际环境，保障国家利益和生活方式。在参战后不久，美国就积极主动规划战后的世界秩序。在罗斯福的推动下，美、苏、英、中等国 1942 年年初在华盛顿签署《联合国家宣言》，成为日后《联合国宪章》的基础。1945 年 7 月，参议院表决《联合国宪章》的投票结果是89：2，而参议院在 1920 年表决《国联盟约》时赞成票为 49 票，离批准条约的三分之二多数差 7 票。③ 4 年后，北大西洋公约组织的成立标志着美国缔结了历史上首个和平时期的军事同盟，孤立主义已成为历史。

从孤立主义到国际主义，从恪守中立到军事同盟，从领土扩张到制度输出，从"天定命运"到民族自决，从国际联盟到联合国，从北美大陆到全球部署，从建国后首次两栖作战到人类首次使用核武器……在1846 年美墨战争开始到 1945 年二战结束的百年内，美国发动和参与的四场主要对外战争改变了自己、邻国和世界。随着实力的增长、利益的扩展和观念的变化，战后的美国犹如暴力巨人在全球实施频繁的干涉和战争，这一行为趋势一直延续到 21 世纪。

---

① "The Post War World", International Monetary Fund, https：//www. imf. org/external/np/exr/center/mm/eng/mm_dr_01. htm.

② Alan Brinkley, "For America, It Truly Was A Great War", *Times*, May 7, 1995, Section 6, p. 54, https：//www. nytimes. com/1995/05/07/magazine/for-america-it-truly-was-a-great-war. html#：~：text=%22America%20stands%20at%20this%20moment，to%20the%20world%20of%20tomorrow. %22.

③ Andrew Glass, "Senate ratifies United Nations Charter, July 28, 1945", Politico, https：//www. politico. com/story/2017/07/28/this-day-in-politics-july-28-1945-240903; Andrew Glass, "Senate rejects League of Nations, Nov. 19, 1919", Politico, https：//www. politico. com/story/2014/11/senate-rejects-league-of-nations-nov-19-1919-113006.

三 谁为入侵伊拉克负责？

在美国国会大厦参议院议事厅内，约瑟夫·拜登在演讲席上面对各位参议员自信而坚定地说："我不认为这是急于求战，这是向着和平与安全迈进，如果不能以压倒性的支持通过这项决议，战争的可能性很可能会提升。"①

这一幕发生在2002年10月10日，时任参议院外交委员会主席拜登在国会就授权对伊拉克使用武力决议案发表约一小时的演讲。他在演讲的最后说："越南战争的罪恶不在于我们是否去越南作战，而是在于两任总统都没有向美国人民说明代价是什么……我们不会，也绝不能再这么做。"②

几个小时后，拜登为决议案投下赞成票；约一周后，他在白宫面带微笑见证总统乔治·沃克·布什（小布什）签署决议案；③ 不到半年时间，即2003年3月，美国对伊拉克发动战争。

伊拉克战争也是美国迄今发动的最后一场大规模战争，这场战争揭示了美国在冷战结束后作为单极霸权对绝对安全的盲目追求，在坐拥超强军力后的穷兵黩武，在两党支持和国内共识下对于国际机制和国家主权原则的鄙夷不屑，以及对于传播美式价值观和改造别国的极端热忱。这场战争给伊拉克、美国以及中东地区和全世界带来深远的影响，被认为是美国历史上最为严重的外交政策失误之一。④

---

① Congressional Record Volume 148, Number 133, Oct 10, 2002, https://www.govinfo.gov/content/pkg/CREC-2002-10-10/html/CREC-2002-10-10-pt1-PgS10233-7.htm.

② Congressional Record Volume 148, Number 133, Oct 10, 2002, https://www.govinfo.gov/content/pkg/CREC-2002-10-10/html/CREC-2002-10-10-pt1-PgS10233-7.htm.

③ Katie Glueck, "Thomas Kaplan, Joe Biden's Vote for War", *Times*, Section A, Page 1, Jan 13, 2020, https://www.nytimes.com/2020/01/12/us/politics/joe-biden-iraq-war.html.

④ Michael Cohen, "The Best and Worst Foreign Policy Presidents of the Past Century", The Atlantic, July 30, 2011, https://www.theatlantic.com/international/archive/2011/07/the-best-and-worst-foreign-policy-presidents-of-the-past-century/242781/.

　　伊战爆发 20 余年来，外界从未停止对小布什政府战争决策过程和原因的分析。国际关系学者对战争的理论根源展开辩论。约翰·伊肯伯里等自由主义学者认为现实主义是伊拉克战争的理论根源，伊战是美国追求霸权的战争，美国的首要目标是维护和扩大在中东地区的支配地位。[①]有学者对此反驳称，是自由主义深刻影响了小布什政府的战争决策，实现中东地区民主转型是战争的核心驱动，自由主义思想和超级大国能力的结合使美国倾向于不计后果的军事冒险。[②]

　　另一些学者分析了战争的性质，如有观点认为伊战是一场"预防性战争"，理由是小布什政府在 2001 年的"9·11"恐怖袭击发生后极度担心美国再遭恐袭，而被认为"拥有"大规模杀伤性武器且与恐怖组织"纠缠不清"的伊拉克将越来越成为美国的重大威胁，因此小布什政府要"趁早动手"推翻伊拉克萨达姆政权。[③] 另有观点认为，这是一场"示范性战争"，小布什政府在"9·11"恐袭后想要向世界展示美国的强大实力来重建威慑，迫使潜在对手服从美国的权威和美国主导的国际秩序。[④]还有观点认为，小布什政府当时认为仅仅通过制裁等遏制方式难以约束伊拉克的行为，并且遏制政策引发的代价要高于发动战争的成本，因此决定发动伊战"一了百了"[⑤]。

　　还有一些学者近年来通过公开资料、匿名访谈以及解密档案更为微观和细致地分析了小布什政府的决策过程。美国智库兰德公司学者迈克尔·马扎尔认为，在"9·11"事件后，保护美国的安全是小布什压倒一

---

　　① Daniel Deudney, G. John Ikenberry, "Realism, Liberalism and the Iraq War", *Survival*, Volume 59, Issue 4, 2017, pp. 7–26.

　　② Patrick Porter, "Iraq: a liberal war after all: a critique of Dan Deudney and John Ikenberry", *International Politics*, Vol. 55 Issue 2, 2018, pp. 334–348.

　　③ Jack Levy, "Preventive War and Democratic Politics", *International Studies Quarterly*, Vol. 52, No. 1, 2008, pp. 1–24.

　　④ Ahsan Butt, "Why did the United States Invade Iraq in 2003?", *Security Studies*, Volume 28 Issue 2, 2019, pp. 250–285.

　　⑤ Andrew Cole, "Containing Rogues: A Theory of Asymmetric Arming", *The Journal of Politics*, Volume 80, Number 4, October 2018, pp. 1183–1196.

切的出发点，他的个性和价值观对如何实现这一目标形成了不顾风险代价的特殊观念。有两个因素的结合和相互作用最终导致美国入侵伊拉克：一是对于美国在世界上扮演角色根深蒂固的国家信仰；二是一种不计风险成本、刻不容缓甚至绝望式付诸行动的冲动，而这两者的结合经常会导致灾难的发生。① 正如小布什 2003 年 3 月 19 日在宣布对伊作战的全国讲话中说："我们将捍卫我们的自由。我们将把自由带给他人，我们将取得胜利。"②

美国记者罗伯特·德拉珀在他的书中强调小布什是唯一作出战争决定的人，淡化了副总统理查德·切尼、国防部长唐纳德·拉姆斯菲尔德以及其他新保守主义者的影响，并指出传播民主、自由价值观是小布什入侵伊拉克的主要动机。③

萨达姆政权是否藏匿大规模杀伤性武器以及是否与"基地"组织有关联是战前小布什政府决策圈与情报部门关注的焦点，事后媒体和学者也都就情报工作政治化与战争决策的关系展开讨论。德拉珀披露了时任中情局局长乔治·特尼特为凸显他本人对小布什的忠诚而呈送了"立场正确"但"质量低劣"的情报。然而在德拉珀和其他一些学者看来，并不是情报工作政治化或者低质量情报影响了小布什的判断和决策，事实恰恰相反。一份呈送给时任英国首相托尼·布莱尔的外交事务助理大卫·曼宁的文件也似乎证实了这一点，其中写道，英国军情六处主任理查德·迪尔洛夫 2002 年 7 月从华盛顿回伦敦后确信"小布什想通过军事行动推翻萨达姆，其理由是与恐怖主义的关联和大规模杀伤性武器。但是，情报和事实被政策给绑定了"④。正如学者罗

① Michael Mazarr, *Leap of Faith: Hubris, Negligence, and America's Greatest Foreign Policy Tragedy*, New York: Public Affairs, 2019, p. 448.

② "President Bush Addresses the Nation, March 19, 2003", https://georgewbush-whitehouse. archives. gov/news/releases/2003/03/20030319-17. html.

③ Robert Draper, *To Start A War: How the Bush Administration Took America into Iraq*, New York: Penguin Press, 2020.

④ Robert Jervis, *Why Intelligence Fails: Lessons from the Iranian Revolution and the Iraq War*, Ithaca and London: Cornell University Press, 2010, p. 132.

伯特·杰维斯所说："尽管决策者一直呼吁提升情报工作，但在很多情况下他们并不需要情报。"①

与马扎尔和德拉珀不同的是，历史学家梅尔文·莱弗勒认为推广民主和自由价值观并不是小布什政府发动伊拉克战争的最主要原因。在他看来，小布什的战争决策源于恐惧、实力和傲慢："恐惧和实力在狂妄自大的加持下是令人沉醉的美酒。"② 小布什的恐惧源于"9·11"事件对他和美国的巨大心理冲击，当时几乎所有美国人确信更严重的恐袭会随时发生。而2001年秋季美国国内出现的炭疽袭击事件更是强化了小布什对恐怖分子试图获取和使用大规模杀伤性武器的联想。小布什清楚，类似"9·11"的袭击一旦重演将会是对美国霸权地位的羞辱，共和党和他本人都将背负无法保护美国人民安全的罪名，他本人的政治生涯也会随之被摧毁。

同时，美国作为超级大国完全具备通过武力推翻萨达姆政权的军事能力。美国用一个多月的时间就推翻了阿富汗塔利班政权，这进一步树立了小布什政府对于美国对伊动武的信心。而傲慢则体现在小布什作为一个传统保守的共和党人，坚信美国及其代表的制度和价值观拥有"与众不同的伟大和善意"，他坚信自由是上帝对人类的馈赠，并且认为中东的动荡、落后和混乱源于地区的"自由赤字"。尽管如此，莱弗勒认为小布什对不安全的恐惧以及对美国实力的信心依然是战争决策中的核心因素。

一位2002年在美国国家情报委员会任职的高级官员认同莱弗勒的观点。他在与本书作者访谈时表示，美国对伊拉克的敌对政策并不以小布什政府为起点，前几任政府都视伊拉克为眼中钉，如比尔·克林顿总统在1998年下令空袭伊拉克的目标。而美国在"9·11"恐袭后产生的全

---

① Robert Jervis, *Why Intelligence Fails: Lessons from the Iranian Revolution and the Iraq War*, Ithaca and London: Cornell University Press, 2010, p. 155.

② Melvyn Leffler, *Confronting Saddam Hussein: George W. Bush and the Invasion of Iraq*, New York: Oxford University Press, 2023, p. 454.

社会恐惧加剧了美国政府对伊拉克的威胁认知，而这是导致战争的最重要因素。在这位高级官员看来，即便小布什政府在战争决策中存在传播民主价值观的考量，那也是因为美国认为中东地区的民主化能实现地区和世界的稳定和安全。

小布什政府或者他本人是在何时决定对伊拉克发动战争？或者说从何时起战争已不可避免？不同的回忆、档案以及分析给出了不同答案。

一种观点认为，小布什在2002年夏季就决定军事入侵伊拉克推翻萨达姆政权。7月初，时任国务院政策规划主任理查德·哈斯就对伊动武的政策选项向总统国家安全事务助理康多莉扎·赖斯表达担忧时，赖斯对他说"别多费口舌了，此事已无法改变"①。上文提到的呈送给英国首相布莱尔的电报也指向小布什政府在当年夏季已作出了决定。②包括赖斯在内的一些前高官则认为2002年9月7日是一个转折点，小布什那天在马里兰州总统度假地戴维营举行的国家安全事务会议上说，"要么他（萨达姆）坦白他的武器（项目），要么就是战争"③。

也有观点指出，小布什要在更晚的时候才决定发动战争。上文提到的那位当年在美国国家情报委员会任职的高官对本书作者表示，他不认为小布什在2002年秋季前就作出了开战的决定，因为他当时参与的一些内部会议和讨论并不以战争不可避免为假设前提。

理查德·哈斯后来在回忆小布什政府关于伊拉克战争决策时曾说，开战的决定是一个累积的过程，"决定并不是做出来的，而是发生了，你并不确定它（决策）是在何时或者如何作出的"④。

---

① Richard Haass, *War of Necessity*, *War of Choice*：*A Memoir of Two Iraq Wars*, New York：Simon and Schuster, 2009, pp. 5-6.

② Robert Jervis, *Why Intelligence Fails*：*Lessons from the Iranian Revolution and the Iraq War*, Ithaca and London：Cornell University Press, 2010, p. 132

③ Condoleezza Rice, *No Higher Honor*：*A Memoir of My Years in Washington*, New York：Crown, 2011, pp. 180-181.

④ George Packer, "Dead Certain, The Presidential memoirs of George W. Bush", *The New Yorker*, November 29, 2010, https：//www. newyorker. com/magazine/2010/11/29/dead-certain-george-packer.

表 7-2　　　　　　　　　　　　　伊拉克战争前重要事件的时间节点

时间	事件
1998 年 10 月 31 日	旨在支持推翻萨达姆政权的《伊拉克解放法案》由总统克林顿签署生效
1998 年 12 月 16 日至 19 日	美英对伊拉克发动"沙漠之狐"空袭行动
2001 年 9 月 11 日	美国遭到严重恐怖袭击
2001 年 9 月 17 日	小布什秘密命令国防部长拉姆斯菲尔德开始制订推翻萨达姆的军事行动计划
2001 年 9 月 18 日起	美国国内多地遭到炭疽袭击
2001 年 10 月 7 日	美国开始针对阿富汗塔利班政权的军事行动,塔利班政权在 11 月垮台
2001 年 12 月 28 日	美国中央司令部司令汤米·弗兰克斯首次向小布什汇报了对伊作战计划
2002 年 1 月 29 日	小布什在国情咨文讲话中称伊拉克、伊朗和朝鲜为"邪恶轴心"
2002 年 6 月 1 日	小布什在西点军校发表演讲称美国对敌对国家实施先发制人行动是合理的,这被称为"布什主义"
2002 年 8 月 5 日	小布什批准了弗兰克斯更新后的对伊作战计划。同日,国务卿鲍威尔建议小布什慎重考虑战争选项,提议将问题置于联合国并寻求重启核查程序
2002 年 9 月 17 日	小布什政府发布国家安全战略报告,提倡单边主义、先发制人和传播民主
2002 年 10 月 1 日和 4 日	中央情报局先后发布关于伊拉克大规模杀伤性武器的国家情报评估秘密版和解密版,以影响舆论和推进国会投票
2002 年 10 月 10 日至 11 日	美国国会参众两院分别以 77 票比 23 票、296 票比 133 票的表决结果通过授权对伊拉克使用武力决议案
2002 年 11 月 5 日	共和党在中期选举中稳夺参议院和众议院的多数席位
2002 年 11 月 8 日	联合国安理会通过第 1441 号决议要求伊拉克允许联合国核查员入境核查伊拉克是否遵守放弃大规模杀伤性武器
2002 年 12 月 6 日	美国国防部长拉姆斯菲尔德批准对伊行动首次大规模军力部署
2003 年 1 月初和 1 月中旬	小布什分别在与赖斯和鲍威尔的谈话中流露出战争不可避免
2003 年 1 月 27 日	联合国监测、核查和视察委员会主席汉斯·布利克斯向联合国安理会表示,伊拉克未能在核查中证明其不拥有大规模杀伤性武器

2003 年 1 月 30 日	小布什与军方将领见面询问作战行动准备计划。他在 31 日同意了布莱尔关于需要更多外交时间的要求，目的是更为有力地开展军事行动
2003 年 2 月 5 日	美国国务卿科林·鲍威尔在联合国安理会就指控伊拉克拥有大规模杀伤性武器发言
2003 年 3 月 17 日	小布什向萨达姆发出最后通牒要求其 48 小时离境

除了总统小布什，其他决策参与者在其中扮演了什么角色？还有谁要为战争的最终发生负责？

副总统切尼、国防部长拉姆斯菲尔德在小布什政府的外交和安全事务中有很高的话语权，他们是伊拉克战争最积极活跃的鼓吹者。二人从尼克松时代开始共事，曾被美国在越南战争中的失败所困扰。他们都有极强的民族主义心态，深信美国必须确保军力绝对优势，并且要以自身实力和单边主义来促进国家利益。[1] 而像副防长保罗·沃尔福威茨、切尼的国家安全顾问刘易斯·利比等新保守主义者也一直在鼓吹干涉和政权更迭，他们对战争决策起到推波助澜的作用，拉姆斯菲尔德和沃尔福威茨甚至在"9·11"事件后的第二天就建议小布什对伊拉克动武。[2] 总统国家安全事务助理赖斯和她的副手斯蒂芬·哈德利也从未反对开战的政策选项，他们甚至没有尽到国安会应将不同政策选项的优势和缺陷予以全面的考虑和讨论的职责，而是在战争决策的大方向以及拉姆斯菲尔德的飞扬跋扈中逐渐迷失。[3]

国务卿鲍威尔从未像切尼或拉姆斯菲尔德那样坚定支持战争，但或许正因为此，鲍威尔和他在国务院的助手们对于伊战的最终爆发同样负有责任。作为国务卿和退役高级将领，鲍威尔在政府内拥有足够的话语

---

[1]　James Mann, *Rise of the Vulcans: The History of Bush's War Cabinet*, New York: Penguin, 2004, p. 163.

[2]　Condoleezza Rice, *No Higher Honor: A Memoir of My Years in Washington*, New York: Crown, pp. 85-88.

[3]　Melvyn Leffler, *Confronting Saddam Hussein: George W. Bush and the Invasion of Iraq*, New York: Oxford University Press, 2023, p. 452.

权和影响力，对于战争带来的风险也有更为切身和直观的认识，越南战争的教训让他明白战争只能成为最后的手段。在小布什政府的核心决策圈内，只有鲍威尔一人具备劝说小布什不应发动伊战的资格和能力。

2002 年 8 月 5 日晚，鲍威尔在白宫与小布什单独会谈中提及了对伊动武后可能出现的一系列不确定的后果，但他并未明确反对开战，也未试图说服小布什开战是毫无根据的。① 此外，鲍威尔当时在美国国内拥有非常高的人气、信誉和支持率，而他 2003 年 2 月 5 日在联合国安理会上有关大规模杀伤性武器的发言给美国舆论带来重大影响。他的发言打消了不少反战人士的疑虑和担忧，有超过 60% 的受访者认为鲍威尔阐明了美国需要使用武力结束萨达姆政权的原因。② 波士顿大学历史学家安德鲁·巴切维奇在评价鲍威尔的伊战责任时作出假设："试想一下，如果在入侵的两三周前，鲍威尔用辞职来抗议小布什政府的战争决策。试想一下，如果他当时发表一场演讲，从政治、战略和道德方面反对即将到来的战争。或许，只是或许，他可以避免随后发生的灾难。"③

一些民主党人同样也应为伊战负责。在 2002 年 10 月关于授权对伊拉克使用武力决议案的投票中，有 81 名民主党众议员和 29 名民主党参议员投下赞成票，促成该决议案在国会以高票通过。而时任参议院外交委员会主席、民主党人拜登为该决议案的高票通过发挥了重要作用。包括拜登在内的多位国会民主党人一直在为小布什政府的伊拉克政策背书，支持使用武力推翻萨达姆政权。在 2002 年 2 月的一场国会听证会上，拜登这样说道："我恰好是一个认为萨达姆必须下台的人，而且很可能需要美国的力量来让他离开，在我看来，问题是怎么做，而不是要不要做。"

---

① Melvyn Leffler, *Confronting Saddam Hussein: George W. Bush and the Invasion of Iraq*, New York: Oxford University Press, 2023, p. 196.

② Carroll Doherty, Jocelyn Kiley, "A Look Back at How Fear and False Beliefs Bolstered U. S. Public Support for War in Iraq", Pew Research Center, https://www.pewresearch.org/politics/2023/03/14/a-look-back-at-how-fear-and-false-beliefs-bolstered-u-s-public-support-for-war-in-iraq/.

③ Responsible Statecraft, "Symposium: Aside from Bush & Cheney who is at fault for the Iraq War?", https://responsiblestatecraft.org/2023/03/20/iraq-symposium/.

前国务卿奥尔布赖特等许多重量级的民主党人都支持推翻萨达姆政权，只是通过何种方式以及和谁一起行动的问题。这也充分地说明，美国的党派共识时常不是优势，而是一种缺陷和弱点。

图 7-1　2002 年 10 月 16 日，美国总统布什在白宫签署国会通过的

授权总统对伊拉克使用武力的决议

资料来源：新华社发（王岩摄）。

　　在战争开始前，美国一些颇具声望的外交政策专家学者过度夸大了伊拉克的威胁并积极鼓吹政权更迭的必要性，深刻影响了公众和舆论对于伊拉克问题和萨达姆政权的看法。其中包括新保守主义代表罗伯特·卡根和威廉·克里斯托尔，他们在战争前一直鼓吹政权更迭的意义，称先对萨达姆予以毁灭性打击，再由美国支持重建伊拉克使其走上民主治理道路，将对阿拉伯世界产生积极影响。[1] 同样的论调也出现在自由主义建制派中，布鲁金斯学会的中东问题专家肯尼斯·波拉克在其 2002 年出

---

① Robert Kagan, William Kristol, "What to Do About Iraq", Carnegie Endowment for International Peace, https://carnegieendowment.org/2002/01/21/what-to-do-about-iraq-pub-940.

版的《山雨欲来：出兵伊拉克势在必行》一书中称美国已难以对萨达姆政权构成威慑，后者必须被推翻。鉴于波拉克作为主流学者以及曾在克林顿政府中任职的身份，其观点在当时具有相当大的影响力，尤其是在民主党人之中。①

此外，美国主流媒体在向美国公众推销战争方面的作用也不可低估，他们并没有挑战小布什政府在伊拉克问题上的叙事。主流电视台在战前对于伊拉克局势的报道更倾向于传播小布什政府对于发动战争的理由，而反战的呼声被明显边缘化了。大部分新闻报道都集中在伊拉克所谓的"大规模杀伤性武器"上，政府官员观点被援引的频率高于其他信息源。电视新闻报道对可能出现战争的正面报道多于负面报道。无论是来自国会议员还是反战团体的反战言论和观点都没有获得足够的播出时间。从2003 年 1 月开始，新闻对于作战计划的关注和报道预示着美国走向战争之路已不可阻挡。②

一些主流纸媒同样应该为战争负责。记者迈克尔·戈登 2002 年 8 月9 日在《纽约时报》头版发文，在无确凿证据的情况下渲染伊拉克试图购买特殊的铝管来研发核武器，这篇无中生有的报道被认为是《纽约时报》历史上的污点。或许最能说明媒体对于入侵伊拉克持默许态度的例子是，在伊拉克战争爆发一年后的白宫记者晚宴上，小布什讲起了在伊拉克并未发现大规模杀伤性武器的段子，而在座记者们的回应是热烈的笑声。③

美国公众对于战争也持支持立场。在美国遭遇"9·11"袭击到小布什发动伊战的 18 个月里，美国民调机构和媒体定期询问公众对于对伊开战的态度。当被问及是否支持美国使用武力推翻萨达姆政权时，大部分

---

① Observer Staff, "The Best and the Brightest：（Former Clintonite）Kenneth Pollack", Observer, https：//observer.com/2006/06/the-best-and-the-brightest-former-clintonite-kenneth-pollack/.

② Danny Hayes, Matt Guardino, "Whose Views Made the News? Media Coverage and the March to War in Iraq", *Political Communication*, Volume 27, Issue 1, 2010, pp.59-87.

③ Responsible Statecraft, "Symposium：Aside from Bush & Cheney who is at fault for the Iraq War?", https：//responsiblestatecraft.org/2023/03/20/iraq-symposium/.

受访者持支持立场。皮尤研究中心自 2002 年 8 月至 2003 年 3 月军事行动开始前发起过 9 次民调，其中有 7 次的结果是有 60%以上的受访者支持美国入侵伊拉克，而支持率最低的一次民调也达到了 55%。哥伦比亚广播公司和《纽约时报》联合发起的民调也得出一致的结果，在 2002 年 2 月至 2003 年 3 月期间进行的 14 次民调显示，有 64%—74%的受访者赞同美国应对伊动武并推翻萨达姆。① 此外，有 64%的美国受访者认为伊拉克战争会让中东更稳定。② 美国国会议员在众议院和参议院就授权对伊拉克使用武力决议案投赞成票的比例分别是约 69%和 77%，这一比例与民调的结果高度一致，体现了伊拉克战争当时在美国国内颇高的支持率。

伊拉克战争给伊拉克、美国、中东地区和世界其他地区都带来了深远的影响，被称为美国自越战以来最严重的外交失败。然而或许是因为两党的共识以及全社会的背书，那些战争决策的推动者和参与者从未因他们的所作所为付出代价。近些年来，他们有的逐渐淡出公众视线或离开人世，有的依然活跃在美国外交政策界和学术圈内。

赖斯在小布什第二个总统任期时担任国务卿，此后在斯坦福大学任教并出任胡佛研究所主任。哈德利在小布什第二个总统任期接任了总统国家安全事务助理，在离开政府后长期在美国和平研究所任职并活跃在外交政策界。沃尔福威茨 2005 年至 2007 年在世界银行担任行长，他目前依然在保守派智库美国企业研究所任职。小布什政府中另一位伊战的鼓吹者，负责政策的副防长道格拉斯·菲斯在离开政府后曾在乔治敦大学任教，目前正在保守派智库哈德孙研究所担任要职。长期支持伊战的学者卡根在伊拉克战争后成为国务院外交政策委员会成员之一，他目前在布鲁金斯学会担任高级研究员。波拉克则是在美国企业研究所担任高级研究员。那位在《纽约时报》上刊文渲染威胁兜售战争的记者迈克尔·戈登目前在

---

① Ole Holsti, *American Public Opinion on the Iraq War*, Ann Arbor: The University of Michigan Press, pp. 30-37.

② "America's Image Further Erodes, Europeans Want Weaker Ties", Pew Research Center, https://www.pewresearch.org/politics/2003/03/18/additional-findings-and-analyses-10/.

《华尔街日报》担任国家安全记者。

在那些授权对伊拉克使用武力决议案中投赞成票的民主党议员中，拜登、希拉里·克林顿和约翰·克里此后成为奥巴马政府外交政策团队的核心成员。他们很快意识到，让他们头疼的外交难题，如席卷中东的革命、极端组织"伊斯兰国"的肆虐、伊朗在地区的强势、朝鲜半岛核问题甚至国际金融危机都是伊拉克战争的直接或间接后果。① 然而他们又自觉或不自觉地重蹈覆辙，在叙利亚、利比亚等地走上对外武力干涉、实施政权更迭的老路。

2021年1月，拜登就任美国第46任总统，当年正值"9·11"事件20周年。在他的坚持下，美军同年8月30日在混乱中从阿富汗首都喀布尔撤离。在撤离行动结束后，拜登在白宫发表演讲说，阿富汗战争的结束不仅关乎阿富汗，同样也结束了美国实施军事行动改造别国的时代。② 在25分钟的演讲后，略显疲惫的拜登如释重负、转身离开，他的背后是现场媒体记者的高声呼喊，以及20年来美国战争暴力造成的无法改变的悲剧、无法抚慰的伤痛和无法挽回的代价。

四　战争无尽日

在华盛顿市中心的国家广场西端，林肯纪念堂反射池南北两侧分别坐落着朝鲜战争和越南战争纪念碑。美国学者蒂尔曼曾指出，两个颇有设计感的纪念碑只是纪念了参战和阵亡的美军，却对朝鲜和越南在战争中付出的惨重代价只字未提。他感慨，似乎只有参战的美国人才有资格被纪念，美国以外的受害者很少被提及，这是美国战争中最不寻常的方

---

① Henry Farrell，"Here's why the Iraq War may have helped trigger the financial crisis"，The Washington Post，https：//www.washingtonpost.com/news/monkey-cage/wp/2015/10/15/heres-why-the-iraq-war-may-have-helped-trigger-the-financial-crisis/.

② "Remarks by President Biden on the End of the War in Afghanistan, August, 31, 2021"，https：//www.whitehouse.gov/briefing-room/speeches-remarks/2021/08/31/remarks-by-president-biden-on-the-end-of-the-war-in-afghanistan/.

面之一。① 类似的感慨在伊战 20 周年之际再次出现，两篇刊登在主流期刊《外交》上反思伊战的文章对于战争造成巨大的平民伤亡和沉重的经济代价轻描淡写，资深记者彼得·马斯对此直言，美国人对伊拉克人的死难毫不在意。②

战争是美国成为霸权的路径、行使霸权的方式，但对承受战争的国家而言是永恒的悲剧。据研究统计，至少有 450 万至 460 万人死于"9·11"事件后美国参与的战争和冲突（包括阿富汗战争和伊拉克战争），其中 93 万人直接死于战争和冲突，平民死亡人数超过 38.7 万人，战争还造成约 3800 万人流离失所，美军阵亡的人数则只有约 7000 人。③ 在美国过往发起和参与的一些战争中，估计平民死亡的人数更是骇人听闻、不可想象。在 20 世纪初的菲律宾殖民战争中，20 万至 100 万菲律宾人因战争或相关的疾病死亡，而当时菲律宾的人口只有约 700 万；④ 朝鲜人口在朝鲜战争三年中从 936 万下降至 742 万，减少了约 21%；⑤ 越南战争中，有约 100 万越南人在 1965 年至 1975 年死于战火。⑥

生命权是人权中最根本和最基本的权利，也是其他所有人权的渊源。然而，自诩最强调人权和最重视个人价值的美国，却在并不长久的国家历史中有着黑暗和不堪的记录。菲律宾的萨马岛、霍洛岛，韩国的老斤里，越南的美莱村，伊拉克的阿布格莱布监狱……都记录着美国在战争中反人类甚至种族灭绝的暴行。美国作家马克·吐温 1901 年曾就美国在

---

① John Tirman, *The Death of Others：The Fate of Civilians in America's Wars*, Oxford：Oxford University Press, 2012, p. 3.

② Peter Maass, "Americans Don't Care About the Iraqi Dear. They Don't Even Care About Their Own", The Intercept, March 18, 2023, https：//theintercept. com/2023/03/18/iraq-war-death-toll/.

③ "Cost of War Project", https：//watson. brown. edu/costsofwar/papers/summary；数据中平民的死亡并非全由美军直接造成，但美国是战争的发起者是不可争辩的事实。

④ John M. Gates, "War-Related Deaths in the Philippines, 1898-1902", *Pacific Historical Review*, Vol. 53, No. 3, August 1984, pp. 367-378.

⑤ "New Evidence on North Korean War Losses, August 1, 2001", https：//www. wilsoncenter. org/article/new-evidence-north-korean-war-losses.

⑥ Charles Hirschman, Samuel Preston, and Vu Manh Loi, "Vietnamese Casualties During the American War: A New Estimate", *Population and Development Review*, Volume 21, No. 4, 1995, pp. 783-812.

菲律宾的血腥屠戮反讽地写道："要设计菲律宾的旗帜很容易。可以把我们的旗帜（星条旗）的白条纹涂黑，星星就用骷髅和十字骨取代。"[1]

进入 21 世纪，尤其是在奥巴马政府时期，无人机成为美军戕害无辜的新武器。调查显示，2002 年至 2020 年，有 800 到 1750 名平民死于美军在阿富汗、巴基斯坦、索马里和也门的无人机袭击，并且一些调查发现美军无人机袭击伤及无辜的比例高达 90%，而这些伤亡在官方文件中只是用"附带损害"几个字一笔带过，并且极少有美方肇事者对此承担责任。[2]

暴力巨人在戕害无辜中也反噬自身。每一代美国人都承受过战争引发的伤病、经济和社会方面带来的后果。与普通民众相比，曾在伊拉克和阿富汗服役的退伍军人自杀、遭到精神创伤、依赖药物和酗酒成瘾的比例更高，他们的家庭离婚率和虐待儿童率更高。在"9·11"事件后的战争中，有超过 3 万名美国军人自杀，这一数字是战场阵亡人数的 4 倍。[3]

美国为维持战争机器和开展军事行动而花费的巨额开销也迫使不同年代的民众背负沉重负担。以 2011 年美元计算，美国在越南战争（1965—1975 年）的军费总花销达到 7380 亿美元，[4] 战争引发美国通胀高企和巨额赤字是布雷顿森林体系最终瓦解的重要因素之一。美国在

---

[1] *Literature of the Spanish-American War*, Library of Congress, https：//loc. gov/rr/hispanic/1898/twain. html.

[2] Sarah Kreps, Paul Lushenko, Shyam Raman, "Biden can reduce civilian casualties during US drone strikes. Here's how", Brookings Institute Website, Jan 19, 2022, https：//www. brookings. edu/articles/biden-can-reduce-civilian-casualties-during-us-drone-strikes-heres-how/; Jeremy Scahill, "The Assassination Complex", The Intercept, Oct 15, 2015, https：//legacy. theintercept. com/drone-papers/the-assassination-complex/; Azmat Khan, "The Civilian Casualty Files: Hidden Pentagon Records Reveal Patterns of Failure in Deadly Airstrikes", The New York Times, Dec 18, 2021, https：//www. nytimes. com/interactive/2021/12/18/us/airstrikes-pentagon-records-civilian-deaths. html.

[3] "Cost of War Project", https：//watson. brown. edu/costsofwar/costs/human.

[4] Stephen Daggett, "Costs of Major U. S. Wars", Congressional Research Service, June 29, 2010, https：//sgp. fas. org/crs/natsec/RS22926. pdf; Edwin Dale Jr. , "What Vietnam Did to the American Economy", The New York Times, Jan 28. 1973, https：//www. nytimes. com/1973/01/28/archives/what-vietnam-did-to-the-american-economy-worsening-payments-deficit. html; Art Pine, "War in Vietnam Started 13-Year Spiral of Prices", The Washington Post, Oct 25, 1978, https：//www. washingtonpost. com/archive/politics/1978/10/25/war-in-vietnam-started-13-year-spiral-of-prices/eb322c1f-d1a2-4e40-bfbd-bccae51a9efc/.

"9·11"事件后全球反恐战争中的总花销超过5.8万亿美元,预计未来30年美国还将投入约2.2万亿美元用于伤残军人的医疗。①这些花销原本可以为生活在贫困线以下的1300万美国儿童提供至其成年的医保以及两年的启蒙教育,为2800万学生提供公立大学奖学金,为100万退伍军人提供20年的医保,并为400万清洁能源行业从业者提供10年的薪水。②

长期的对外战争还加剧了美国国内的动荡。越战期间,美军在越南的伤亡和暴行以及政府在国内的征兵和加税引起国内强烈的反战情绪和对政府的不信任感。1970年5月,美国俄亥俄州国民警卫队在肯特州立大学向反战示威的学生开枪,导致4名学生身亡,9名学生受伤,这起惨案标志着当时美国政治和社会的急剧分裂。时任白宫办公厅主任哈里·霍尔德曼事后说,这起事件对于尼克松来说是一个转折,也是他走向水门事件的开端。③

近20年来的美国似乎印证了美国第四任总统詹姆斯·麦迪逊在200多年前的警告:"没有一个国家能在持续的战争中维护自由。"美国在全球范围展开的反恐战争导致美国国内出现社会和政治权利的侵蚀,立法和情报工作破坏了美国人民免受监视的宪法自由和个人隐私权,美国的警察军事化现象也在"9·11"事件后显著增强。④正如哈佛大学国际政治学教授斯蒂芬·沃尔特所言,帝国式的海外冒险与国内动荡混乱的关联并非偶然,美国在"无尽的战争"中释放出军国主义、仇外心理、行政权力的强化、虚伪爱国主义和煽动行为等政治力量,而所有这些都与一

---

① Sarah Almukhtar, Rod Nordland, "What Did the U. S. Get for $2 Trillion in Afghanistan", The New York Times, Dec 9, 2019, https：//www. nytimes. com/interactive/2019/12/09/world/middleeast/af-ghanistan-war-cost. html；"Cost of War Project", https：//watson. brown. edu/costsofwar/figures/2021/BudgetaryCosts.

② David Vine, *The Unite States of War：A Global History of America's Endless Conflicts, from Colum-bus to the Islamic State*, Oakland, California：University of California Press, 2020, preface.

③ Harry Haldeman, Joseph DiMona, *The Ends of Power*, New York：NYT Times Books, 1978, p. 107.

④ "Cost of War Project", https：//watson. brown. edu/costsofwar/costs/social.

个健全的民主制度所依赖的公民道德背道而驰。①

　　2021 年 8 月 30 日，美军在混乱中撤出阿富汗首都喀布尔的当晚，海军陆战队战争纪念雕像边摆满了蜡烛和鲜花，悼念在撤离行动时因恐袭阵亡的 11 名海军陆战队员，也纪念美国终于结束了这场"无尽的战争"。向东望去，这座雕像与波托马克河对岸的华盛顿纪念碑、林肯纪念堂和国会大厦三座首都地标成一条直线，串联起美国战争、历史和政治之间难以分割的联系，而雕像基座上充足的"留白"似乎在提醒，阿富汗和伊拉克或许还不是暴力巨人的归宿。

---

① Stephen Walt, "America's Forever Wars Have Come Back Home", Foreign Policy, March 2, 2021, https://foreignpolicy.com/2021/03/03/americas-forever-wars-have-come-back-home/.

第八章　嗜血货币

"美元是我们的货币，却是你们的麻烦。"

——约翰·康纳利，美国前财政部长

2023 年 5 月 28 日晚，美国总统拜登宣布，民主党与共和党就提高债务上限达成的最终协议提交给国会。据美国财政部 6 月中旬的更新数据，美国联邦债务规模已超 32 万亿美元，相当于每个美国人负债 9 万多美元。难以想象，生活在全球最富有的国家，美国民众却是"负翁"。

美国能身负重债而不破产，美债能巨量累积却仍是"避险资产"，归根结底在于美元的霸权魔力。特别是，美国自 1971 年宣布美元与黄金脱钩以来，发行美元的担保物就由黄金转变为美国主权信用。美元变成一种没有兑付担保物的货币，其发行的外在约束就此去除，"潘多拉魔盒"由此打开。

一　天生金融卡特尔

反思今日美元需追溯至英国。英国于 1694 年成立了中央银行，1717 年首次引入金本位制，时任皇家铸币局局长牛顿用黄金的重量定义了英镑的价值，即每金衡盎司黄金等价于 4.25 英镑。美国到 18 世纪 80 年代始有银行，1913 年成立美联储，到 19 世纪 30 年代开始执行相对清晰的货币政策。

独立战争时期，乔治·华盛顿于 1775 年发行了"大陆货币"，开启美利坚"印钞机"模式先声。大陆货币短期内提高了支付部队的军饷和购买军粮的能力，但因为巨量增发，引发恶性通货膨胀。1775 年到 1779 年，大陆货币增发幅度高达 2000%。[①] 到 1780 年，流通中的大陆货币只能按面值的 1/40 计算购买力，民众深受其害，由此产生了这句俗语："不值一张大陆货币。"民众将积蓄兑换成大陆货币，但因其不断贬值，原有的财富变成了支撑战争成本的经济来源。大陆货币实际上让普通民众上缴了巨额隐形"战争税"。类似情况也发生在 1861 年至 1865 年美国内战期间，北方和南方分别大量发行绿背纸币和灰背纸币以支持战争，最终南方联盟战败，灰背纸币一文不值，北方的绿背纸币则由于发行过多而引发严重通胀，民众财富又遭严酷洗劫。

独立前美洲大陆使用的通行货币是西班牙银圆，美国在建国后接受西班牙银圆为法币，1792 年的《铸币法案》明确指出每一美元与西班牙银圆等价。从独立战争期间到 19 世纪 30 年代，北美银行、美国第一银行、美国第二银行先后承担了一定的中央银行职能。早期美国政府存在"硬货币"（金银铸币）和"软货币"（纸币）之争，因此这几家银行可以发行用于缴税的兑付凭证，但没有获准发行纸币。1836 年，美国第二银行特许经营权到期之后 70 多年，美国没有中央银行，也没有货币政策，甚至一度在金本位制和银本位制之间摇摆不定。1897 年，威廉·麦金利就任美国总统，他上任之后立即签署《金本位法案》，美国官方正式认定以黄金作为货币的一般等价物。

1907 年 10 月，美国爆发银行业危机，纽约证券交易所股票跌幅超过 50%，J. P. 摩根创始人约翰·摩根联合其他银行家稳定了市场。1908 年，美国时任总统西奥多·罗斯福任命共和党参议员纳尔逊·奥尔德里奇建

---

① ［美］爱德华·格里芬：《美联储传》，罗伟、蔡浩宇、董威琪译，中信出版集团 2017 年版，第 300 页。

立并主持国家货币委员会，调查 1907 年危机并提出解决方案，从而迈出了美联储成立的脚步。

图 8-1 美国首都华盛顿的美联储大楼外景

资料来源：新华社发（张军摄）。

根据爱德华·格里芬在《美联储传》中所述，1910 年冬，几位美国金融界巨头在杰基尔岛秘密会晤，为成立美联储制定框架。"杰基尔岛会晤的结果形成了再典型不过的卡特尔结构。卡特尔是由一组相互独立的企业结合起来，以协调各成员企业的生产和价格或销售。其目标是削减竞争、增加盈利，手段就是共同垄断他们所在的产业，从而迫使公众花更多的钱去购买商品或服务。"这几位美联储的创始人代表了洛克菲勒集团、摩根集团、沃伯格集团以及在背后的罗斯柴尔德集团，据估算，他们控制了当时世界财富的四分之一。"美联储不过就是披着政府外衣的卡特尔。"

1913 年 12 月，时任总统威尔逊签署《联邦储备法案》，美国逐渐建立起联邦储备银行体系。次年 7 月，美联储创始人之一奥尔德里奇在

《独立》杂志上发表文章表示："在这部法案通过前，纽约的银行家只能掌控纽约的储备金库，而现在，我们能够掌控整个国家的银行储备了。"①

美联储在成立后的多年里，并没有发挥一家中央银行应有的作用。1923 年至 1927 年，担任美联储主席的丹尼尔·克里斯辛格，只是一个小商人，从政也不顺利，之所以能够坐上这个位置，完全是因为他与时任总统沃伦·哈定是童年时期的好友。②

事实上，历史上美国经济多次爆发危机，政策制定者多是采取消极应对策略，正如美国金融记者、历史学家詹姆斯·格兰特在《被遗忘的萧条》一书中所说的："经济的崩溃治愈了自己。"

二　战火筑"地位"

美元霸权是在战争中逐渐形成和巩固的，这是美国的世界霸权在金融领域的反映，也为美国霸权提供了重要的金融基石。从"黄金美元"到"石油美元"，美元霸权的确立、巩固和演化有着鲜明的战争烙印。

第一次世界大战前夕，资本主义世界经历了广泛的发展，到 1914 年，工业革命已从英国向外大范围传播，以致此时英国不仅面临激烈的竞争，而且已被德国和美国所超越。美国到 20 世纪初已成为世界头号工业强国。③ 一战加速了世界权力中心从欧洲，特别是英国向美国转移的过程。一战之后，美国成为资本输出国。到 20 世纪 20 年代末，美国的社会生产总值已经比整个欧洲高出一半。一战结束时，协约国集团总计欠美国财政部 120 亿美元战争贷款，其中英国欠 50 亿美元，法国欠 40 亿美元。美国通过大规模汇集全球范围内的黄金储备，确立了自己作为全球

---

① ［美］爱德华·格里芬：《美联储传》，罗伟、蔡浩宇、董威琪译，中信出版集团 2017 年版，第 22 页。

② ［美］艾伦·格林斯潘、［美］阿德里安·伍尔德里奇：《繁荣与衰退》，束宇译，中信出版集团 2019 年版，第 217 页。

③ ［美］斯塔夫里阿诺斯：《全球通史——1500 年以后的世界》，吴象婴等译，上海社会科学院出版社 2004 年版，第 298 页。

领导者的地位。①

一战后不久，大萧条接踵而至，由于各国流动性紧张，美、法、荷等国纷纷从英格兰银行取出黄金，英格兰银行黄金储备告急，已经不足以支撑英国的金本位制度。1931 年 9 月，英格兰银行宣布英镑与黄金脱钩，结束了 1717 年以来的金本位制。

美国经济在大萧条中经历了重创，美联储前主席艾伦·格林斯潘认为，美国经济大萧条实际上持续了长达 12 年，从 1929 年到 1941 年，中间仅有一段非常无力的复苏。在最严重时期，全美有四分之一劳动力失业。随着欧洲战争机器的马达驱动，美国经济得以从泥潭中彻底走出。二战结束后，美国产出了全球 42% 的工业制成品、43% 的电力、57% 的钢铁、62% 的原油和 80% 的汽车。② 不同于一战后美国坚持孤立主义倾向的对外政策，凭借独一无二的国力为后盾，美国开始意图主导国际秩序。

1944 年 7 月，在美国新罕布什尔州布雷顿森林一家酒店里，举办了一次国际性会议，国际货币基金组织和世界银行在美国号召下成立。美国借二战之机囤积大量黄金，主导建立起以美元与黄金挂钩、其他货币与美元挂钩的国际货币体系，即布雷顿森林体系，由此确立美元的全球硬通货地位。

布雷顿森林体系的建立，标志着美国凭借其雄厚的经济实力初步获得世界金融霸主的地位。但是随着经济的发展以及世界经济形势的变化，这种体系呈现出难以克服的矛盾，主要表现在：在布雷顿森林体系下，双挂钩（美元与黄金挂钩，其他国家货币与美元挂钩）的体系让美元短期内获得了国际核心货币的地位，但是其他国家在国际贸易中必须使用美元结算，这就导致在美国国外的美元积累越来越多，美国因此形成长期的贸易逆差。而作为国际货币的前提就是必须保持币值的稳健，这又

---

① ［美］艾伦·格林斯潘、［美］阿德里安·伍尔德里奇：《繁荣与衰退》，束宇译，中信出版集团 2019 年版，第 210 页。

② ［美］艾伦·格林斯潘、［美］阿德里安·伍尔德里奇：《繁荣与衰退》，束宇译，中信出版集团 2019 年版，第 255 页。

要求美国必须保持长期的贸易顺差。这就是"特里芬困境"①。

美国的雄心不仅限于将美元推上全球锚货币的位置，更力图取代英国成为全球霸主，倡导成立联合国，搭建全球政治治理框架；降低关税，推动签署《关税及贸易总协定》；通过马歇尔计划向欧洲各国提供重建援助资金，促进欧洲经济恢复。美国中央情报局前局长艾伦·杜勒斯在评论马歇尔计划时说，重振欧洲经济的目标是"欧洲各国能够购买足够数量的美国产品"。在战后 20 多年里，美国迎来了所谓的"黄金时代"。

图 8-2　这是 2020 年 3 月 23 日在美国华盛顿拍摄的美元纸币

资料来源：新华社发（刘杰摄）。

然而，战后经济模式无法一直奏效。美国在 1969 年至 1970 年两年间发生了严重的周期性经济危机，国际收支逆差进一步恶化。这使得欧洲主要金融市场在 1971 年 5 月又掀起了一轮抛售美元、抢购黄金以及德国

①　［美］罗伯特·特里芬：《黄金与美元危机——自由兑换的未来》，陈尚霖、雷达译，商务印书馆 1997 年版。

马克等西欧货币的浪潮，导致了战后最严重的美元危机。[①]

美国历史上一直有意识地从全世界积累黄金储备。1934 年，罗斯福将黄金价格提高至每盎司 35 美元，超出当时市场价格 70%，从而刺激外国央行将其所持有的黄金卖给美国，这促使美国财政部的黄金持有量从 1934 年的 2.46 亿盎司增至 1949 年的 7 亿盎司。1957 年年底，美国财政部拥有世界第一大黄金储备，达 6.35 亿盎司。自从 1944 年签订《布雷顿森林体系协定》以来，理论上所有将其货币与美元挂钩的主要国家和中央银行，都能以每盎司 35 美元的价格将美元兑换成黄金。然而，从 1958 年开始，随着美国通胀加速，黄金实际价格上升到每盎司 35 美元以上，而外国央行仍按照每盎司 35 美元的固定价格购买黄金，1957 年至 1972 年，美国官方黄金储备减少了 3.77 亿盎司。[②] 为了防止黄金进一步外流，美国总统尼克松将美元与黄金脱钩，关闭了所谓的"黄金窗口"，意味着人们再也无法用手中的美元去美国财政部按官价兑换成黄金，布雷顿森林体系瓦解，引发全球经济动荡。

1971 年 8 月 15 日，尼克松发表电视讲话，宣布美元与黄金脱钩。一夜之间，在"尼克松冲击"下，与美元挂钩的各国货币，变成了由各国中央银行担保价值的"纸片"。或许从这时起，全世界就该看清，美元的价值虽有美国经济作为基础，但其信用实难保证。

与黄金脱钩后，美元缺少实物资产支撑，在国际市场一再贬值。为了稳固国际储备货币的地位，美国盯上了石油。20 世纪 70 年代中东局势动荡，第四次中东战争爆发。虽然沙特因不满美国偏袒以色列而公开与之对抗，对美国实施石油禁运，导致美国陷入"石油危机"。但相较于双方在这一问题上的分歧，沙特更需要美国为其提供安全保障。1973 年，经过一系列谈判，美国国务卿亨利·基辛格代表美国政府与沙特王室达成协议：美国将为沙特的油田提供军事保护，作为回报，沙特将美元作

① 郑启明编著：《美元与战争》，中国经济出版社 2009 年版。

② Alan Greenspan and Adrian Wooldridge, *Capitalism In America*, Penguin Books, 2019, p. 307.

为其石油唯一的定价货币。到 1975 年，石油输出国组织（OPEC）的所有石油生产国都同意以美元定价石油，并将石油收益投资于美国政府债券，以换取美国的保护。"石油美元"格局自此形成，美元不仅绑定了工业社会最坚挺的"锚"，还不费吹灰之力攫取了中东产油国的巨额财富。

三　以战"维霸"

美元称霸的历史进程并非没有遇到过对手。由于日本、欧洲等国家和地区经济快速增长或地区一体化意愿增强，日元、欧元向美元独霸地位发起挑战。为了维护美元霸权，美国不惜动用金融战、贸易战、武装冲突等一切手段，也不惜对任何国家下手。

经过战后复苏，日本经济迎来快速发展，在汽车、钢铁、家电等多个领域接近或超越美国，经济实力快速上升对美国逐渐形成挑战。20 世纪 80 年代初期，日本对美国贸易顺差不断扩大，推动了日元的国际化进程，这令美国日益不安。

1985 年 9 月 22 日，美国、法国、联邦德国、日本和英国五国财长和央行行长会议在纽约的广场饭店举行。会后各方发表联合声明，决定联合行动，有秩序地使主要货币对美元升值，以矫正美元估值过高的局面。这项声明被称为"广场协议"，其中一项主要内容是日本应密切监测汇率，实施灵活管理的货币政策，实现日元汇率自由化，使日元汇率能够充分反映日本经济的潜在力量。此后，美国携手四国开始对金融市场大规模干预。1985 年 9 月 23 日至 10 月 1 日，五国共卖出 27 亿美元，其中日本卖出 12.5 亿美元。日元对美元汇率升值 11.8%，西德马克、法国法郎和英镑对美元分别上升了 7.8%、7.6% 和 2.9%。[1] 此后，由于日元对美元大幅升值，日本出口受挫，经济风险陡增。这成为后来日本经济陷入长期衰退的重要诱因，日元国际化进程也随之遇挫。

---

[1]　白杉：《"广场协议"对日本经济影响的分析及对我国的启示》，《西部金融》2021 年第 7 期。

冷战结束并未使美国迎来单极世界，"一超多强"的国际政治格局越发凸显。其中，以法德为首的欧盟国家随着一体化进程的发展作为单独一极的力量越来越强，成为美国霸权的强劲挑战者。欧洲人越来越想联合起来，摆脱美国的辖制，彰显自己并非美国追随者的独立身份，谋求更大的国际利益。

图 8-3　2020 年 6 月 29 日日本神奈川县川崎市的工厂夜景

资料来源：新华社发（杜潇逸摄）。

1999 年 1 月 1 日，欧元的成功启动，就是欧洲实力和向心力增强的明证，更是对美国在世界经济金融和贸易领域中的长期垄断地位的冲击。欧元必将分享美元的国际储备货币的地位，成为美元的竞争对手。美国的一些研究表明，欧元推出后，将会分流三分之一的国际储备，并会引起大约 5000 亿至 1 万亿的美元价值转向欧元，美元对国际储备货币的近似垄断地位即将结束。① 两个多月后，美国带领北约打着"防止科索沃人

---

① 闵凡祥：《美元对欧元的战争——对科索沃战争的经济解释》，《国际观察》1999 年第 5 期。

道主义危机"的旗号，在未经联合国授权的情况下悍然轰炸南联盟，挑起科索沃战争。这导致欧洲局势动荡，前景难料，极大地动摇了资本市场和外汇市场投资者的信心，大量国际资本逃离欧洲，欧元对美元汇率一路走跌，欧元遭到抛售。欧元诞生之初对美元汇率约为 1∶1.18，至1999 年年底已跌破 1∶1。大量资金从欧元区市场撤离，流向美国市场避险，推动了美国股市大幅走高，美国经济成为战争的受益者，美国军火商更从战争中大发横财。北约空袭带来的军事预算增加和大量难民安置，给欧盟各国造成沉重的财政负担。科索沃战争加大了欧美经济的差异，令欧元刚刚诞生就遭受重挫。

美国对"后来者"的挑战一概以打压御敌之，对"忤逆者"亦从不手软。基辛格在《大外交》一书中写道，美国人自认为有义务向全世界推广美式价值观，"再没有其他国家像美国一样，既绝对坚持决不容许外国干预美国内政，又如此一厢情愿地认定美国的价值观是放诸四海而皆准的"。美国常以价值观划线，圈定所谓友邦。但很显然，价值观并不是美国唯一的划线标准。沙特是美国的重要盟友，但两国在价值观方面存在显著差异，两国关系的基石就是基于石油的安全和利益。反之，谁挑战了"石油美元"地位，美国就会毫不犹豫地采取措施。

2000 年 11 月，伊拉克宣布将石油出口从美元结算改为欧元结算。2003 年，美国以"伊拉克拥有大规模杀伤性武器"为借口入侵该国，推翻了萨达姆政权。当年 6 月，美国将伊拉克石油销售转变为重新以美元计价。2011 年 3 月，美国及其盟友发起对利比亚政府军的空袭，帮助利比亚反对派推翻卡扎菲政权。有国际舆论指出，除地缘政治因素外，卡扎菲此前提出不使用美元进行贸易结算，从而对美元霸权构成挑战，也是利比亚招致打击的原因之一。西班牙《起义报》指出，美国对伊拉克、利比亚等国进行军事打击的一个重要原因，是"华盛顿希望维持为其债务提供资金的石油美元体系，以及美元作为主要贸易货币的统治地位"。

美国不仅借助"武器"巩固美元地位，更将美元武器化，对他国采取冻结资产、"长臂管辖"等手段，以获取利益、达到目的。2022 年 2 月，美国决定没收阿富汗央行在美国的 70 亿美元资产，其中 35 亿美元用来"赔偿""9·11"事件受害者家属。

2022 年，俄罗斯与乌克兰冲突爆发后，美国联手西方国家冻结俄罗斯外汇储备，制裁俄主要银行，并将大多数俄银行排除在环球银行金融电信协会（SWIFT）支付系统之外，导致国际金融及大宗商品市场剧烈波动。

四 "弹性"外衣

在美国经济史上，曾出现过数次"大萧条""大衰退"，还有"大通胀"，与前两者相比，"大通胀"来得更频繁，潜在危害也更广泛，因为美元成为国际通货之后，美国国内通胀必然会通过华尔街创造的各种金融工具轻而易举地"走出国门"，稀释全球资产。美元原本作为"避险资产"为世界接受，结果却长期盘剥全球财富，这与美联储货币政策密不可分。"美元是我们的货币，却是你们的麻烦"，美国前财政部长约翰·康纳利的傲慢言辞数十年来不断被验证。

二战后，美元成为世界上使用最为广泛的货币，被用作储备货币、计价货币、支付货币和投融资货币。作为全球头号支付货币和储备货币，当前美元在国际储备中的份额仍接近六成，在国际支付中占比近四成，美国国债主导全球债券市场，被视为避险资产。但美元只是美国一国的货币，美联储政策必然首先根据美国经济状况作出调整，必然以美国利益为先，其负面的溢出效应则主要由别的国家承担，尤其是美元持续贬值或急剧升值对世界其他国家经济与金融市场造成巨大影响。在"特里芬困境"之下，美国货币政策每一次变动，国际市场尽是血雨腥风。

长久以来，美联储按照美国利益需要，在"开闸放水"和"落闸限流"之间反复横跳，利用货币流动从他国攫取经济利益。美国货币政策处于扩张周期时，大量资本流向全球，助推资产价格泡沫，赚取高额增值收益；美国货币政策进入收缩周期时，资本回流美国，把本币大幅贬值、资产价格崩盘的恶果留给他国。掌握美元霸权，就相当于掌握世界的"印钞权"，美国只需开动印钞机，就可以换取他国实实在在的财富。

美国著名财经记者威廉·格雷德在其著作《美联储》一书中写道："种种证据表明，美联储过于容易也过于频繁地追求短期经济利益。"多年来，美国财政货币决策当局越来越沉迷于追逐短期目标，迎合竞选政治的短期利益。

20世纪80年代初，时任美联储主席保罗·沃尔克通过激进加息抑制美国通胀水平，代价是美国经济接连两次陷入衰退，被称为"沃尔克时刻"。美联储前主席本·伯南克在《21世纪货币政策》中写道：从1965年年底到1981年年底，美国年均通胀率超过7%，在1979年至1980年接近13%的峰值。从时任美国总统卡特需要寻找继任者接替当时被认为"不成功的"美联储主席威廉·米勒。在卡特一些经济顾问的建议下，沃尔克与卡特会面，并告诉总统，他认为迫切需要收紧货币政策来对抗通胀，"我会采取比那个家伙更严格的政策"。

在沃尔克领导下的美联储推出超预期的加息政策，遏制住了通胀势头，但美国经济在1980年至1982年两次陷入深度衰退，美国失业率在1982年11月至12月达到10.8%的峰值，30年期抵押贷款利率超过18%，对房地产业造成毁灭性打击。高利率政策吸引了巨量外国资金，造成发展中经济体资本大举外流；同时导致美元汇率走高，对美国出口不利，美国推动达成了"广场协议"。

美联储的高利率政策对拉美经济体形成巨大打击，导致多国陷入债务危机。20世纪70年代石油危机爆发后，美联储实行低利率政策刺激投资与就业，同时通过美元贬值来减轻美国债务负担。当时美国深陷石油危机，遂动员拉美和非洲一些国家参与石油勘测与开采以打破中东产油国垄断，这些国家则为此借入大量低息美元贷款。但随着美联储大幅提高利率，美元升值，石油和其他大宗商品价格下跌，这些国家随即陷入债务危机。1982 年 8 月，墨西哥几乎耗尽所有官方国际储备，陷入破产边缘。"沃尔克时刻"给美国经济带来的仅是阵痛，给拉美等发展中国家带来的却是长久的衰败。

图 8-4　美国纽约曼哈顿第七大道上的雷曼兄弟公司总部大厦

注：2008 年 9 月 14 日，由于美国银行以及英国巴克莱银行相继放弃收购谈判，拥有 158 年历史的美国第四大投资银行雷曼兄弟公司面临破产。

资料来源：新华社发（陈刚摄）。

2008 年 9 月 15 日，美国第四大投资银行雷曼兄弟申请破产，引发了"大萧条"以来最大的金融危机。次贷危机一定程度上肇始于美联储宽松货币政策的温床之上，住房市场泡沫越吹越大，华尔街金融创新的成本收益不断升高，过度创新带来击鼓传花式的庞氏骗局。在雪球越滚越大、链条越来越长、杠杆越加越高时，当其中一个环节断裂，整个系统便轰然倒塌。2011 年 8 月 5 日，国际评级机构标准普尔公司破天荒地下调美国主权债务等级，更让国际社会对美元失去信心。美国经济固然受到冲击，但因手握美元霸权，美联储通过前所未有的货币政策创新，先后实施三轮量化宽松（QE）政策。直到2014年11月，美联储才宣布结束QE3，从2008年到2014年，美联储资产负债表从9000亿美元扩张到4.5万亿美元，可测算出在此期间美联储向全球增发了约3.7万亿美元基础货币。① 这再次说明，美国可以通过美元霸权输出转移"经济阵痛"，他国却没有这种特权。

货币超发通常会导致通胀攀升，但美国通胀率此后多年维持在较低水平，其原因在于，大多数超发的美元并没有留在美国国内，而是通过进口他国商品、投资他国资产等方式输送到其他国家。美联储超发的货币绝大部分由国外美元和美元资产持有人承担。后续几年间，美元却大幅升值，美国不仅将通胀转嫁给他国，更是"空手套白狼"换取他国财富。正如法国前总统戴高乐慨叹的那样："美国享受着美元所创造的超级特权和不流眼泪的赤字，它用一钱不值的废纸掠夺其他民族的资源和工厂。"

2020年新冠疫情暴发后，美联储实施"无上限"量化宽松，货币政策巨量"放水"，保持超低利率，配合白宫推出大规模刺激计划，导致全球通胀再度高企。美国联邦预算问责委员会2023年数据显示，美联储近三年推出的宽松政策中有4.7万亿美元流入市场。美联储为配合白宫政治议程，一再低估通胀形势的严峻性，错失控制通胀最佳时机。2021年2月初，美国前财政部长劳伦斯·萨默斯撰文警告，大规模刺激政策可能引发"一代人未曾见过的通胀压力"，但美国政府和美联储当时都淡化通胀风险。一直到2021年下半年，美联储官员仍坚称通胀是"暂时性的"，风险"可控"。而后，当通胀飙升时，美联储又迎合政府"削减通胀"的政治议程，采取猛刹车、急转弯式的政策调整，骤然收紧流动性，并与其他美国弊政相叠加，不仅于事无补，反而加剧危机外溢，造成全球

① 何光辉、杨咸月：《美国开启"印钞机模式"：历史比较、物价测算及对中国的警示》，《经济学家》2020年第11期。

性伤害。

面对愈演愈烈的通胀形势，美联储从 2022 年 3 月启动本轮加息周期。到 2023 年 7 月，已经接连 10 次加息，累计加息 500 个基点，将联邦基金利率升至 2007 年 9 月以来最高水平，这是自 20 世纪 80 年代以来最快的加息步伐。在美联储"强收缩"压力下，从欧洲到亚洲，从拉美到中东，不少国家本币汇率下跌至多年来的低点，输入性通胀压力陡增，债务违约风险上升，金融市场剧烈震荡。根据国际货币基金组织（IMF）数据，超过 60% 的低收入国家面临债务困境。一些经济体在保经济和稳汇率之间艰难抉择，日本等西方主要经济体甚至被迫干预市场稳定汇率。

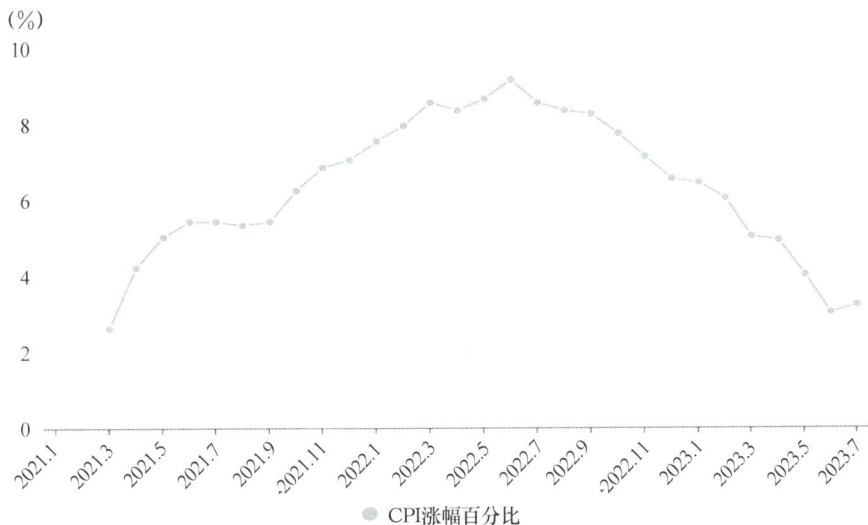

图 8-5　美国 2021 年 3 月—2023 年 7 月消费者价格指数（CPI）同比涨幅情况

资料来源：美国劳工部。

在美联储强收缩政策、美国产业回流政策、美国挑动乌克兰危机并借机提高本国能源出口价格等多重美国因素作用下，欧元区 2022 年 10 月通胀率创历史新高；日本 2022 年 9 月通胀率创 1991 年 8 月以来最高水平。发展中国家通胀形势更加严峻，拉美地区或将经历 20 世纪 80 年代后最严重的通胀。

2022 年 7 月，美联储主席鲍威尔在本轮加息以来的第四次加息后指出，美国支出和生产指标已经走软，消费支出增长显著放缓，反映出实际可支配收入下降、金融环境收紧等因素。房地产市场活动减弱，部分原因是抵押贷款利率上升。他坦承，美国经济避免衰退、实现"软着陆"的路径已经变窄，且有可能变得更窄。

但继之而来的接连大幅加息操作显示，美联储不介意以"强收缩"引爆一场衰退。因为按照以往经验，只需确保其他经济体境况更差，就能让美国经济经历短暂震荡之后，占得复苏先机。2008 年国际金融危机爆发后，欧盟人均 GDP 用了 13 年才恢复至 2008 年水平，而美国只用了两年。

五　重债的最富国家

2023 年 9 月 19 日，美国财政部网站数据显示，美国联邦政府债务规模已突破 33 万亿美元，达到 33.04 万亿美元，这相当于每名美国人负债近 10 万美元。美国联邦政府债务规模于 2022 年 2 月初突破 30 万亿美元，预计到 2030 年将超过 50 万亿美元。

目前，美国债务规模占其 GDP 的比例已超过 120%。据美国国会预算办公室预测，美国债务规模占其 GDP 的比例到 2052 年将高达 185%。2022 财年，美国财政赤字占支出的比重已攀升至 22%，这意味着 2022 财年政府每支出 5 美元，其中就有 1 美元透支。《纽约时报》说，美国不断膨胀的债务是由两党在过去几十年共同造成的。报道估计，21 世纪以来，在同为共和党人的布什和特朗普执政期间，债务增长 12.7 万亿美元；而在奥巴马和拜登的民主党政府期间，债务增长 13 万亿美元。

世界上大概没有哪个国家可以如此"毫无负担"地负债，因为美国政府只要借的是美元本币债，理论上就可以通过印钞来还债，那么全世界的财富就能以极低成本源源不断流向美国。美国早年的决策者们对举债

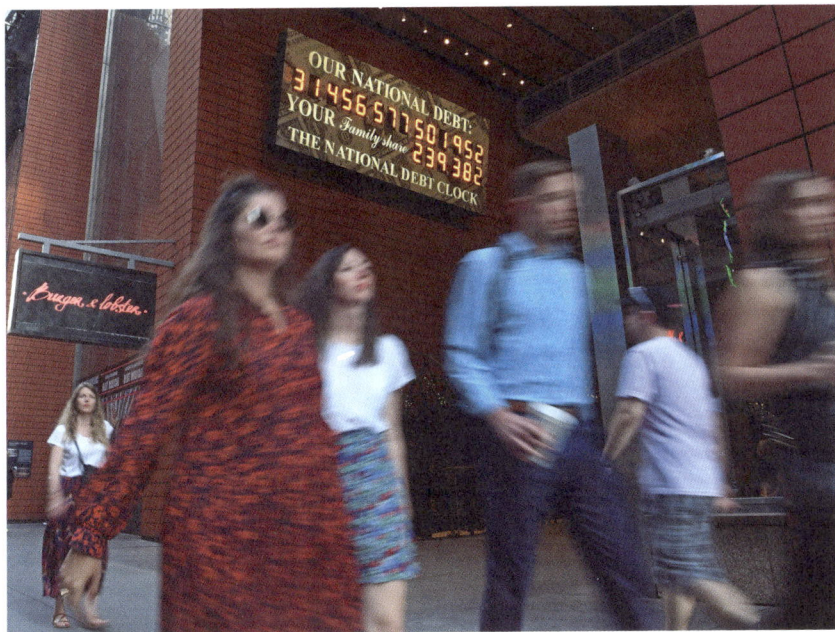

图 8-6　2023 年 6 月 1 日，行人从美国纽约的"国债钟"前走过

注："国债钟"是一个大型计数器，实时更新美国公共债务总额，并显示出每个美国家庭所要负担的数额。

资料来源：新华社发（李睿摄）。

的诱惑有着清晰的认知，因此设定了债务上限机制，但美国政府最终难以抵制基于美元霸权轻松举债的短期利益，进而举债成瘾。在经济衰退时期，美国政府习惯于通过不断推高财政赤字和宽松银根，延缓危机到来；在经济较好的年份，则热衷多花钱谋求政绩，以便收获更多选票，而惰于推动着眼长远的结构性改革。美国康奈尔大学经济学教授埃斯瓦尔·普拉萨德在其著作《美元陷阱》中写道，凭借美元的主宰地位，美国得以"尽情享受由他国埋单的挥霍"。美元成了美国在国际经济循环中的"收割机"。

债务上限是一项具有"美国特色"的制度，是美国国会为联邦政府设定的为履行已产生的支付义务而举债的最高额度，相当于一种财务内控机制，触及这条"红线"，意味着美国财政部借款授权用尽。调高债务上限后，财政部可以通过发行新债来履行现有支付义务。2013 年以来，美国国会已不再直接调高债务上限，而是设置时限暂停债务上限生效，允许财政部在规定时间内不受限制地发债。直到美国国会 2021 年 12 月上调债务上限，方才暂时解围。2023 年 1 月，美国联邦政府债务再次触及 31.4 万亿美元的债务上限，财政部随即采取"非常规措施"以避免债务违约。为此，两党展开数月激烈博弈，5 月底临近债务违约之前仍在极限拉扯。债务上限机制本是为了避免无节制开支，用财政纪律维持政府偿付信用，但随着美国两党政治极化不断加剧，如今已沦为党争工具。

2023 年 6 月 1 日晚，经过激烈博弈，美国国会参议院通过一项关于联邦政府债务上限和预算的法案，这是自二战结束以来美国国会第 103 次调整债务上限。6 月 3 日，总统拜登签署关于联邦政府债务上限和预算的法案，暂缓债务上限生效至 2025 年年初。完全可以预知的剧情是，届时难免又是一番博弈，而全球金融市场在美国政党的轮番博弈之中又将无辜"躺枪"。

一旦美国真的出现债务违约，后果将非常严重。美国财政部长珍妮特·耶伦警告说，美国政府债务违约很可能引发一场"历史性的金融危机"，债务违约也可能引发利率飙升、股价急剧下跌和其他金融动荡。巨额美债如同置于全球经济之上的"堰塞湖"，一旦决堤将冲击全世界。

货币的本质是交易双方对物物交换定下的契约，作为一般等价物，它是价值尺度、流通手段、支付手段、贮藏手段，但身居霸权地位的美元不仅仅具有这些特征——它不只是一种货币、一种金融工具，本质上还是一种强权。美元是一个"锚"，为世界财富定价，美元涨跌决定了全球财富的价格；美元是一支杠杆，为美国撬动全球资源；美元是一把镰刀，为美国不断收割世界财富。

第九章 "规则"盗贼

"如果 19 世纪的美国发明了可窥视英国工厂的魔术望远镜,他们肯定会使用它。"

——查尔斯·莫里斯,《创新的黎明:美国第一次工业革命》①

大眼睛、大耳朵,总是穿着一件带有巨大白色纽扣的红裤衩,诞生于 1928 年的米老鼠是美国流行文化的一个重要的形象代言人。在 21 世纪 20 年代,这位"鲐背之年"的老鼠遇到了新问题,那就是版权保护期结束了,或者说,版权保护期终于结束了……

1998 年,美国国会通过了一项备受争议的《著作权年限延长法案》②,将公司或法人作品的著作权保护期从此前规定的 70 年延长至 95 年。也就是说,按照当时的规定,创作米老鼠的美国迪士尼公司将在 2024 年失去这一知识产权(IP)的所有权。

随着时间迫近,不少美国法律界人士饶有兴致地猜测:迪士尼会不会"故技重施"?③

所谓"故技",指的是迪士尼公司在制定美国相关版权法律过程中强

---

① Charles R. Morris, "The Dawn of Innovation: The First American Industrial Revolution", *Public Affairs*, Vol. 3127, October 23, 2012.

② Copyright Term Extension Act, 17 U. S. C. §§ 108, 203 (a) (2), 301 (c), 302, 303, 304 (c) (2), (1998).

③ Stephen Carlisle, "The Myth of the 'Mickey Mouse Protection Act' Has Reached its 'Sell By' Date", http://copyright.nova.edu/mickey-mouse-protection-act/.

大的游说能力。1984 年，按当时美国版权法规对公司或法人作品 56 年著作权保护期限，米老鼠即将进入"公域"，但迪士尼成功游说国会通过法案将保护期延长到 70 年。1998 年，又是在米老鼠版权保护即将到期前夕，迪士尼再次游说国会通过延长保护期的法案。正因如此，著作权相关法案被称为"米老鼠保护法"①。

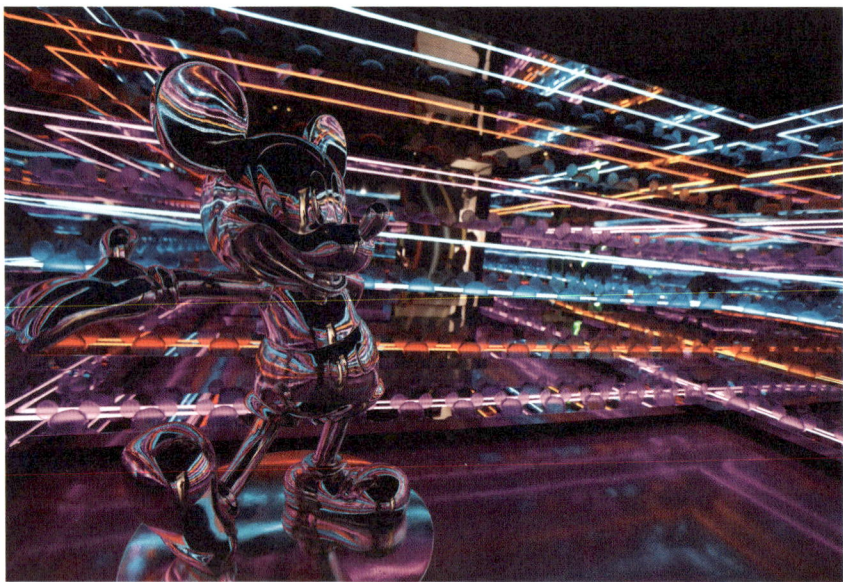

图 9-1　米老鼠动漫形象诞生 90 周年展览

注：2019 年 6 月 20 日在美国加利福尼亚州阿纳海姆迪士尼园区举行庆祝米老鼠动漫形象诞生 90 周年展览。

资料来源：新华社发（李颖摄）。

"米老鼠保护法"保护的是什么？著作权及广义知识产权保护的原意是保护创新、鼓励发明。但越来越多的人在质疑，美国超越其他国家合理范围的著作权保护期并不是保护创新，而是保护迪士尼的利益，让他们能够凭借老掉牙的 IP 持续赚钱。在迪士尼背后，隐隐可以看到时代华

① Lawrence Lessig, "Copyright's First Amendment", *UCLA Law Review*, Vol. 48, 1057, 1065 (2001).

纳、环球影业、NBA 等主要体育联盟等大公司、大资本的利益。

讽刺的是，如今如此维护米老鼠的美国，曾经是一个"盗版大国"；如今在全世界各地推广"高标准"知识产权的美国，曾经疯狂偷窃他国技术。回顾美国把知识产权工具化、利益化和武器化的历程，要从美国建国之初开始。

一 "窃取来的产权"

1983 年 11 月，美国加利福尼亚州丘珀蒂诺，当代美国科技创新史上两位最重要人物，苹果公司创始人史蒂夫·乔布斯和微软公司创始人比尔·盖茨聚在一起。

会面并不愉快。乔布斯把盖茨叫到丘珀蒂诺，是因为他认为微软即将发布的"视窗"操作系统抄袭了苹果的"麦金塔"系统。在被乔布斯斥责剽窃后，盖茨耸耸肩："准确地说，我闯进我们的邻居施乐家里，想偷电视，却发现已经被你偷走了。"

原来，"麦金塔"系统是苹果公司"参考"施乐公司产品 Alto 设计的。当盖茨听说这个消息，便去施乐挖人研发"视窗"。乔布斯谴责盖茨剽窃时，却忘了"麦金塔"的技术本身也是从别人那里"借鉴"而来。

乔布斯的传记里这样记载："从与微软打交道的第一天开始，乔布斯就在担心微软会盗用麦金塔电脑的图形用户界面并开发自己的版本。"[①] 从盖茨的角度来说，图形界面是未来的方向，微软也完全有权利像苹果一样，仿照施乐的技术开发自己的图形界面。

这个小插曲并没有让乔布斯和盖茨的形象在美国人心中打折扣。他们依然是"创业英雄"的象征、"美国梦"的重要拼图。这与美国动辄在国际社会高举"知识产权"，攻击其他国家和企业的形象构成鲜明反

---

① ［美］沃尔特·艾萨克森：《史蒂夫·乔布斯传》，管延圻等译，中信出版社 2011 年版，第 16 章。

差。回顾美国早期工业发展的历史，类似的故事并不罕见。

在美国罗得岛州北部，有一个不起眼的小城，名字叫斯莱特斯维尔，这座城市的建立与一对名字叫斯莱特的兄弟密不可分。

塞缪尔·斯莱特生于英国德比郡，14 岁开始随其父在英国纺织工厂学习。在当时，英国工业革命正如火如荼地进行。作为勃兴产业，纺织业技术革命是当时最为前沿的工业技术。为了保持在纺织业上的优势，英国政府制定相关法令严格限制技术外泄和熟练工人外迁。

1789 年，斯莱特从朋友那里得知美国提出了优厚的条件招徕了解英国纺织机技术的工人。于是，他乔装打扮成一个普通的农民，乘船前往美国。几年后，他凭借记忆成功复制了一台使用水能作为动能的纺织机，推动美国工业革命开启了新发展阶段。[①]

图 9-2　美国公共广播公司 2022 年制作纪录片《斯莱特斯维尔：美国第一个水车村》[②]，
讲述塞缪尔·斯莱特如何将英国禁止出口的纺织机械技术带到美国的故事

---

① Kat Eschner, "How Industrial Espionage Started America's Cotton Revolution, Smithsonia", December 20, 2017, https：//www. smithsonianmag. com/smart – news/how – industrial – espionage – started – americas–cotton–revolution–180967608/.

② PBS, "Slatersville：America's First Mill Village", https：//www. pbs. org/show/slatersville – americas–first–mill–village/.

1803 年，斯莱特的弟弟约翰·斯莱特也来到美国。[①] 约翰与哥哥走了一条相似道路，他将英国最新的纺织机带到美国。兄弟两人在罗得岛选定了一处临河的地方建起美国当时最大的水力纺织厂，建厂的地方渐渐发展成为美国第一座工业小镇。

兄弟两人都没有创新发明纺织机械，只是坚持仿制策略。塞缪尔曾经被美国杰克逊总统称为"美国工业革命之父"，也曾被一些人誉为"美国工厂之父"。不过，在老家英国，他身上只有一个标签，那就是"叛徒"。

从斯莱特斯维尔驱车向北，穿过马萨诸塞州中部城市伍斯特，再向东北行驶一个小时，能够抵达一个名叫洛厄尔的城市。与斯莱特斯维尔相似，洛厄尔也是以人名命名的城市，用来纪念美国商人弗朗西斯·卡博特·洛厄尔。

1810 年，专门从事纺织品贸易的美国商人洛厄尔前往英国。当时，英国政府为了防止类似斯莱特偷偷带走技术的事情再次发生，专门立法明文禁止将最先进的电力织布机交给外国人。洛厄尔利用进行贸易的机会，访问了一些英格兰地区的工厂。为了看到核心技术的秘密，洛厄尔在很多时候乔装打扮。[②]

由于无法购买图纸或模型，洛厄尔和斯莱特一样，用心记下了电力织布机的设计，然后回到美国，在一名机械师的帮助下"复制"了英国式的电力织布机。[③] 1812 年，洛厄尔乘船回国时被英国海军拦截，关押到加拿大哈利法克斯的英军基地，但随后英方因为搜查不到窃取技术的证据，只好放他回美国。

洛厄尔去世后，接管他工厂的机构在马萨诸塞州多个地区建立工厂，

① John Slater, Name, "Places and Stories, National park services", https: //www.nps.gov/blrv/learn/historyculture/johnslater.htm.

② Doron Ben-Atar, *Trade Secrets: Intellectual piracy and the origins of American industrial power*, Yale University Press, April 10, 2004, p. 201.

③ Paul Marion, *Mill Power: The Origin and Impact of Lowell National Historical Park*, Rowman & Littlefield, 2014, p. 4.

把洛厄尔从英国带回来的技术充分运用，极大地促进了美国纺织业的进步。洛厄尔带回来的技术在美国西北部的新英格兰地区一直使用了近百年。到 19 世纪末，美国已经拥有了非常繁荣的纺织业，不仅满足国内需求，还能够用于出口。

这一切的起点，若在今天看来，可以被定义为——"商业间谍"。

在当时的美国，为什么窃取技术的行为可以大行其道？这与当时在国际竞争中处于劣势的美国联邦政府的选择密不可分。

美国建国初期，政治精英并不排斥窃取欧洲先进技术，甚至公然鼓吹、支持。1791 年年末，美国首任财政部长亚历山大·汉密尔顿向国会提交《关于制造业问题的报告》[1]，指认当时欧洲国家先进技术出口禁令"自私""排外"。他认为，把"具有超凡价值的技术改良和秘密"带到美国至关重要。

在美国工业发展史上，《关于制造业问题的报告》是美国"工业立国"最重要历史文件之一。汉密尔顿对于外国技术秘密的相关表述在某种程度上纵容了美国对当时欧洲国家大肆窃取商业秘密的行为。

很多证据显示，美国政治精英不仅知道这些商业间谍行为，还直接或间接鼓励这些行为。费城制造业协会会长、曾在 18 世纪 90 年代担任助理财政部长的坦奇·考克斯设立鼓励出售技术秘密的专项奖金，并派出间谍到英国偷窃机器图纸。美国商会、制造业主也千方百计吸引英国工人，或派人到英国进行游说，在英国报纸上登载招聘广告。许多工匠闻风而动，有些甚至藏身木桶偷渡到美国。

就连美国开国总统华盛顿也曾经多次支持鼓励这种行为。美国商业间谍托马斯·迪格斯在英国非法搜罗商业情报、游说和欺骗技术专家移民美国，屡次被关进监狱。但华盛顿在私人信件中称赞迪格斯"不仅友善，还充满热情"[2]。

---

[1] "Alexander Hamilton's Final Version of the Report on the Subject of Manufactures", 5 December 1791, https：//founders. archives. gov/documents/Hamilton/01-10-02-0001-0007.

[2] Doron Ben-Atar, *Trade Secrets：Intellectual Piracy and the origins of American industrial power*, Yale University Press, April 10, 2004, p.146.

英国人豪厄尔允诺把英国技术和熟练工偷偷带到美国。华盛顿在写给弗吉尼亚州州长的推荐信中特别说明，不要公开豪厄尔的名字，避免给这名英国商人在英国"惹麻烦"①。

这些政治精英的行为并不意味着他们囿于时代，无法认识到保护知识产权、鼓励发明创造的重要性。事实上，美国宪法就规定，"为促进科学和使用技艺进步，对作家和发明家的著作和发明，在一定期限内给予专利权的保障"。

美国当然知道窃取这些技术的行为不仅不道德，而且违反英国相关法律。事实上，美国1790年就通过了第一部专利法案，1793年还进行了修订。不过，由于法案规定只有美国人才能申请专利，反而成为"山寨"行为的保护伞。

数据显示，从第一部专利法案到1836年美国再次修订专利申请规定，美国共颁发9225项专利，其中大多数是对英法等国同类技术的模仿。

美国福德姆大学历史学教授多伦·本-阿塔尔表示，尽管美国当时有专利法，但缺乏监督专利、版权申请真实性的手段和意愿，仅仅依赖申请者个人"宣誓"，而且在专利法设立之初还不承认外国专利。② 美国政治经济学者帕特·乔特也认为，当时的美国是全球工业盗版者逃避法律追责的"超级避难所"③。

回顾这段难以启齿的"黑历史"，《纽约时报》不得不承认，美国曾是"举世闻名、放肆大胆的知识产权盗版者"④。

---

① Doron Ben-Atar, *Trade Secrets：intellectual piracy and the origins of American industrial power*, Yale University Press, 2004, p. 146.

② Doron Ben-Atar, *Trade Secrets：intellectual piracy and the origins of American industrial power*, Yale University Press, April 10, 2004, p. 123.

③ Pat Choate, *Hot Property：The Stealing of Ideas in an Age of Globalization*, Knopf, April 26, 2005.

④ Steve Lohr, "New Economy：The intellectual property debate takes a page from 19th-century America", *New York Times*, Oct. 14, 2002, Section C, p. 4.

二　放肆盗版者

2023 年 1 月，阿瑟·柯南·道尔的"福尔摩斯"系列作品版权保护期结束。这一风靡百年的 IP 形象彻底进入公有领域。[①] 就在两年多以前，"福尔摩斯"系列作品产权执行方柯南·道尔遗产基金会还将流媒体播放平台奈飞公司（Netflix）告上法庭，指认在奈飞首发的电影《福尔摩斯小姐：失踪的侯爵》侵权。

诉讼案最终以双方和解告终。[②] 但有法律人士因此提出了一项严肃讨论，即知识产权保护的范围究竟应该多大？基于传统 IP 再创作，即使与原作无关，也是侵权吗？[③]

这代表了很多观察人士对美国现有版权法规的争议。过度保护版权，特别是过度保护那些历时近百年、即将进入公有领域的版权，会不会抑制创造力、阻止创作者拓展 IP 内容？这是否符合通过版权鼓励创作的法律精神？版权保护究竟在保护谁？

《福尔摩斯小姐》系列电影深受欢迎，第二部已于 2022 年上映。不少粉丝估计，系列电影第三部将于 2024 年年末上映。电影在"福尔摩斯迷"中引发的轰动越发映衬出当下美国版权制度的尴尬。随着"福尔摩斯" IP 进入公有领域，或许不会再有围绕这一经典 IP 形象的侵权诉讼，但这些诉讼背后关于版权的法律思考不会停止。

让人难以想象的是，如今美国拥有如此严格的版权保护条款，但在

---

① "公有领域"是版权领域的重要概念。根据美国杜克大学公有领域研究中心的定义，进入公有领域的图像、音视频、发现、事实、文本等，不再受到知识产权保护，可以由受众自由使用或在其基础上继续创作。创作者使用公有领域产品不需要寻求版权许可。美国杜克大学公有领域研究中心网站：https：//web. law. duke. edu/cspd/publicdomainday/2023/faqs/#q01。

② Alison Flood，"Lawsuit over 'warmer' Sherlock depicted in Enola Holmes dismissed"，The Guardian，22 Dec 2020，https：//www. theguardian. com/books/2020/dec/22/lawsuit-copyright-warmer-sherlock-holmes-dismissed-enola-holmes。

③ Nicholas Perrotti，"Sherlock Holmes and the Case of the Copyrightable Character"，The JIPEL Blog，*The NYU Journal of Intellectual Property and Entertainment Law*，December 3 2020，https：//blog. jipel. law. nyu. edu/2020/12/sherlock-holmes-and-the-case-of-the-copyrightable-character/.

建国 200 多年历史的多数时期，它却是"盗版大国"。这究竟是怎么回事？美国在版权保护上经历了什么？

美国最早的版权法颁布于 1790 年，给予美国公民 14 年的版权保护期，但不保护外国作者的版权利益。从某种意义上看，这种规定在当时是国际普遍通行的一种做法，比如英国、法国等欧洲国家的法律也不保护外国作家。不过，为了解决实际问题，很多欧洲国家通过版权法规互认或达成某种协议安排的方式保护文化精英的跨国利益。

不过，在建国后很长时间里，美国出于保护印刷和出版相关产业的利益，不与英国等欧洲国家就版权问题谈判。这实际上给美国出版商盗版外国版权作品留下重大法律漏洞。

19 世纪，英国文学大师查尔斯·狄更斯在美国受到热烈欢迎，他的作品在美国的畅销程度与英国不相上下。不过，狄更斯对美国的态度却非常复杂。1842 年，狄更斯首次访美。在此后撰写的《游美札记》① 中，狄更斯极力讽刺美国式的粗糙、庸俗和唯利是图的社会氛围。

是什么让作家对成立时间不长的美国观感如此之差？很多文学研究者都提出，狄更斯的态度与他在美国遭遇的盗版侵权关系密切。

当年，狄更斯的作品在美国大量被盗版，甚至出现篡改题目或将狄更斯的名字印在其他盗版英国小说封面上的行为，引发了作家本人的强烈不满。19 世纪中叶，狄更斯的著名小说《圣诞颂歌》刚刚出版时在伦敦售价约为 2.5 英镑，但美国盗版书商却以几美分的价格在纽约公开销售盗版。②

事实上，不仅是狄更斯，由于缺乏针对海外作家的版权保护法律和行业规范，大量外国作家的作品被美国出版商肆意盗版。狄更斯在美国公开抨击这种侵权劣迹。他认为，美国不接受国际版权法，实际上鼓励

---

① ［英］查尔斯·狄更斯：《游美札记》，张谷若译，上海译文出版社 2013 年版。

② The New York Times, "New Economy; The intellectual property debate takes a page from 19th-century America", https://www.nytimes.com/2002/10/14/business/new-economy-intellectual-property-debate-takes-page-19th-century-america.html.

肆意盗版的行为，给外国作家造成巨大损失。"在（美国）法律下，我是最大的失败者。"[1] 他主张，美国联邦政府应采用当时国际通行的版权保护政策，维护外国作者的利益。

图 9-3　《英国之狮在美国》

注：The British Lion in America[2]，Daily Joker（New York）（《纽约客》杂志）。

如果把狄更斯的主张放在现在，不会存在任何争议。而且，狄更斯专门提出，美国当时的局面不仅损害了外国作家的利益，更损害了美国文学创作者自身的利益。[3]

---

[1] BBC，"When Charles Dickens fell out with America"，Febuary 14，2012，https：//www.bbc.com/news/magazine-17017791.

[2] Wilkins，William Glyde and B. W. Matz，*Charles Dickens in Caricature and Cartoon*，Boston：The Bibliophile Society，1924，No. 20，p. 113.

[3] BBC，"When Charles Dickens fell out with America"，Febuary 14，2012，https：//www.bbc.com/news/magazine-17017791.

由于美国出版业界不尊重非美国公民作者的版权，英国、法国等欧洲国家政府也不会保护美国作家的权益。更夸张的是，美国出版商肆无忌惮盗版国外文艺作品，根本无视文学作品的精神价值，甚至拒绝向美国本国的创作者支付按照市场价值应该获得的报酬。这种劣币驱逐良币的负面效应严重影响了美国作家的谋生能力。包括赫尔曼·梅尔维尔、拉尔夫·沃尔多·爱默生在内的美国作家都曾经有向出版商付费才能出版作品的经历。

19 世纪中叶是美国经济崛起繁荣的关键时期，美国国内市场正逐步扩大。盗版猖獗意味着作家无法从这个潜力巨大的市场获得公正待遇。这恰恰是狄更斯怒火的来源。

当时的美国，利益相关方并不担心文学作品价值，最忠实的是商业利益。1837 年，美国国会审议版权法。国内出版商、造纸商、印刷商和装订商等强烈反对，并组织游说团体。这些团体主张，版权给出版业带来成本压力，或将导致行业工人大规模失业。

在这种背景下，狄更斯的主张并没有得到小说迷和美国媒体的支持，反而招致骂名。由美国媒体给狄更斯安上了"只认钱的无赖"① "讨厌的伦敦佬"② 之名，甚至连美国著名诗人沃尔特·惠特曼也加入了攻击的行列，说狄更斯是英国针对美国"圣战"的"邪恶代理人"③。

当时，美国最受欢迎的报纸《信使晨报与纽约问询报》在文章中写道："他做出这样粗俗和不恰当行为，让人感到羞愧和伤心……整个媒体界都在努力夸奖他，但他不仅要求我们向他的天才致敬，还要照顾好他

① Samantha Silva, "Charles Dickens Had Serious Beef with America and Its Bad Manners And How it Led to His Writing A Christmas Carol", https://lithub.com/charles-dickens-had-serious-beef-with-america-and-its-bad-manners/.

② Samantha Silva, "Charles Dickens Had Serious Beef with America and Its Bad Manners And How it Led to His Writing A Christmas Carol", https://lithub.com/charles-dickens-had-serious-beef-with-america-and-its-bad-manners/.

③ Creative Law Center, "Charles Dickens and the American Copyright Problem", https://creativelawcenter.com/dickens-american-copyright/#:~:text=During%20the%20life%20of%20Charles,ruthlessly%20plundered%20by%20American%20publishers.

的钱包。"①

由此可见，19世纪的美国并没有形成严格反对侵权盗版的社会氛围。对于英国等欧洲国家习以为常的版权保护，美国人明显不理解，甚至反感，更不用说形成相关法律或带有行业约束力的规范。

讽刺的是，狄更斯那本讽刺美国的《游美札记》在英国一经出版即被美国商人盗版，并在美国市场大卖。

狄更斯的遭遇在当时的美国并不鲜见。不仅欧洲先进技术在美国被随意"复制"，美国在文学艺术领域对欧洲作品的盗版更是十分猖獗。

有记载显示，在美国的图书馆和书店中充斥着未经外国作者本人授权的翻印本图书。1818年，一位英国律师留下了这样一段记录：欧洲人在艺术和科学领域的发现，基本可以在本国公开之后几个月内流传到美国，并很快与"美国人的发明创造融合"。

1836年，由英国作家哈丽雅特·马蒂诺、托马斯·卡莱尔、玛利亚·埃奇沃思、罗伯特·索西、本杰明·迪斯雷利等联合署名的一份请愿书被送到美国国会。在请愿书中，英国作家表示，美国需要保护外国作家的版权，不仅要保护他们不被盗版的合法权利，更应该保护他们的作品不受非法出版商篡改。

美国政治人物亨利·克莱1837年向美国国会参议院提交这份请愿书，并在参议院进行了题为"外国人的版权问题"的辩论。② 不过，这次辩论没有达成任何有意义的成果。

1842年，狄更斯在美国访问期间也曾经组织英美作家签名请愿书，但同样没有引起美国国会和联邦政府的重视。尽管面临的国际压力越来越大，但19世纪50年代，美国总统米勒德·菲尔莫尔执政期间，美国与

---

① BBC, "When Charles Dickens fell out with America", Febuary 14, 2012, https://www.bbc.com/news/magazine-17017791.

② Debates in Congress: "Copy-Rights to Foreigners", Library of Congress: Register of Debates, 24th Cong., 2nd Sess., 1837, pp. 670-671. Debates in Congress, Washington D. C. (1837), Primary Sources on Copyright (1450-1900), eds L. Bently & M. Kretschmer.

外国的版权合作谈判甚至直接中断。

19 世纪 80 年代，在全球范围内保护文学和艺术作品版权的呼声越来越大。在马克·吐温等美国著名作家的推动下，格罗弗·克利夫兰总统执政期间又重新开始考虑接受某种程度的国际产权保护安排。

1886 年，旨在维护国际版权的《保护文学和艺术作品伯尔尼公约》（简称"伯尔尼公约"）缔结。尽管美国以观察员身份参加了最初通过公约文本的国际会议，但因为当时美国出版和印刷业不如英法发达，参加公约对美国不利，所以美国没有签署该公约。

直到 1891 年，美国才通过了"国际版权法"。这部法案由美国罗得岛州联邦参议员乔纳森·蔡斯提出，因此也被称为"蔡斯法"。这部法案之所以能够通过，是因为保留了一个特别的"生产条款"，即只有在美国排版、印刷和出版的外国作品才能获得美国版权法的保护。

这一"生产条款"直到美国加入伯尔尼公约之后才得以废除，那已经是 1989 年的事情了。在主要西方国家中，英国、德国、法国、意大利都是在该条约 1887 年生效时就加入的，日本 1899 年加入，加拿大 1928 年加入。美国在保护文艺作品版权方面是名副其实的"后进生"。

美国为什么要在伯尔尼公约生效一百多年后才加入呢？在 19 世纪 80 年代末，美国不想加入伯尔尼公约是为了保护国内产业；在 20 世纪 80 年代末，美国要加入该公约也是为了保护国内产业。正是在 20 世纪 80 年代，美国在里根政府新自由主义经济政策下得到较为迅速的发展，特别是以信息技术为代表的新兴产业已经显露出巨大的潜力。为了避免微软公司等大型科技企业知识产权在海外被侵犯，美国当然要加入世界范围的知识产权保护体系。

由此可见，在版权问题上，美国不是天生的"卫道士"，而是身段灵活的机会主义者。其政策导向完全根据国内产业发展的需要而变化。那么，20 世纪 80 年代的美国，外部环境到底发生了什么样的变化？这对于其知识产权保护政策产生了怎样的影响呢？

三　特别的"301特别条款"

2022年，全球销量排名前三的智能手机依次是美国苹果公司的iPhone 13、iPhone 13 Pro Max和iPhone 14 Pro Max。在销量排名前十款智能手机中，iPhone系列产品占据其中八款，只有韩国三星旗下两款手机能勉强进入前十行列。[①]

虽然是一个美国品牌，但从生产地来看，iPhone却更像是一台中国制造的手机。根据2023年的最新数据，在苹果公司188家供应商中，有151家在中国拥有生产设施。[②] 苹果公司旗下超过95%的iPhone、耳机、电脑在中国生产。[③]

但如果从价值链来看，iPhone却是地地道道的美国手机。美国雪城大学一项研究显示，一台苹果手机的利润中，58.5%属于苹果公司，还有2.4%属于苹果公司之外的美国企业。除去美国企业的利润，iPhone手机价值链上21.9%的利润属于原材料供应商，而付出人力成本的中国代工企业获得的利润只有1.8%。[④] 这还是中美经贸摩擦和新冠疫情之前的数据，随着美国对华政策的调整和新冠疫情对全球化生产造成的冲击，这个比例将会更加极端。

从生产链毛利润角度看，苹果公司主要负责iPhone的设计，能够获得37.8%的毛利润；而负责提供芯片的美光、英特尔、高通等美国企业的毛利润在40%至60%多。但负责组装和生产的富士康毛利润只有8.4%。

---

①　"Counterpoint's Global Monthly Handset Model Sales（Sellthrough）Tracker"，Dec 2022.

②　https：//www.scmp.com/tech/big-tech/article/3221814/chinas-apple-loss-indias-gain-2022-supplier-list-shows-shift-supply-chain-preferences.

③　https：//www.forbes.com/sites/stevebanker/2023/01/19/apples-china-problem/？sh=5abb925282f0.

④　Kenneth L. Kraemer，Greg Linden，and Jason Dedrick，"Capturing Value in Global Network：Apple's iPad and iPhone"，http：//pcic.merage.uci.edu/papers/2011/Value_iPad_iPhone.pd.

之所以有这样的巨大反差，与美国企业拥有的大量专利关系密切。通过专利技术，美国牢牢占据了全球价值链和产业链上获利最丰厚的部分。正因为如此，美国现今对于知识产权保护非常重视，形成了一整套复杂的知识产权保护体系和相关标准。

2023 年 1 月，美国总统拜登正式签署《2022 年保护美国知识产权法》①，授权联邦政府制裁窃取美国人商业机密以及显著威胁美国国家安全、外交政策、经济健康或金融稳定的相关方。这项法案扩大了"窃取商业机密"的范围和手段，增强了可供选择的制裁力度，并扩大了制裁范围。不少人分析，这项法案将让美国政府更好地使用知识产权工具，应对可能出现的国际竞争。

在工业发展初期，美国政府鼓励并直接参与窃取他国技术机密，为了保护国内相关产业纵容盗版行为。那么，美国是如何从历史上的"知识产权盗窃者"摇身一变成为"知识产权卫道士"的？

一个关键的阶段在 20 世纪 80 年代。

随着日本制造业在 20 世纪 70 年代的崛起，日本产品在国际市场的份额异军突起。到 20 世纪 80 年代初期，日本对美国贸易顺差已经达到 500 亿美元，给美国经济和社会带来直接的压力。在美国，"铁锈带"这个词就产生于 20 世纪 80 年代这个特殊的时期，特指美国中西部和东北部的传统工业中心在激烈的国际竞争及国内高利率的背景下承压，导致产业萎缩、城市衰退，失业率飙升至高于全国平均水平两倍的情况。②

在这种情况下，相关利益集团在美国频频掀起贸易保护主义运动，希望政府出台措施改善国际贸易收支情况，让里根政府承受巨大的压力。

1983 年，里根政府宣布组建"总统工业竞争力委员会"。里根在委

---

① "Protecting American Intellectual Property Act of 2022, Public Law 117-336", https://www.govinfo.gov/content/pkg/COMPS-17364/pdf/COMPS-17364.pdf.

② Patricia E. Beeson, "Sources of the decline of manufacturing in large metropolitan areas", *Journal of Urban Economics*, Vol. 28, No. 1, 1990, pp. 71-86.

员会成立的声明中表示，美国二战后几十年来积累的产业竞争优势关键是创新，如何让美国保持不断地技术创新是维持其在世界经济中霸权地位的关键。他强调，美国必须在制造业、农业和服务业持续创造新的"高技术奇迹"[1]。

经历了近两年的准备后，总统工业竞争力委员会推出第一份报告《全球性竞争：新现实》。

委员会主席、惠普公司首席执行官约翰·扬在《正和战略：利用技术推动经济增长》[2] 一书中介绍这份报告的背景时夸张地表示，苏联首次发射卫星伤害了美国人的自尊，但也加强了美国启动登月努力的决心；而美国当下面临的竞争力挑战与当时的威胁同样严重。他说，美国也许需要日本把一辆丰田汽车或者一台索尼随身听发射到太空，才能唤醒人们对美国竞争力衰退的警觉。

报告提出，美国要重视对高新科技的投入，也要把国际贸易放在优先地位。要在国际贸易中充分发挥美国科技竞争力优势，就必须把知识产权保护作为重中之重，不仅要扩大国内知识产权保护范围，还要推动贸易伙伴采纳"美式"标准，在美国政策框架下讨论知识产权。[3]

委员会的结论随后就体现在美国政府的政策上。1985 年 9 月 23 日，里根总统发布了《贸易政策行动纲领》，专门论述了保护知识产权的重要性，并提出了相应的施政纲领。

时任美国贸易代表克莱顿·尤特更是表示，美国政府为了保护美国企业的专利、著作权、商标和其他知识产权，"不惜动用所有武器"。

里根政府很快把这些措施运用在实际施政过程中。1987 年 6 月，美

---

[1]　Ronald Reagan, "Statement on Establishment of the President's Commission on Industrial Competitiveness", August 4, 1983.

[2]　Ralph Iandau and Nathan Rosenberg, eds., *The Positive Sum Strategy*: *Harnessing Technology for Economic Growth*, Washington, DC: The National Academies Press, 1986, https://doi.org/10.17226/612.

[3]　The President's Commission on Industrial Competitiveness, "Global Competition: The New Reality", March, 1985.

国药品制造商协会向美国贸易代表办公室递交请愿书,指认巴西制药企业侵犯美国知识产权,令美国利益相关方每年至少损失 3600 万美元。经过一年的相关审查,里根宣布将对巴西药企进行制裁。时任白宫发言人马林·菲茨沃特强调,"通过否认美国企业的知识产权,巴西允许未经授权仿制美国企业发明的药品,不仅剥夺了美国企业的销售额,还阻碍了对新药研发的投资"①。

当时,巴西政府表示,美国关于知识产权保护的相关做法"违反了最基本的国际法"。

美国政府对巴西制裁的法律依据是《1974 年贸易法》中的"301 条款",即授权美国总统采取所有适当行动(包括报复措施或制裁行动),以使外国政府撤销任何不公正、不合理、差别待遇,或是违反国际贸易协定,而对美国商业发展造成负担与限制的当地法令、政策或惯例。

不过,1974 年法案出台时的"301 条款"并没有直接将知识产权保护纳入其保护范围。1988 年,里根政府颁布《综合贸易与竞争法》,对此前相关法案进行补充并制定新的条款,出台了"超级 301 条款"和"特别 301 条款"。其中,"特别 301 条款"就是针对知识产权侵权行为的专门法条。

这相当于美国政府正式将"知识产权保护"纳入保护其贸易利益、维护全球竞争力的"工具箱"。根据"特别 301 条款",美国贸易代表办公室每年发布评估报告,对涉及知识产权侵权的国家进行"重点国家""重点观察国家""一般观察国家"以及"306 条款监督国家"等分类,并对重点国家展开针对性谈判。如果成为"306 条款监督国家",法律授权美国政府不经调查就可展开贸易报复。

与巴西制药业的矛盾成为美国在对外贸易中首次动用"特别 301 条款"的案例。由于巴西拒绝谈判,美国 1988 年对进口自巴西的价值 3900

①　Norman D. Sandler, "President Reagan, decrying 'the piracy of our intellectual property', …", JULY 22, 1988, UPI ARCHIVES.

万美元的纸制品、药物和电器设备等征收 100% 的关税。巴西认为美国违反关贸总协定（GATT）相关规定，希望成立专家组进行调查，但因为美国的阻挠未能实现。随后，巴西不得不承诺立法保护美国制药业知识产权，美国才撤销了根据"特别 301 条款"采取的相关措施。

1993 年，美国指认巴西没有履行承诺，再次将巴西列入所谓"重点国家"，并威胁再次制裁，迫使巴西只能再次承诺立法保护美国知识产权。

在对日本的贸易谈判中，尽管美国主要运用的政策工具不是"特别301 条款"，但还是成功迫使日本把知识产权纳入日美贸易协商框架并做出相应妥协。

当时，国际上关于贸易的通行准则是《关税与贸易总协定》（GATT），但 GATT 并不涉及知识产权保护。在美国推出"特别 301 条款"后，不少 GATT 成员认为美国将知识产权与国际贸易挂钩，违反了GATT 的相关规定。不过，在美国的压力下，各国不得不在 1986 年至1994 年的 GATT 乌拉圭回合谈判中纳入知识产权话题。①

在那之后，知识产权成为国际贸易中的重要话题之一。在乌拉圭回合谈判中，各方达成了《与贸易有关的知识产权协定》（TRIPS），成为加入世界贸易组织（WTO）必须签署和遵守的法律文件之一，把知识产权保护提升到和货物贸易、服务贸易协定一致的地位。与包括伯尔尼公约在内的知识产权保护体系相比，TRIPS 依托 WTO 争端解决机制，拥有强制执行的渠道和能力。

由于提高保护知识产权标准实际上就是保护以美国为首的发达国家的利益，所以 TRIPS 实际上是美国成功将"美式"贸易规则在国际贸易环境下的合法化、工具化，可以实现打着 TRIPS 之名行"特别 301 条款"之实。自 TRIPS 生效以来，受到很多发展中国家的持续批判。特别是

---

① Thomas O. Bayard & Kimberly Ann Elliott, "Reciprocity and retaliation in U. S. trade policy", Institute for International Economics, 1994, p. 204.

TRIPS 带来的"财富再分配"效应，把发展中国家应得的部分利益转移到美国等发达国家的版权和专利持有者手中，实际上就是一种严苛的贸易保护工具。①

在 TRIPS 生效后，美国依旧不满足这一安排对知识产权的保护力度。2005 年，在美国的影响下，"八国集团"开始讨论建立《反假冒贸易协定》（ACTA），这实际上是美国等发达国家在 WTO 及世界知识产权组织（WIPO）内推行超过 TRIPS 协议规定力度的"知识产权执法"努力失败后展开的新尝试。

2011 年，以美国为首的西方国家经过长期闭门谈判后，就 ACTA 达成一致，在侵权范围、调查权、可选择的执法程序等方面更倾向于保护权利人利益。ACTA 采取邀请制谈判的方式，透明度不高，但其制定的相关措施将来一旦生效，在各种国际贸易机制的传导下可能对国际贸易产生深远的影响。② 因此，这一"试图规避全球知识产权执法和相关公共利益灵活性的规范"招致多方强烈反对，在推行过程中也遭到种种质疑。ACTA 的出现反映了美国在知识产权领域持续加强监管以保证其贸易利益的企图。

另外，美国积极通过"小院高墙"策略来加强其以知识产权实施"长臂管辖"的能力。美国主导的美墨加协定（USMCA）和跨太平洋伙伴关系协定（TPP）都在知识产权领域大做文章。尽管美国最终退出了 TPP，但在 TPP 中将药品专利时间延长、范围扩大的做法还是反映了美国制药企业的利益。因为在 TRIPS 中，为了保证欠发达国家获得必要的医疗技术和药品，还是做出了相应的妥协，被美国视为"知识产权保护漏洞"。

在特朗普第一个总统任期中，美国回归单边主义。由于在知识产权

① D. J. Gervais, "The TRIPS Agreement and the Doha Round: History and Impact on Economic Development in Intellectual Property and Information Wealth", *Digital Age*, Vol. 4. Yu, P. K., 2007.

② L. R. Helfer, "Regime shifting: The TRIPs Agreement and New Dynamics of International Intellectual Property Lawmaking", *Yale Journal of International Law*, Vol. 29, No. 1, 2004, pp. 1–83.

保护领域推动国际合作的尝试不断遭遇失败，美国再次捡起"特别 301 条款"，对其认为影响自身利益的国家实施报复。

在中美经贸摩擦过程中，美国挥舞"301 调查"大棒，无端指控中国存在不公平的技术转让制度、歧视性许可限制、对外投资政策不合理，以及未经授权侵入美国商业计算机网络并窃取知识产权和敏感商业信息，完全绕开 WTO 争端解决机制，随意对中国输美产品加征关税。

从其实质来看，美国政府启动"知识产权圣战"，完全是为了应对变化的国际形势，保护其自身贸易利益。在这套逻辑下，新兴国家希望加入全球市场，就只能牺牲本国创新发展的选择，遵守大国的规则。随着知识产权政治化、工具化，美国可以通过知识产权保护机制把全球经济发展的钥匙控制在自己手上，将全球价值链分工固化下来，保持本国的"先发优势"。

不过，美国的"先发优势"是如何得来的？是靠偷窃别国的先进技术，是靠大规模盗版欧洲文艺作品。不少学者表示，美国是在科技和经济水平超越别国后，为了维护自身优势地位，将知识产权工具化、政治化。这种在不利于自己时逃避责任，有利于自己时又极力声索权利的做法，充分显示了美国在知识产权领域的虚伪。

对此，美国布朗大学沃森国际与公共事务研究所教授彼得·安德烈亚斯表示，美国是在成为头号工业强国之后，才变成知识产权的"捍卫者"。他强调，美国曾是全球知识产权盗窃的"温床"，现在却动不动就在知识产权问题上对别国"指手画脚"、大加指责，实际上是想让别国"照我说的做，不许像我以前那样做"[1]。

四　专利强迫症

2003 年，严重急性呼吸综合征传染性非典型性肺炎（SARS）疫情在

---

[1]　Paul Wiseman, "In trade wars of 200 years ago, the pirates were Americans", https://apnews.com/general-news-b40414d22f2248428ce11ff36b88dc53.

全球蔓延。在各国医疗机构和科学家纷纷致力于研制疫苗和药品、与病毒赛跑的过程中，以美国医疗企业为代表的西方药企也在进行一场赛跑，那就是为自己关于 SARS 病毒的研究申请专利。这些企业和机构明白，在美国政府主导的全球知识产权保护体系之下，关于 SARS 的研究专利，哪怕极为有限的发现，都有可能用在日后的疫苗或药品中，给专利持有机构带来丰厚的利润。

当全球 SARS 疫情防治尚未取得实质性进展时，美国专利与商标办公室竟然收到不少专利申请。例如，加拿大不列颠哥伦比亚癌症研究所最先公布了 SARS 病毒基因序列，据此向美国申请专利，要求保护这家机构破译病毒基因序列的商业利益。总部位于美国亚特兰大的美国疾病控制和预防中心作为一家美国联邦政府机构，也向美国专利与商标办公室申请 SARS 病毒方面的相关专利。一家总部设在华盛顿州的生物科技公司申请获得 SARS 病毒中两个控制病毒复制的关键基因专利，寄希望于在日后发明出阻断病毒复制药物时能够分一杯羹。①

病毒传播还没有被控制，研究机构和制药企业就已经开始商业竞争，这种场面让人觉得匪夷所思。当时，加拿大不列颠哥伦比亚癌症研究所基因科学研究人员马拉在接受媒体采访时表示，不同意研究机构提出专利申请的行为。他认为，SARS 病毒基因序列并不是一种发明，解码过程也并非高难度技术，不应该申请专利，也不会要因专利获得的收益。

另外，也有一些研究人员介绍，原本是不想申请专利的，但因为看到很多机构都在抢注专利，因此也觉得不得不获得专利权利，以便日后更好地进行研究。

科研机构行动如此迅速是有前例可循的。20 世纪 80 年代，美国国家卫生研究院（NIH）曾同法国巴斯德研究所为申请有关艾滋病病毒实验室检测技术的专利而发生一场大战。如今，有关艾滋病病毒检测技术的

---

① Matthew Rimmer, "The Race to Patent the SARS Virus: The TRIPS Agreement and Access to Essential Medicines", *Melbourne Journal of International Law*, Vol. 5, No. 2, 2004, pp. 335-374.

专利权为这两家研究机构带来了丰厚的专利费。

面对这样的行为，不少学者都表达了不满。美国畅销书作家杰里米·里夫金说："我们并没有让化学家给元素周期表申请专利，没有人拥有氢的专利，我不明白为什么有人可以给在大自然中的发现申请专利。"①

不过，这些批评并没有阻止医疗企业继续抢注专利，同样的"戏码"在新冠疫情暴发时又重复上演。由于西方药企昂贵的专利使用费，很多国家在应对疫情的过程中遇到了不小的麻烦。

不仅是医疗研究机构如此。在美国从 20 世纪 80 年代起通过严苛的保护知识产权措施维护本国竞争优势的背景下，美国企业和个人开始了一场规模宏大的"圈知运动"，在各国强行申请专利，甚至将通用词汇申请商标，把业务运作方式申请专利，对基础性专利的定义拓展到概念原理和操作方法，留下了大量的"垃圾专利"，导致知识产权概念无谓扩大，知识产权纠纷更加复杂。

如今，美国主导的知识产权法律体系越来越复杂，其建立并掌握话语权的国际知识产权机制给新兴国家和发展中国家使用先进技术设置了重重障碍，形成"规则迷雾"，动辄利用知识产权对他国技术封锁、"卡脖子"。

为什么会发生这样的状况？这种混乱的知识产权保护会给美国带来什么？

本-阿塔尔是《商业秘密：知识盗用与美国工业力量的起源》一书作者。他在书中指出，发达国家理直气壮地指责发展中国家侵犯知识产权、偷窃前沿技术的背后，掩盖着一个重要的事实：过去几十年中，美国等发达国家将高污染、高人力成本的产业向发展中国家转移，自身经济越来越依靠高技术产业和服务。为了保持其经济霸权地位，就不得不维护其所谓的"知识资本"。这才是以美国为首的发达国家在知识产权问题上

---

① "Scientists race to patent SARS virus"，AP，Oct. 16，2003.

"四面出击"的最主要原因。①

通过单边主义政策、双边和多边协议以及小集团政策安排，美国在全球编织了复杂的知识产权网络，给发展中国家带来了明显的负面影响。

图 9-4　1993 年 12 月 15 日，持续 7 年之久的关贸总协定乌拉圭回合贸易谈判成功

注：根据乌拉圭回合谈判所达成的全面协议，117 个国家同意相互间进一步削减关税，取消关贸壁垒。这是当日，关贸总协定总干事萨瑟兰在瑞士日内瓦一锤定音，宣布旷日持久的乌拉圭回合谈判结束。

资料来源：新华社发。

在乌拉圭回合谈判中，以美国为首的发达国家针对发展中国家提出五个主张，包括扩大和统一知识产权保护范围，延长并统一知识产权保护期限，反对强制许可、主张自愿许可，未立法的国家和法律保护力不强的国家应尽快制定或修订知识产权保护法，建立有关保护知识产权的总协定争端解决机制。上文提到的 TRIPS 就是根据这五个主张设计的。

---

① Doron Ben-Atar, "Trade Secrets: intellectual piracy and the origins of American industrial power", Yale University Press, 2004, p. xvi.

　　事实上，发展中国家在乌拉圭回合谈判中对发达国家的提议进行了针锋相对的回应。不少发展中国家认为，在 GATT 中新建知识产权保护体系对于"减少知识产权保护对国际贸易产生的障碍和扭曲影响"① 没有帮助，各国应避免以知识产权保护为由达到限制正当贸易的目的。另外，发展中国家认为，发达国家强调的假冒伪劣纺织品等问题，完全可以通过海关加强执法的方式推动解决，在当时既有合作框架内也有针对性的安排，不需要单独设立一个独立的机制让情况更加复杂。

　　从贸易谈判的角度来看，乌拉圭回合谈判以及后续成立 WTO 的主要目标之一是减少贸易壁垒和确保在非歧视性基础上实现竞争机会，扩大商品和服务的生产和贸易。因此，无论在知识产权保护上做出什么样的安排，都应该是促进而非限制竞争的。

　　尽管美国联邦政府公开表示愿意争取更加公平的国际贸易环境，② 但其在谈判中压制发展中国家，强行向发展中国家推广其知识产权保护的主张，在一定程度上是"说一套、做一套"。

　　尽管美国方面对最终达成的 TRIPS 协议并不完全满意，但这一协议已经给发达国家特别是美国带来巨大的实际利益。美国科罗拉多大学教授基思·马斯库斯等人 1996 年在一份研究中发现，随着美国主导建立 TRIPS 协议，发展中国家每年需要向发达国家支付的知识产权费用达 600 亿美元。全球与专利相关的贸易将以每年 150 亿美元到 250 亿美元的速度持续扩张。③ 世界银行的一份统计也显示，大多数发达国家将是 TRIPS 协议的主要受益方，协议不仅服务于专利持有者，还变相提高了使用专利的门槛，美国年收益达到 190 亿美元。

---

　　① 这部分相关表述来自《埃斯特角城部长宣言》。1986 年 9 月在乌拉圭的埃斯特角城举行了关贸总协定部长级会议，决定进行一场旨在全面改革多边贸易体制的新一轮谈判，即"乌拉圭回合"谈判。

　　② "Presidential Memorandum on the Actions by the United States Related to the Section 301 Investigation", 22. 3. 2018, https：//www. whitehouse. gov/presidential-actions/presidential-memorandum-actions-united-statesrelated-section-301-investigation/.

　　③ Keith Maskus and Mohan Penubarti, "How trade-related are intellectual property rights?", *Journal of International Economics*, Vol. 39, Issue 3-4, 1995, pp. 227-248.

有专家认为，以美国为首的西方国家在推动制定 TRIPS 时，体现的还是传统全球价值链中利益分配的原则，忽略了发展中国家与发达国家在创新层面的现实差距和知识获取的不同诉求，特别是在公共健康、环境保护、粮食安全等领域，缺乏对欠发达国家民众的关注和考量。

另外，作为一个移民国家，美国"保护"知识产权还面临公平性悖论：美国创新和科研发展很大程度上以发展中国家人才流失为代价，又在知识产权问题上侵害发展中国家权益，实质是要把发展中国家"锁死"在全球价值链最底端。

近年来，随着世界各国科技、文化领域创新水平提升，新兴国家和发展中国家在知识产权治理体系中的话语权和利益诉求越来越多，发达国家优势地位面临挑战。美国因此不断谋划"更高标准"、更排外的知识产权体系，无非是要用发展中国家在知识产权问题上的相对弱势地位实施垄断，攫取高额垄断利润，以维护霸权地位。

2017 年，诺贝尔经济学奖获得者约瑟夫·斯蒂格利茨参与完成了一份题为《创新、知识产权与发展：面向 21 世纪的改良战略》的研究报告。[①] 报告打破西方发达国家对知识产权保护的传统论调，探讨了知识产权和技术创新、经济发展的关系。

斯蒂格利茨等人在报告中表示，并非知识产权保护越严格，技术创新和经济发展就会越受益。报告说，很多人认为，创新活动需要知识产权垄断带来的回报，以便激励更多创新，但这种说法忽视了一个重要事实，即现行知识产权制度的某些规定限制了技术的广泛传播和使用，当技术创新程度越复杂时，这种制约和影响就越大。

这种制约和影响也对发达国家自身造成困扰。所谓"专利丛林""专利常青特权"等问题在制药业、集成电路等技术密集型产业十分常见。排他性的、彼此分割的以及个体属性的专利权属，作为知识生产、传播

---

① Dean Baker, Arjun Jayadev, Joseph E. Stiglitz, "Innovation, Intellectual Property, and Development: A Better Set of Approaches for the 21st Century", AccessIBSA, July 2017, http://ip-unit.org/wp-content/uploads/2017/07/IP-for-21st-Century-EN.pdf.

和进一步利用的障碍，影响了相关企业的技术创新尤其是复杂的技术创新活动，造成了事实上的"反公地悲剧"。

在美国，"专利丛林"问题一度影响其飞机制造，直到美国政府建立了一个"专利池"才解决这个问题。在 20 世纪 80 年代新一轮全球化浪潮下，美国专利制度的边界和影响力有了大幅扩展。在当下的美国，恶性专利诉讼的年度费用会达到 300 亿美元之巨，诉讼相关的高昂支出可能会影响企业研发投入。苹果、三星等高技术企业围绕知识产权进行了旷日持久的诉讼。为避免知识产权纠纷带来的负面影响并最终获得相关知识产权，有的企业选择了收购、合并等方式。

斯蒂格利茨等人的报告强调，对发展中国家来说，比较严格的知识产权制度会导致更多财富以专利费的形式从发展中国家转移到发达国家，不利于发展中国家的经济增长。缩小知识方面的差距是发展中国家赶超发达国家的最重要因素，因此发展中国家不适宜使用过高的知识产权保护层级和严格程度。"事实上，按照当下的知识产权标准，每个发达国家都在发展早期侵犯了知识产权。"

然而，在美国霸权阴影下，斯蒂格利茨等人的研究成果并不会转化为实际政策。在可以预见的时期内，美国仍会以现实主义的方式延续其严格的知识产权保护政策，维护其霸权优势。而发展中国家将继续在这一领域承担不公平的代价。

谈到知识产权，发明脊髓灰质炎（又称"小儿麻痹症"）疫苗的美国科学家乔纳斯·索尔克曾经有一句名言：小儿麻痹症疫苗不需要申请专利，有人能为自己最早看到太阳申请专利吗?

第十章 打压锁死

"这真的是第一次有一个国家真正站出来反对美国，要求美国停止这种疯狂的'长臂管辖'。"

——弗雷德里克·皮耶鲁齐，法国阿尔斯通公司前高管

2013 年 4 月，时任法国阿尔斯通公司高管弗雷德里克·皮耶鲁齐赴美公务旅行时，在纽约机场被美国联邦调查局探员逮捕。此前，美国司法部在未通知本人的情况下，以违反美国《反海外腐败法》为由对皮耶鲁齐提起诉讼。

时隔 5 年，类似事件再次上演。在美国策动下，2018 年 12 月，中国华为公司首席财务官孟晚舟女士在加拿大转机时，在没有违反任何加拿大法律的情况下被加方无理拘押。

这两起事件是美国政府以"长臂管辖"打压别国企业的典型案例，但两个案件的结果颇为不同：皮耶鲁齐前后被关押在美国监狱长达 25 个月，阿尔斯通被美国司法部处以巨额罚款，并且其核心的电力业务被迫出售给美国通用电气公司；而经过中国政府的不懈努力，孟晚舟在结束被加拿大方面近三年的非法拘押后，于 2021 年 9 月平安回到祖国。

皮耶鲁齐对此感叹道："我没有机会像她（孟晚舟）那样得到公司支持，也没有机会像她那样得到祖国支持。经过几个月的监禁，我意识到

我在独自应对。"①

华为和阿尔斯通之所以被美国政府锁定为打压目标，是因为它们在各自业务领域给美国高科技企业造成竞争压力。在中国科幻作家刘慈欣的科幻小说《三体》中，宇宙中的三体文明试图通过"智子工程"锁死人类基础科学发展。现实中，美国如出一辙，企图以科技霸权主义控制乃至锁死他国的科技进步，维护自身科技垄断地位。

一　锁定目标

1946 年 2 月 22 日晚，当美国驻苏联大使馆公使衔参赞乔治·凯南以使馆代办身份向美国国务院发送一份长达 5000 多字的加密电报时，他无法预料，这份后来被称作"长电报"的文件将成为研究二战后美国对外战略的重要文献。

不久前，美国国务院发电要求凯南对苏联领导人在莫斯科选民大会上的演说进行解读。② 尽管凯南正因重感冒和鼻窦炎卧床休息，但国务院的咨询电文令他精神振奋。他"怀着既因为喜遇垂询而欢欣，又因为此前一直遭到忽视而气恼的复杂心情"③，以口授并请秘书记录的方式迅速拟好回电，详尽阐释了他长期派驻苏联形成的观察与思考，包括苏联思想特点及其在政策层面的反映、美国应对之策的建议等。④

"长电报"的基本观点就是冷战时期美国对苏遏制战略的理论源头。在美国外交界有"苏联通"之称的凯南认为，苏联对外政策具有扩张倾

---

① "Meng Wanzhou Case: Shining a light on Long‑arm Jurisdiction", CGTN, Sept. 9, 2021, https://news.cgtn.com/news/2021‑09‑29/Meng‑Wanzhou‑Case‑Shining‑a‑light‑on‑Long‑arm‑Jurisdiction‑13WUlzwaXao/index.html.

② "The Chargé in the Soviet Union (Kennan) to the Secretary of State", *Foreign Relations of the United States*, 1946, Vol. 6, Office of the Historian, https://history.state.gov/historicaldocuments/frus1946v06/d475.

③ [美] 约翰·加迪斯:《遏制战略: 战后美国国家安全政策分析》，时殷弘等译，世界知识出版社 2005 年版，第 15 页。

④ "The Chargé in the Soviet Union (Kennan) to the Secretary of State", *Foreign Relations of the United States*, 1946, Vol. 6, https://history.state.gov/historicaldocuments/frus1946v06/d475.

向，其根源在于"俄国人传统的和本能的不安全感"。他还写道，苏联政权"对理性的逻辑无动于衷，但对武力的逻辑高度敏感……如果对手有足够的武力并表明准备使用它，那么几乎用不着这样做"①。

凯南当时仅是一名资历相对较浅的外交官，并且他对苏联的政策分析带有强烈意识形态偏见，但"长电报"在华盛顿决策圈激起了非同寻常的反响。在几天内，这份电报被传阅和评论，并且在大多数场合在决策圈内被当作关于苏联过去和未来行为方式的最有说服力的解释来接受。②

1947 年 7 月，凯南以"X"为署名在美国《外交》杂志上发表题为《苏联行为的根源》的文章，公开阐释遏制苏联的战略构想，明确提出美国对苏政策最主要方面就是"长期、耐心、坚定和警惕地遏制苏联的扩张倾向"③。1950 年 4 月出台的美国国家安全委员会第 68 号文件（NSC-68）使凯南的遏制理论得以政策化，成为美国策动冷战的纲领性文件。

尽管凯南与杜鲁门主义的分歧从美国酝酿冷战之初就表现出来，但不可否认，凯南的遏制理论对二战后美国对外战略产生了深刻影响。首先，民主党右翼杜鲁门于 1945 年 4 月就任总统后，美国对苏政策已经从罗斯福总统时代的大国合作愿景转向强硬姿态，开始将苏联视为谋求世界霸权的主要障碍和对手，在这个敏感时机发回的"长电报"为美国"已经采用的'强硬'政策提供了一个完美的逻辑依据"④。其次，"遏制"构成美国在冷战期间的战略主基调，尽管遏制战略的形态不断演变，但直到持续近半个世纪的冷战结束前，遏制观念一直是美国国家安全政

---

① "The Chargé in the Soviet Union（Kennan）to the Secretary of State", *Foreign Relations of the United States*，1946，Vol. 6，https：//history. state. gov/historicaldocuments/frus1946v06/d475.

② ［美］约翰·加迪斯：《遏制战略：战后美国国家安全政策分析》，时殷弘等译，世界知识出版社 2005 年版，第 17 页。

③ George Frost Kennan，"The Sources of Soviet Conduct", *Foreign Affairs*，Vol. 25，No. 4，July，1947，https：//www. cvce. eu/content/publication/1999/1/1/a0f03730 - dde8 - 4f06 - a6ed - d740770dc423/publishable_en. pdf.

④ 方连庆、王炳元、刘金质主编：《国际关系史》（战后卷）上册，北京大学出版社 2006 年版，第 45 页。

策的中心关注。①

美国对苏联的遏制表现在军事、政治、经济等各方面，也包括科技遏制。作为科技遏制的主要手段，美国在全球建立起针对苏联和其他社会主义国家的出口管制体系。

1947 年 12 月 17 日，美国国家安全委员会会议决定："美国的安全需要立即、无限期地停止从美国向苏联及其卫星国出口美国短缺的或有助于增强苏联军事潜力的所有物资。"②

1948 年 3 月，美国开始实行对苏联和东欧国家的出口管制。杜鲁门政府为此制定了管制清单，包含全面禁运的 167 种 1A 类物资和严格限制出口数量的约 300 种 1B 类物资。③

1949 年 2 月，美国国会通过二战后首个《出口管制法》，以法律形式确立对苏联和东欧国家的战略物资和技术禁运。同年 11 月，美国牵头与多个西方国家秘密完成"巴黎统筹委员会"（COCOM，简称"巴统"）框架制定。该组织旨在限制成员国向社会主义阵营出口战略物资和高新技术，按"全体一致原则"制定贸易管制政策。此前一年多，美国已经就禁运事宜与"马歇尔计划"受援国展开谈判。美国国务院在1948 年 4 月发给时任美国驻欧洲特使埃夫里尔·哈里曼的谈判指导原则中强调，要尽可能让"马歇尔计划"受援国的管制清单向美国看齐，尤其务必让所有受援国同意将美国管制清单上的 1A 类物资列入禁运范围。④"巴统"从 1950 年 1 月正式开始运行，标志着美国将对苏联和其他社会主义国家的双边出口管制扩展为西方国家联合参与的多边行动。

---

① ［美］约翰·加迪斯：《遏制战略：战后美国国家安全政策分析》，时殷弘等译，世界知识出版社 2005 年版，"前言"第 6 页。

② "Report by the National Security Council", *Foreign Relations of the United States*, 1948, Vol. 4, https：//history. state. gov/historicaldocuments/frus1948v04/d328.

③ "The Secretary of State to Certain Diplomatic Offices", *Foreign Relations of the United States*, 1950, Vol. 4, https：//history. state. gov/historicaldocuments/frus1950v04/d44.

④ "The Secretary of State to the Embassy in France", *Foreign Relations of the United States*, 1948, Vol. 4, https：//history. state. gov/historicaldocuments/frus1948v04/d359.

美国贸易管制政策由来已久。早在独立战争时期，美国就通过贸易管制对抗英国统治。一战和二战期间，美国国会都曾颁布针对敌对国家的贸易管制法案。与此前有所不同的是，美国在冷战时期建立的出口管制体系表现出从贸易管制向高新技术出口管控延伸的特征。特别是卡特政府 1979 年颁布新版《出口管理法》之后，美国出口管制政策发生了从战略物资禁运向高新技术转让限制的明显转折。

图 10-1　"促进北京、上海日本商品展览会全国大会"会场

注：1956 年 2 月 17 日，日本地方议员促进国际贸易联盟在东京举行"促进北京、上海日本商品展览会全国大会"，并通过决议，要求日本政府不要依照"巴黎统筹委员会"的禁运条款限制展品的品种。

资料来源：新华社发。

贸易管制政策演变至今，美国仍将全面贸易禁运作为一项制裁工具，对古巴、伊朗等少数几个国家实行，对多数国家实行的出口管制侧重高新技术出口管控。当面向战略竞争对手时，技术出口管控会大幅收紧。关于贸易制裁与出口管制的区别，国际战略研究所研究员玛丽亚·沙吉纳 2022 年在一篇西方视角的政策解读文章中说，出口管制是一种较"温和"的工具，旨在限制目标国家获取关键物资和技术的途径。该政策的有效性取决于限制的严格程度、每种技术的独特性以及供应链的集中程度等。单方面出口管制很难见效，因此"国际协调至关重要"①。

资料显示，杜鲁门政府管制的出口商品主要覆盖两大领域：（1）武器和用于武器生产的物项；（2）有助于增强工业潜力的物项。后者还可细分为电力、矿产资源生产、运输和通信、冶金、建筑、化工等行业的材料或设备。截至 1950 年 1 月，列入美国管制清单 1A 类的物资包括：40 项金属加工机械设备、15 项石油产品和设备、1 项煤炭设备、4 项运输设备、6 项钢厂产品、12 项有色金属、31 项化学产品和化工设备、42 项精密仪器、科学仪器和电子设备以及 16 种其他杂项。② 可以看出，这份管制清单全面涵盖了当时的基础工业和高新技术领域。

1957 年 10 月，苏联发射世界首颗人造地球卫星"斯普特尼克"1 号（Sputnik-1）。"斯普特尼克时刻"对美国人造成巨大心理冲击，促使美国政府设立国家航空航天局，与苏联展开太空竞赛。为了遏制苏联的赶超，美国更坚定地实行技术封锁。在"以石油换技术"战略促进苏联与西欧国家能源贸易往来增加的背景下，美国在 1962 年至 1966 年期间绕开"巴统"，利用北大西洋公约组织对苏联实行大口径输油管道禁运。

20 世纪 60 年代末，美苏两国从尖锐对抗过渡到"缓和时代"，这带来东西方贸易的新发展，包括美国在内的"巴统"成员国频繁利用"例外程序"扩大禁运和限运物资出口。与此同时，随着西欧和日本经济全面复苏，美国对西方国家经济体系的控制能力减弱，与其他"巴统"成

---

① Maria Shagina, "Technology Controls Can Strangle Russia—Just Like the Soviet Union", *Foreign Policy*, August 22, 2022, https：//foreignpolicy. com/2022/08/22/russia-ukraine-war-sanctions-export-controls-technology-transfer-semiconductors-defense-industry-military-espionage/.

② "The Secretary of State to Certain Diplomatic Offices", *Foreign Relations of the United States*, 1950, Vol. 4, https：//history. state. gov/historicaldocuments/frus1950v04/d44; "The Secretary of State to Certain Diplomatic Offices", *Foreign Relations of the United States*, 1950, Vol. 4, https：//history. state. gov/historicaldocuments/frus1950v04/d68.

员国在东西方贸易问题上分歧日益扩大。这些复杂因素交织，促使美国着手调整出口管制体系。

1976 年 2 月，美国国防科学委员会下设工作组向国防部长提交一份题为《对美国技术出口管制的分析》的报告，其核心观点在美国重塑出口管制政策过程中被采纳。这份报告由时任美国得州仪器公司执行副总裁弗雷德·布西领导工作组撰写，又称《布西报告》。报告强调，"技术诀窍"是管制战略技术的关键要素，包括设计和制造的"技术诀窍"，起关键作用的制造和检测设备，以及伴随着复杂操作、应用或维护知识的产品等。对"技术诀窍"进行出口管制对于维持美国技术优势至关重要，其他考虑都居于次要地位。[①]

美国国会 1979 年通过新的《出口管理法》，替代了 1969 年版本。新法案体现了《布西报告》主要思路，将限制技术出口转让变成美国一项基本政策。法案规定，为美国"国家安全目的"实施的出口管制应"特别强调"对技术（以及对该种技术转让有重大作用的货物）进行出口管制的必要性。法案要求国防部长负责制定一份"军事关键技术清单"（MCTL），主要纳入符合"技术诀窍"定义的相关技术，为政府部门发放出口许可证提供参考。[②] 最初有以下 15 类技术被列入"军事关键技术清单"：计算机网络技术，大型计算机系统技术，软件技术，自动化实时控制技术，复合材料、国防物资加工制造技术，定向能技术，大规模集成电路、超大规模集成电路设计和制造技术，军用仪器技术，通信技术，制导与控制技术，微波元件技术，军用车辆发动机技术，先进光学（包括光纤）技术，传感器技术和海底系统技术。[③]

---

① Defense Science Board Task Force on Export of U. S. Technology, *An Analysis of Export Control of U. S. Technology：A DOD Perspective*，Washington：Office of the Director of Defense Research and Engineering, February 4, 1976, https：//searchworks. stanford. edu/view/7807584.

② 96th Congress, Export Administration Act of 1979, Sept. 29, 1979, https：//www. congress. gov/96/statute/STATUTE-93/STATUTE-93-Pg503. pdf.

③ Michael Mastanduno, *Economic Containment：CoCom and the Politics of East-West Trade*，New York：Cornell University Press，1992，pp. 213-214.

美国对苏联实施的科技遏制标志着美国将对外科技战略纳入全球战略。曾在美国联邦政府和纽约市立大学等高校任职的政治学家米切尔·沃勒斯坦 1991 年在美国《科技问题》杂志上撰文说，杜鲁门总统意识到战后复苏的欧洲国家和日本成为先进军事相关技术的潜在来源，因此推动成立"巴统"，并首次针对苏联和其他社会主义国家实施了明确的"技术拒止"战略。①

回顾美国对外科技战略出台历史可以看出，该战略从实施之初就是为谋求世界霸权的战略目标服务，是霸权主义在科技领域的体现。其表现形式是在科技领域搞垄断、封锁和不正当竞争，打压遏制竞争对手的科技进步，维护和扩大自身垄断优势。

美国开始推行科技霸权主义有多方面影响因素。首先，科技对国家安全和经济发展的支撑作用日益凸显，越来越成为国际竞争的决定性因素。美国在二战期间加大科技投入，对赢得战争胜利起到了突出作用。这让美国决策者更深刻地认识到科技的战略意涵，在战后将发展科技提升为国家战略，进行对内对外科技战略布局。意大利国际关系学者埃尼奥·迪·诺尔福认为，科技的决定性影响在美苏争霸之中得以体现。20世纪 70 年代末以来，美苏两极格局下的竞争从单纯的政治和战略领域逐渐转移到新技术的开发、运用上。美苏之间在科技带来的大变局中发生新形式的碰撞，最终美国成为唯一的超级大国。②

其次，二战后，美国在科技领域确立了无可匹敌的全球"霸主"地位，这使得美国决策者以"零和博弈"的视角看待国际科技交流。沃勒斯坦在另一篇 2009 年发表于《外交》杂志的文章中说，一种过时观点认为，美国是大多数具有军事价值的科技成果和产品的来源，能够在不损害美国公司全球竞争力以及国家安全的基础上，持续拒绝向潜在对手提

---

① Mitchel B. Wallerstein, "Controlling Dual-Use Technologies in the New World Order", *Issues in Science and Technology*, Vol. 7, No. 4, 1991, p. 71, https://www.jstor.org/stable/43324153.

② ［意］埃尼奥·迪·诺尔福著，［意］法恩瑞编：《20 世纪国际关系史——从军事帝国到科技帝国》，潘源文等译，北京大学出版社 2016 年版，第 260—261 页。

供新技术，这是美国出口管制政策得以幸存的一大原因。事实上，当美国在经济和技术上占据绝对主导地位时，"技术拒止"战略带来的成本更容易被吸收，而在竞争更激烈的时代，出口管制造成的商业损失会对美国关键行业的健康发展构成威胁。①

此外，美国政府能调用公共科技资源搞对外垄断和封锁，一定程度上缘于联邦政府从战后开始深度介入科研，成为资助基础研究的"主角"。这种制度设计来自二战期间担任科学研究与发展办公室（OSRD）主任的范内瓦·布什撰写的政策报告《科学：无尽的前沿》。20 世纪 60 年代至 80 年代，美国基础研究经费来源中联邦资金占比保持在约 60%—70%。② 推动技术转移的《拜杜法案》出台前，由联邦政府资助产生的科技成果所有权普遍归于政府。需要强调的是，美国联邦科研经费来自对民众税收。科技霸权主义运行过程中，美国"权力精英"完成如下资源转换过程：操纵国家机器获取公共科技资源，再以公共科技资源为杠杆盘剥后发国家，攫取垄断利润。

继苏联之后，美国科技霸权主义矛头又指向其他被视为竞争对手的国家。日本在 20 世纪 60 年代至 80 年代创造了"战后经济奇迹"，人均 GDP 在 1987 年达到 2.07 万美元，超越美国，位居世界第一。③ 在科技方面，日本也跻身世界强国之列，在半导体技术、光纤技术、智能机械技术等领域对美国形成赶超态势。面对日本的竞争威胁，美国将半导体产业作为打压日本产业竞争力的核心抓手，在这个支柱性产业领域对日本频出"重拳"。

依靠政府支持和高效的制造工艺，日本从 20 世纪 70 年代末开始在动态随机存取存储器（DRAM）市场占据主导，招致美国挑起贸易摩擦。

---

① Mitchel B. Wallerstein, "Losing Controls: How U. S. Export Restrictions Jeopardize National Security and Harm Competitiveness", *Foreign Affairs*, Vol. 88, No. 6, 2009, pp. 11–18, https://www.jstor.org/stable/20699712.

② National Science Foundation, *U. S. basic research expenditures by source of funds and performing sector: 1953-2015*, https://www.nsf.gov/statistics/2018/nsb20181/assets/1038/tables/at04-07.pdf.

③ https://data.worldbank.org/indicator/NY.GDP.PCAP.CD? view=chart&locations=JP.

1985 年，时任美国贸易代表克莱顿·尤特对日本半导体产业发起"301调查"。同年，美国商务部还启动针对日本生产的 256 千位（Kb）及以上存储容量的动态随机存取存储器的反倾销调查。①

在美国制裁威胁下，日本被迫于 1986 年 9 月与美国签订《美日半导体协定》。协定旨在遏制日本半导体产品销售势头并打开日本市场，主要内容包括：扩大外国半导体产品进入日本市场机会；为防止倾销，日本政府要监控向美国和第三国出口的半导体产品价格等。② 根据一份未公开的补充协议，在市场份额方面，美国半导体行业"期望"在 5 年内将外国半导体企业在日本所占市场份额提高至略高于 20%。③

《美日半导体协定》的签订未能阻止美国进一步施压。1987 年 3 月，里根总统以日本没有全面执行该协定为由，宣布对从日本进口的价值约 3 亿美元的电子产品征收 100% 的惩罚性关税。④

美日两国在首次签订的《美日半导体协定》5 年期满之后续签协定，使该协定总有效期长达 10 年。凭借强制性市场配额等霸权条款，美国半导体企业在日本抢占到可观的市场份额。该协定首次签订时，外国企业对日本半导体市场占有率仅为 8%；1996 年该协定期满时，该数值已跃升到 30%，而这 30% 份额中有高达三分之二被美国公司攫取。⑤ 在美国强力打压下，日本半导体产业完全丧失与美国抗衡的能力，全球市场份额进入下跌轨道，从 1988 年高峰时期的约 50% 持续下跌到

---

① General Accounting Office, *Observations on the U. S. - Japan Semiconductor Arrangement*, April, 1987, pp. 2-3, https：//www. gao. gov/assets/nsiad-87-134br. pdf.

② Office of the U. S. Trade Representative, *Arrangement between the Government of Japan and the Government of the United States of America Concerning Trade in Semiconductor Products*, GATT, November 6, 1986, https：//docs. wto. org/gattdocs/q/GG/L6199/6076. PDF.

③ Douglas A. Irwin, *The U. S. -Japan Semiconductor Trade Conflict*, National Bureau of Economic Research, January, 1996, p. 11, https：//www. nber. org/system/files/chapters/c8717/c8717. pdf.

④ Ronald Reagan, "Statement on the Japan-United States Semiconductor Trade Agreement", March 27, 1987, https：//www. reaganlibrary. gov/archives/speech/statement-japan-united-states-semiconductor-trade-agreement-0.

⑤ "U. S. chip makers may lose way in Japan", CNET, July 29, 1996, https：//www. cnet. com/tech/mobile/u-s-chip-makers-may-lose-way-in-japan/.

2019 年的 10%。[1]

特朗普执政时期，美国开始推行打压遏制中国科技发展的战略，对中美科研合作和中国高科技产业发展进行全方位阻遏。在科技领域，两国从建交以来以互利合作为主基调的关系转向美国单方面"脱钩"。拜登政府高度沿袭科技遏华战略，在具体打压举措上有所调整。美国政府采取的主要措施如下：

第一，打压中国高科技产业。对中国高科技企业和科研机构定向实施技术封锁，2018 年以来将数百家中国实体列入出口管制"实体清单"[2]。不断收紧关键技术出口管制，从《出口管制改革法案》2018 年生效以来，至少已将 40 多项新兴技术增添到"商业管制清单"[3]。2021 年 10 月启动"供应链补偿计划"，要求用户数量在 1000 万以下的美国电信商移除、更换和处置华为和中兴通讯的设备或服务，为此拨款 19 亿美元作为补贴。[4] 从 2021 年 3 月开始发布和不定期更新所谓"对国家安全构成威胁"的通信设备和服务商名单（即"受管制清单"），列入清单的大部分是中国企业，从 2022 年 11 月起禁止列入该清单的华为、中兴通讯、海能达、海康威视和大华 5 家中国企业生产的通信设备在美国销售。[5] 利用外资审查机制干涉中国实体在美投资并购，2012 年至 2018 年，中国连续 7 年成为受美国外国投资委员会审查交易数量最多

① 日本经济产业省：《半导体战略》，2021 年 6 月，第 7 页，https：//www. meti. go. jp/press/2021/06/20210604008/20210603008-4. pdf。

② BIS，Supplement No. 4 to Part 744 – ENTITY LIST，May 19，2023，https：//www. bis. doc. gov/index. php/documents/regulations-docs/2911-744-supp-4-2022/file.

③ BIS，*Emerging and Foundational Technology Controls*，May 4，2022，https：//researchservices. upenn. edu/wp-content/uploads/2022/04/Emerging-and-Foundational-tech. pdf；BIS，"Commerce Implements New Multilateral Controls on Advanced Semiconductor and Gas Turbine Engine Technologies"，August 12，2022，https：//www. bis. doc. gov/index. php/documents/about-bis/newsroom/press-releases/3116-2022-08-12-bis-press-release-wa-2021-1758-technologies-controls-rule/file.

④ FCC，"Secure and Trusted Communications Networks Reimbursement Program：Frequently Asked Questions"，Octobor 20，2021，https：//docs. fcc. gov/public/attachments/DA-21-1318A3. pdf.

⑤ FCC，"Bans Authorizations for Devices That Pose National Security Threat"，Nov. 25，2022，https：//www. fcc. gov/document/fcc-bans-authorizations-devices-pose-national-security-threat.

的国家。^① 2023 年 8 月，拜登总统签署行政令设立对外投资审查机制，限制美国主体投资中国半导体和微电子、量子信息技术和人工智能领域。^②

图 10-2　2022 年 8 月 9 日，在美国华盛顿白宫，
美国总统拜登出席《芯片与科学法案》签署仪式

资料来源：新华社发（沈霆摄）。

第二，以歧视性、排他性产业政策扭曲市场资源配置，强推关键制造业回流，刺激本国高科技产业对华"脱钩"。2022 年 8 月颁布的《芯片与科学法案》规定，向美国本土半导体产业提供 520 多亿美元补贴，并给予在美投资设厂的半导体企业 25% 的税收减免，但是要求接受美国

---

① CFIUS, "Annual Report to Congress", https：//home. treasury. gov/policy－issues/international/the－committee－on－foreign－investment－in－the－united－states－cfius/cfius－reports－and－tables.

② Joe Biden, "Executive Order on Addressing United States Investments in Certain National Security Technologies and Products in Countries of Concern", August 9, 2023, https：//www. whitehouse. gov/briefing－room/presidential－actions/2023/08/09/executive－order－on－addressing－united－states－investments－in－certain－national－security－technologies－and－products－in－countries－of－concern/.

政府补贴的企业十年内不得在中国扩大先进半导体产能。① 同月还出台《通胀削减法案》，试图通过高额补贴等激励措施推动电动汽车和其他绿色技术在美国本土的生产和应用。

第三，全面阻碍中美科研合作和人文交流。2018 年启动"中国行动计划"，对中国籍和华裔科学家开展大规模清查，所造成的"寒蝉效应"为中美之间正常的科技交流合作竖起一道无形的幕墙。加强所谓"研究安全"审查，对美国科学家与中国的联系情况进行拉网式调查。2018 年以来，美国国家卫生研究院以"将联邦经费用于与中国的合作项目"为由，把涉及约 100 家研究机构的 246 名科学家锁定为调查目标，要求这些科学家所在机构协助调查，截至 2023 年 3 月已有 103 名科学家因调查失去工作。② 2018 年以来显著收紧对中国留学生的签证发放，尤其是对"科学、技术、工程、数学"（STEM）专业中国留学生实施签证限制，向中国研究人员、工程师等专业技术人士发放 H-1B 签证的限制也显著加强。2020 年 7 月以总统行政令方式终止两国之间历史最悠久的教育交流项目"中美富布赖特项目"③。

第四，利用联盟体系围堵中国，企图将中国排除在国际技术体系建设和产业链、供应链之外。"巴统"宣告解散后，1996 年成立的多边机制"《瓦瑟纳尔协定》"成为美国监控成员国向发展中国家出口军民两用物项和技术的工具。在中美科技竞争格局下，该机制构成美国对华技术封锁的关键一环。近年来炮制"布拉格提案"，发起"清洁网络"计划，寻求对全球 5G 供应链强行"去中国化"；推动成立"美国—欧盟贸

① 117th Congress, H. R. 4346 - Chips and Science Act, August 9, 2022, https：//www. congress. gov/bill/117th-congress/house-bill/4346/text.

② Jeffrey Mervis, "Pall of suspicion：NIH's secretive 'China initiative' has destroyed scores of academic careers", Science, March 23, 2023, https：//www. science. org/content/article/pall - suspicion - nihs-secretive-china-initiative-destroyed-scores-academic-careers.

③ Donald Trump, "The President's Executive Order on Hong Kong Normalization", July 17, 2020, https：//www. federalregister. gov/documents/2020/07/17/2020- 15646/the - presidents - executive - order - on-hong-kong-normalization.

易和技术委员会"（TTC），意图通过重塑全球贸易和技术体系来对抗中国影响力；游说盟友组建所谓的"芯片四方联盟"（Chip 4），迫使有关方面选边站队，将半导体产业链所有关键节点纳入对中国的打压进程。

美国推行对华科技"脱钩"根本原因在于，美国决策层对中国近年来的迅速发展产生战略焦虑，开始转向强调中美的竞争态势，并将科技纳入对华战略的核心领域，企图以科技打压延缓中国发展进程。2018 年1 月，特朗普在执政后首次国情咨文演讲中将中国定位为"挑战美国利益、经济和价值观的竞争对手"①。2021 年 2 月，拜登在就任总统后首次外交政策演讲中将中国称为"最严峻的竞争对手"②。2022 年 10 月发布的新版美国《国家安全战略》延续类似论调，宣称"中国是唯一一个既有意图，又有越来越多的经济、外交、军事和技术实力来重塑国际秩序的竞争对手"，还称未来十年是美国与中国竞争"决定性的十年"③。

对华科技"脱钩"另一影响因素是近年来全球技术民族主义呈现回潮态势，在技术民族主义思潮影响下，渲染"中国威胁"在美国国内具有了政治动员效果，一些美国政客把打"中国牌"作为消解内部分歧的动员工具。美国卡内基国际和平研究院 2022 年发布的一份报告指出，美国领导人从 21 世纪 10 年代中期开始将中国视为美国的"主要威胁"。与此同时，技术民族主义思潮在世界各地兴起，并最终在华盛顿占据上风。两种趋势共同产生一种新的主要针对中国的"美国技术民族主义"④。

在对华战略层面的讨论中，一种在美国对华强硬派中流行的观点是将今天的中美关系与冷战时期的苏美关系作比较。2021 年 1 月，美国大

---

① Donald Trump, "State of the Union 2018", January 30, 2018, https：//www. politico. com/story/2018/01/30/trump-state-of-the-union-2018-transcript-full-text-379363.

② "Remarks by President Biden on America's Place in the World", February 4, 2021, https：//www. whitehouse. gov/briefing-room/speeches-remarks/2021/02/04/remarks-by-president-biden-on-americas-place-in-the-world/.

③ *National Security Strategy*, The White House, October, 2022, pp. 23-24, https：//www. whitehouse. gov/wp-content/uploads/2022/11/8-November-Combined-PDF-for-Upload. pdf.

④ Jon Bateman, *U. S. -China Technological "Decoupling"：A Strategy and Policy Framework*, Carnegie Endowment for International Peace, April 25, 2022, p. 2, https：//carnegieendowment. org/files/Bateman_US-China_Decoupling_final. pdf.

西洋理事会匿名发表题为《更长的电报：走向新的美国对华战略》的涉华报告，借用"长电报"之名煽动"新冷战"。2021 年 12 月，美国约翰斯·霍普金斯大学国际问题高级研究学院教授哈尔·布兰兹在《华尔街日报》上发表《遏制战略同样对中国起作用》的署名文章，鼓吹以冷战时期对苏联的遏制战略指导今天的对华战略。

持这种观点的人远未能理解今天中美关系的复杂性和相互依存度。在美国国内和其他西方国家，许多以理性眼光看待中美关系的学者对这种观点进行了批驳。英国《金融时报》首席经济评论员马丁·沃尔夫撰文说，遏制中国不是一个可行选项。与苏联相比，中国拥有更成功的经济、更有活力的技术产业、更多人口、更有凝聚力的政体和更有能力的政府，同时中国市场对全球许多国家具有吸引力；更重要的是，过去 20 年，尤其是过去 4 年里，美国毁掉了自己在理智、体面、可靠、遵守基本民主准则等方面的声誉，很难在中美竞争中取信于盟友。①

二　庞大"工具箱"

在美国主导建立的禁运体系演变过程中，20 世纪 80 年代曝光的"东芝事件"具有标志性意义。1987 年 4 月 30 日，日本东京警视厅以涉嫌违反日本《外汇及外国贸易法》为由，对东芝集团下属东芝机械公司总部展开突击搜查。该案件特殊之处在于，它是在美国政府多次施压之下启动调查的。②

从媒体报道和已公开文件等资料可以看出，这是一起由苏联、日本和挪威三国的 5 家企业共同完成的突破"巴统"禁令行动。长期以来，在严密的技术封锁之下，苏联很难获取精密机床等先进工业装备，军工产品制造水平受到严重制约。为了从西方国家购买生产低噪音潜艇螺旋

---

① Martin Wolf, "Containing China is not a feasible option", *Financial Times*, February 3, 2021, https://www.ft.com/content/83a521c0-6abb-4efa-be48-89ecb52c8d01.

② 魏全平：《日本向苏联出口数控机床引起的风波》，《国际展望》1987 年第 13 期。

桨叶片所需的大型数控机床，具有政府背景的苏联技术机械进口公司在1980 年与日本和光贸易公司驻莫斯科办事处取得联系。在和光贸易公司引荐下，东芝机械公司同意提供苏方所需设备，并与苏联技术机械进口公司展开谈判。东芝机械公司深知此类交易的敏感性，为了避免引起日本政府怀疑，该公司找到在日本拥有广泛影响力的贸易企业伊藤忠商社担任交易代理，还请求挪威知名军工企业康斯伯格公司下属的康斯伯格贸易公司协助交易。①

1981 年，上述 5 家公司相互之间签订了 5 份独立的合同，约定将东芝机械提供的 4 台 MBP-110 型（9 轴）螺旋桨铣床和康斯伯格贸易公司提供的 NC-2000 型数控系统等产品交付苏方，后者是与数控机床配套使用的计算机控制系统。日本和挪威均为"巴统"成员国，为获得政府颁发的出口许可证，东芝机械公司和康斯伯格贸易公司在申报信息时作假，伪称出口商品是不在"巴统"禁运清单之列的两轴机床，最终目的地是位于苏联列宁格勒市（今圣彼得堡市）的民用设施。之后的调查显示，部分产品实际送达地点是位于列宁格勒市的海军造船厂。②

"东芝事件"的披露，始于当事人之一、和光贸易公司驻莫斯科办事处首席代表熊谷独于 1985 年 12 月向美国商务部和"巴统"的揭发。③ 在美日经贸摩擦背景下，"东芝事件"调查处理期间，美国政府对日本采取了比对挪威更强硬的态度。1987 年 5 月，时任日本首相中曾根康弘获知该事件后，东芝集团两名高管引咎辞职，东芝机械公司总裁和其他三名高管也被迫辞职，该公司另外两名管理层人员以违反《外汇及外国贸易

① Wende A. Wrubel, "The Toshiba-Kongsberg Incident: Shortcomings of Cocom, and Recommendations for Increased Effectiveness of Export Controls to the East Bloc", *American University International Law Review*, Volume 4, No. 1, 1989, pp. 253-254, https://digitalcommons. wcl. american. edu/cgi/viewcontent. cgi? article=1673&context=auilr.

② Wende A. Wrubel, "The Toshiba-Kongsberg Incident: Shortcomings of Cocom, and Recommendations for Increased Effectiveness of Export Controls to the East Bloc", *American University International Law Review*, Volume 4, No. 1, 1989, pp. 253-254, https://digitalcommons. wcl. american. edu/cgi/viewcontent. cgi? article=1673&context=auilr.

③ 崔丕：《冷战转型期的美日关系——对东芝事件的历史考察》，《世界历史》2010 年第 6 期。

法》的指控被逮捕。迫于美方压力，日本政府对东芝机械公司、伊藤忠商社及和光贸易公司分别实施了行政处罚。

除了向日本和挪威政府施压，美国政府还直接对涉事公司实施了限制市场准入的处罚。美国国会 1988 年通过的《综合贸易与竞争法》规定，此后三年内禁止美国机构与东芝机械公司及康斯伯格贸易公司签订合同或从两家公司购买产品和服务。① 美国政府还以"东芝事件"为杠杆，如愿解决了引进日本防务技术和与日本联合开发 FSX 战斗机的问题。②

图 10-3　1985 年 1 月 2 日，里根总统与中曾根首相在洛杉矶
就美日双边贸易问题进行会谈

资料来源：新华社发。

"东芝事件"反映出"巴统"执行机制的局限，以及美国与西欧国家和日本的战略协作困境。"巴统"名义上是自愿性组织，其运行不依赖

---

① 100th Congress, H. R. 4848 – Omnibus Trade and Competitiveness Act of 1988, August 23, 1988, p. 259, https://www.congress.gov/100/statute/STATUTE-102/STATUTE-102-Pg1107.pdf.
② 崔丕：《冷战转型时期的美日关系——对东芝事件的历史考察》，《世界历史》2010 年第 6 期。

于任何有约束力的条约或协定，而是由成员国按照"全体一致原则"制定贸易管制政策和管制清单。实际运行中，在政策制定上发挥主导作用的是美国政府，政策执行则依赖于各成员国政府。在成立之初，美国对"巴统"成员国的军事和经济援助成为其操纵"巴统"运行的保障。随着"巴统"成员国利益分化，各成员国与美国之间对管制政策的分歧日渐扩大。以苏联1979年入侵阿富汗为转折点，美国再次收紧对苏联的技术封锁，而一些"巴统"成员国出于自身利益考量，仍延续冷战"缓和时代"相对宽松的管制政策，因此违反"巴统"禁令的事件时有发生。在此背景下，自20世纪80年代以来，里根政府将维系"巴统"运行的纽带从对成员国的经济、军事援助转向对违反禁令的成员国实行各类单边制裁。①

从出口管制到其他类型制裁，随着对外科技战略在其全球战略中的地位提升，美国不断拓展实施科技霸权主义的政策工具，逐渐发展出庞大的政策"工具箱"。在实际运用中，美国对竞争对手的科技打压往往组合了多种政策工具，其政策设计呈现越来越精准、复杂和系统化的趋势。

美国实施科技霸权主义的政策工具具体如下：

其一，出口管制。目前美国管制军民两用物项流出的核心法规是《出口管理条例》。该条例以物项管制为核心，其附件"商业管制清单"列举了受管辖物项的种类及出口许可要求。除了物项，其他管制方向还包括出口行为、最终用户、最终目的地、最终用途等。

近年来，美国政府主要采取最终用户管制定向打压中国高科技企业和科研机构。《出口管理条例》基于最终用户的管制维度下设有四张清单，分别为拒绝交易对象清单（DPL）、实体清单（EL）、未经验证清单（UVL）和军事最终用户清单（MEU），它们决定了美国政府对其认定存在风险的国家、企业或其他机构出口管制的严格程度。2018年以来，美国商务部工业和安全局以"维护国家安全"为由，将总计数百家中国高

---

① 崔丕：《美国的冷战战略与巴黎统筹委员会、中国委员会》，中华书局2005年版，第480页。

科技企业和科研机构列入出口管制的实体清单、未经验证清单或军事最终用户清单，涉及产业领域包括半导体、计算机及软件、通信、人工智能、量子计算、超算、航空航天、生物医药等，对相关中国企业从事生产和经营造成极大阻碍，增加了创新的潜在投入成本。

其二，高额关税。炮制各种借口挑起贸易摩擦并对他国产品征收高额关税，这是美国政府常用的单边主义贸易保护手段。加征关税的"依据"包括根据《1974 年贸易法》第 301 条款开展的"301 调查"，根据《1962 年贸易扩展法》第 232 条款开展的"232 调查"，以知识产权保护为由开展的"特别 301 调查""337 调查"等。

对中国产品征收"301 关税"是美国推行对华"脱钩"政策的举措之一。2017 年 8 月，时任美国贸易代表罗伯特·莱特希泽根据特朗普总统的指示对中国发起"301 调查"，主要关注"中国政府在技术转让、知识产权、创新等领域的实践、政策和做法是否不合理或具有歧视性，以及是否给美国商业造成负担或限制"。2018 年 3 月，特朗普根据所谓"301 调查"报告结论签署备忘录，要求对从中国进口的商品加征关税，并限制中国企业对美投资并购。[①] 从 2018 年实施首轮加征关税算起，特朗普政府在一年多时间内先后对美国进口的中国商品实施了四轮加征关税，涉及中国商品总价值约 3700 亿美元，税率从 7.5% 至 25% 不等。[②] 被征税的中国商品清单重点针对"中国制造 2025"战略支持的产业，反映了美国政府借关税措施推升中国制造成本、遏制中国产业升级的意图。

其三，合格评定与市场准入。合格评定又称质量认证，包括供应商的符合性声明，抽样和测试、检验、认证，管理体系的评估和注册，对这些活动能力的认证，以及对认证项目能力的认可等。[③] 美国通过合格评

---

① Donald Trump, Presidential Memorandum on the Actions by the United States Related to the Section 301 Investigation, March 22, 2018, https：//trumpwhitehouse. archives. gov/presidential-actions/presidential-memorandum-actions-united-states-related-section-301-investigation/.

② U. S. - China Phase One Trade Deal, Congressional Research Service, Updated December 16, 2022, https：//crsreports. congress. gov/product/pdf/IF/IF12125.

③ NIST, Conformity Assessment, https：//www. nist. gov/conformity-assessment.

定体系为市场准入设置了极为严格的门槛，这是外国商品进入美国市场面临的一大贸易障碍。

美国单方面推行对华科技"脱钩"以来，将5G确定为向中国施压的重点领域，利用合格评定制度及其他限制措施阻止中国通信设备进入美国市场，寻求在5G供应链上"去中国化"。

按照有关法规，美国联邦通信委员会（FCC）负责监管电子电气产品中包含的射频（RF）设备，无线射频通信设备在美国上市、进口或使用前需要先获得FCC认证，也就是按照FCC制定的规则进行合格评定。① 2022年11月，FCC根据《2021年安全设备法》的要求颁布一项规定，禁止通过FCC认证程序对列入"受管制清单"的5家中国企业生产的通信设备进行授权，这5家企业分别是华为、中兴通讯、海能达、海康威视和大华。即使符合豁免认证条件，也不允许进口或销售这5家中国企业的设备。②

此外，美国还通过政府采购限制、发放"拆除"补贴等措施阻碍中国企业生产设备进入美国市场。2018年8月颁布的《2019财年国防授权法案》规定，禁止使用联邦政府资金采购华为、中兴通讯、海能达、海康威视和大华5家中国企业及其子公司生产的电信和视频监控等设备。③ 2021年10月，FCC启动"供应链补偿计划"，要求用户数量在1000万以下的美国电信商移除、更换和处置在2020年6月30日前获得的华为和中兴通讯生产的通信设备或提供的服务，国会为此拨款19亿美元作为补贴。④

其四，外资审查。美国外国投资审查制度的联邦执行机构是美国外

① FCC, Equipment Authorization, https：//www.fcc.gov/engineering-technology/laboratory-division/general/equipment-authorization.

② FCC, Bans Authorizations for Devices That Pose National Security Threat, Nov. 25, 2022, https：//www.fcc.gov/document/fcc-bans-authorizations-devices-pose-national-security-threat.

③ 115th Congress, John S. McCain National Defense Authorization Act for Fiscal Year 2019, August 13, 2018, pp. 283-284, https：//www.congress.gov/115/plaws/publ232/PLAW-115publ232.pdf.

④ FCC, Secure and Trusted Communications Networks Reimbursement Program：Frequently Asked Questions, Octobor 20, 2021, https：//docs.fcc.gov/public/attachments/DA-21-1318A3.pdf.

国投资委员会，其主要职责是审查涉及外资的交易对美国国家安全的影响。美国外国投资委员会的审查对象被称作"受管辖交易"。一旦被启动审查程序，"受管辖交易"将面临直接或间接性管制，交易方需要为应对审查付出高昂的沉没成本。外资审查围绕"国家安全"展开，然而鉴于"国家安全"等核心概念含义模糊，中立性与透明度的欠缺成为美国外资审查制度的显著特征，这为外国投资并购带来巨大风险。[①]

随着美国近年来展开对华战略竞争，其外资审查制度显现出遏制中国经济发展和技术进步的意图。一方面，美国外国投资委员会显著加大对中国企业赴美投资交易的审查力度。从 2012 年起，中国连续 7 年成为受到美国外国投资委员会审查对美投资交易数量最多的国家。[②] 媒体报道

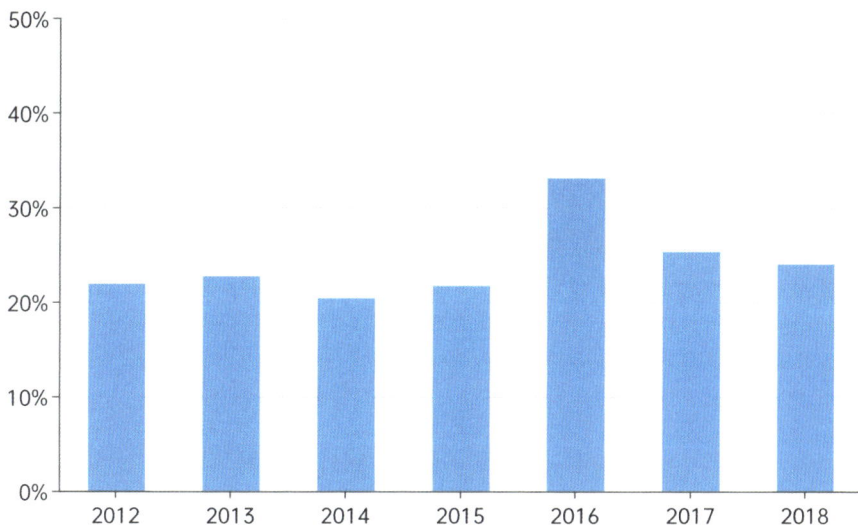

图 10-4　2012 年至 2018 年受到美国外国投资委员会（CFIUS）审查的
中国企业投资交易在 CFIUS 审查交易总数中的占比

注：受到 CFIUS 审查的中国企业投资交易中未计入被审查的中国台湾地区企业投资交易。

资料来源：2013 年至 2018 年 CFIUS 年度报告。

---

① 李巍、赵莉：《美国外资审查制度的变迁及其对中国的影响》，《国际展望》2019 年第 1 期。
② CFIUS，"Annual Report to Congress"，https：//home. treasury. gov/policy-issues/international/the-committee-on-foreign-investment-in-the-united-states-cfius/cfius-reports-and-tables.

等公开资料显示，美国政府显著收紧对中企投资交易的审查以来，至少有数十起中资海外交易因遭美方审查而被迫终止，涉及半导体制造、互联网、金融、生物技术等产业领域，例如蚂蚁金服对速汇金国际的收购案、中国半导体投资基金湖北鑫炎对美国半导体测试企业塞拉公司的收购案等。

另一方面，特朗普执政时期，美国国会通过《外国投资风险审查现代化法》，对外资审查制度进行改革。该法案纳入涉华歧视性条款，要求美国商务部长定期向美国国会和美国外国投资委员会提交中国实体对美直接投资交易情况报告。① 法案还规定，美国外国投资委员会进行安全审查时需要考虑"受管辖交易"是否涉及"特别关注国"。"特别关注国"是以收购"关键技术或关键基础设施为战略目标的国家"。法案虽未明确列举包含哪些国家，但有观点认为，强调防范"特别关注国"将使美国外国投资委员会通过产业内具体收购事件来识别潜在国家安全威胁的传统识别方法，变为禁止来自中国和俄罗斯等国家的外资在美国经济某些行业的整个行业领域内的收购。②

其五，长臂管辖。美国法律中的长臂管辖是指司法机关对于住所或居所在其域外人员或实体实施的管辖。长臂管辖最初用于处理美国跨州管辖权问题。1945 年，美国联邦最高法院在"国际鞋业公司诉华盛顿州"一案判决中改革了属人管辖权的理论基础，提出了新的"最低限度联系"原则，标志着美国法院在国内民事法领域的管辖正式进入长臂管辖时代。③

二战后，随着全球化加速发展，美国以综合国力和金融霸权等为后盾，开始频繁对他国实施长臂管辖。美国在域外行使长臂管辖与各国在国际法框架下行使域外管辖具有本质的不同。从判断管辖权依据标准来看，美国政府通过所谓"最低限度联系"原则不断降低长臂管辖门槛，

---

① 115th Congress, John S. McCain National Defense Authorization Act for Fiscal Year 2019, August 13, 2018, pp. 566-567, https://www.congress.gov/115/plaws/publ232/PLAW-115publ232.pdf.

② 林乐、胡婷:《从 FIRRMA 看美国外资安全审查的新趋势》,《国际经济合作》2018 年第 8 期。

③ 戚凯:《霸权羁绊：美国在国际经济领域的"长臂管辖"》,中国社会科学出版社 2021 年版,第 9 页。

在美国设有分支机构、使用美元结算、通过美国邮件服务器收发邮件等都可能被美国认定为"最低限度联系"。从行使管辖权目的来看，美国的长臂管辖严重超越了保护管辖、普遍管辖等国际法框架下公认的域外管辖适用原则。尽管美国政府为长臂管辖赋予打击恐怖主义、犯罪组织、腐败以及对违反禁运令进行制裁等正当理由，但许多观察者认为，它本质上是维护美国霸权的"隐秘武器"。

在对外科技战略领域，美国政府实施长臂管辖典型案例包括围猎竞争对手，干涉商业交易，对关键原材料、物项和技术进行封锁等。21世纪以来，美国政府在反腐败伪装下成功围猎了欧洲许多高科技企业，西门子、阿尔斯通、阿尔卡特、德希尼布等欧洲支柱企业在美国司法"长臂"的打压下付出惨痛代价。

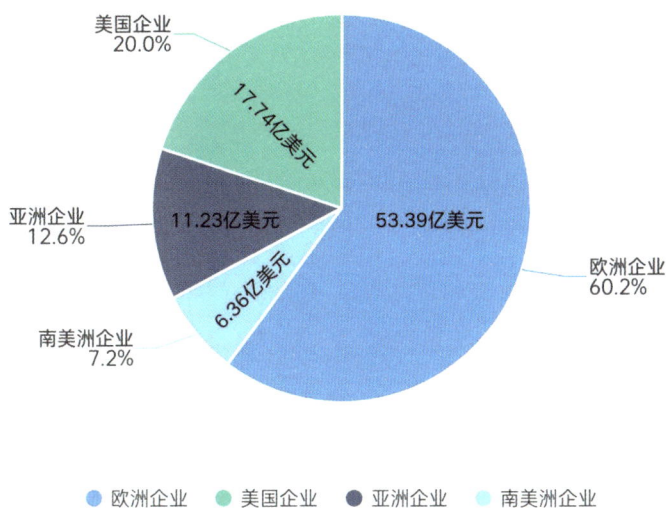

图 10-5　2008 年至 2018 年美国政府以反腐败名义向全球企业处以罚款的来源统计

资料来源：［法］弗雷德里克·皮耶鲁齐、［法］马修·阿伦：《美国陷阱》，法意译，中信出版社 2019 年版，第 346—347 页。

其六，人文交流和科研合作限制。美国科技实力的赶超得益于与欧洲的交流合作以及从欧洲吸纳大量精英人才。然而，在美国取得科技

"霸主"地位后，为了阻碍其他国家赶超，美国政府通过立法、行政令等方式，对美国与其他国家科学界之间的交流进行限制，这严重违背了全球科学共同体的共识，危害了科学事业发展。在麦卡锡主义横行时期，美国国会于1950年颁布旨在迫害国内共产党组织的《国内安全法》（又称《麦卡伦法》）。该法案禁止给共产党员和任何可能"从事有损美国公共利益活动"的外国人颁发入境签证，对科学交流产生了立竿见影的寒蝉效应。据估计，当时有一半想要进入美国的外国科学家因该法案被阻止入境。[①] 美国政府在与中国的战略竞争中也出台了大量限制科研交流的措施。早在推行对华科技"脱钩"前，美国政府就已在《2011财年国防部及全年继续拨款法》中加入限制中美航天领域合作的"沃尔夫条款"[②]。2018年以来，美国政府进一步出台大量极端措施，对中美两国科研人员正常的交流合作"严防死守"，包括启动臭名昭著的"中国行动计划"，加强所谓"研究安全"审查，限制对中国留学生和专业技术人员发放签证，终止两国间的教育交流项目等。

其七，结盟。结盟是美国全球战略的重要组成部分，也被美国政府用于对外科技战略。冷战时期，美国联合西欧国家成立的"巴统"就是致力于经贸和技术封锁的联盟组织，其成员国与北约组织高度重合，成为北约机制向经贸和技术领域的延伸。"巴统"解散后，美国又推动西方国家成立《瓦瑟纳尔协定》。该多边机制继承了"巴统"的一些安排，具有明显的集团性质，主要针对发展中国家，在美国推行科技"脱钩"战略后更构成对华技术封锁的关键一环。美国高度重视联盟体系在对华科技打压中的作用，近年来在技术标准制定、产业链、供应链等领域推动成立多个针对中国的联盟体系，企图将中国排除在国际标准体系建设

　　① Audra J. Wolfe, "Spying in Plain Sight: Scientific Diplomacy during the Cold War", *Distillations Magazine*, January 28, 2020, https://sciencehistory.org/stories/magazine/spying-in-plain-sight-scientific-diplomacy-during-the-cold-war/.

　　② 112th Congress, Department of Defense and Full-Year Continuing Appropriations Act, 2011, p. 87, https://www.congress.gov/112/plaws/publ10/PLAW-112publ10.pdf.

和产业链、供应链之外。

三　过时"零和博弈"

2020 年夏天，美国加利福尼亚州和俄勒冈州爆发大规模林火。在一片混乱中，数千名与大火搏斗的消防员很快注意到一个不同于往年的状况：因缺少无人机而无法监控火势蔓延速度。这种窘境是由美国政府造成的。这些无人机曾经帮助美国监控火灾，并在全国范围内开展过计划烧除任务。但特朗普政府 2019 年下令要求美国政府机构停用 800 多架运行良好的无人机，只因它们是由中国公司制造的。[①]

在美国对华科技"脱钩"政策影响下，多家中国高科技企业关闭了在北美的分公司，大量美国技术人员因此失业。美国的政策还促使许多国家重新思考他们如何减少对美国技术的依赖，以及如何摆脱被美国科技巨头束缚等问题。近年来，印度提出的"自力更生的印度"倡议和欧洲发起的云计算平台"盖亚-X"项目等都旨在促进本土科技产业增长。

在基础研究领域，许多机构和学者担忧，对华科技"脱钩"政策或将侵蚀美国科技进步所依赖的科研土壤。

2021 年 1 月，美国麻省理工学院教授陈刚因"未能向美国能源部披露其在中国的工作和获得奖励"的理由被起诉和逮捕。在陈刚被捕长达一年后，美国司法部于 2022 年年初撤销对他的所有指控。

陈刚是"中国行动计划"众多受害者中的一员。美国司法部 2018 年启动该计划，宣称旨在调查被认为"威胁美国国家安全"的商业机密窃取和经济间谍活动。《麻省理工学院技术评论》开展的调查显示，截至 2021 年年底，"中国行动计划"至少炮制了 77 起案件，总共有近 150 人

---

① Agathe Demarais, "How the U. S. -Chinese Technology War Is Changing the World", *Foreign Policy*, November 19, 2022, https://foreignpolicy.com/2022/11/19/demarais-backfire-sanctions-us-china-technology-war-semiconductors-export-controls-biden/.

被起诉，其中近九成是华人。① 许多华人科学家被当作偷窃美国技术的犯罪嫌疑人而受到调查，他们的工作、生活和名誉均受到严重伤害。在无罪释放后接受《纽约时报》的采访中，陈刚将这段经历描述为"创伤和深深的幻灭感"②。

"中国行动计划"虽然已于 2022 年 2 月被终止，但其恶劣的影响仍在发酵。在亚裔美国学者论坛 2022 年 9 月发布的一份报告中，美国普林斯顿大学教授谢宇等人对约 1300 名受雇于美国大学的华人科学家进行调查后发现，他们普遍感到恐惧和焦虑，这促使他们考虑离开美国或停止申请联邦资助。③

美国国家科学、工程和医学学院 2022 年 9 月发布报告指出，越来越多的政府利益攸关者在科技研发管理领域行使权力，这种情况与科技研发管理政策、程序等的复杂化趋势相叠加，限制了思想的交流、他人的参与和国际合作，减缓了研究的步伐，削弱了研究环境对人才的吸引力。④

中国高科技企业走了，大量华人科学家转身离去，这或许被美国政府看作对华科技"脱钩"的"战绩"，但现实会告诉美国，这终将以"皮洛士式胜利"而告终。

你之得必为我之失。美国的科技霸权主义政策背后是"零和思维"作祟。美国认为他国的强大必然危及美国的安全，他国的科技发展必将

---

① Eileen Guo, Jess Aloe, Karen Hao, "The US crackdown on Chinese economic espionage is a mess. We have the data to show it", *MIT Technology Review*, December 2, 2021, https：//www.technology-review.com/2021/12/02/1040656/china-initative-us-justice-department/.

② Ellen Barry, "'In the End, You're Treated Like a Spy', Says M. I. T. Scientist", *New Youwk Times*, Jan. 24, 2022, https：//www.nytimes.com/2022/01/24/science/gang-chen-mit-china.html.

③ Yu Xie etc., "Caught in the Crossfire：Fears of Chinese-American Scientist", *PNAS*, June 27, 2023, https：//www.pnas.org/doi/10.1073/pnas.2216248120.

④ National Academies of Sciences, Engineering, and Medicine, "Maintaining U. S. Global Leadership in Science and Technology Requires Greater Focus on Strengthening Innovation, Not Solely on Restricting Access to Specific Technologies", September 29, 2022, https：//www.nationalacademies.org/news/2022/09/maintaining-u-s-global-leadership-in-science-and-technology-requires-greater-focus-on-strengthening-innovation-not-solely-on-restricting-access-to-specific-technologies.

侵蚀美国的发展空间。冷战就是一场美苏对抗的"零和博弈"。冷战结束后，美国成为唯一的超级大国，"历史终结论"甚嚣尘上，一些美国政客进一步将"零和博弈"奉为称霸世界的"成功经验"。但需要看到的是，今天的世界格局相比冷战时期已发生深刻变革。冷战结束以来，全球化加速发展，世界各国利益深度融合，分工合作、互利共赢已经成为世界各国的共识。美国政客的"零和思维"背离了各国共谋发展的历史潮流，不仅严重妨害了全球科研事业和高科技产业发展，也加深了国家之间的科技鸿沟，其危害最终也将传导给美国自身。

以美国对华搞技术封锁的关键领域芯片产业为例。芯片又被称为最复杂的人类产品，其制造过程需要协调无数不相关的资源和先进技术，包括来自中国的硅锭和稀土金属原料、乌克兰的氖气以及世界各地的特种化学品、加工和测试工具、激光器、真空密封机和电力等。[1] 经过几十年发展，芯片产业链已形成全球分工协作的格局。中美两国也已经通过互补的分工协作实现了各自效益最大化，全球半导体行业既依赖美国的知识产权，也依赖中国的芯片市场，如同鸟之双翼，缺一不可。

美国通过《芯片与科学法案》强推芯片制造回归本土的举措严重违背了产业规律，这将分裂全球芯片产业链、供应链，带来芯片产业"割据"成本，势必造成巨大的资源浪费。美国半导体工业协会和波士顿咨询公司 2021 年 4 月联合发布的报告估算，假设每个地区都建立平行的、完全"自给自足"的本土供应链，至少需要 1 万亿美元的增量前期投资，这将导致半导体价格总体上涨 35%—65%，最终将由电子设备的终端用户埋单。[2]

---

[1]　Stanley Chao, "U. S. sanctions will not halt rise of China′s chip industry", *Nikkei Asia*, April 20, 2023, https://asia.nikkei.com/Opinion/U. S. -sanctions-will-not-halt-rise-of-China-s-chip-industry.

[2]　Antonio Varas etc., *Strengthening the Global Semiconductor Supply Chain in an Uncertain Era*, SIA&BCG, https://www.semiconductors.org/wp-content/uploads/2021/05/BCG-x-SIA-Strengthening-the-Global-Semiconductor-Valuc-Chain-April-2021_1.pdf.

《芯片与科学法案》要求半导体跨国企业在到中国建厂和享受美国政府补贴之间"二选一"。中国国际问题研究院美国研究所副研究员龚婷认为，晶圆制造产业主要集中在东亚地区，是全球化专业分工的选择，并非搞"二选一"能够逆转的。违背世贸组织非歧视原则的专项性产业补贴，将妨碍全球半导体企业公平参与全球竞争，扰乱全球半导体供应链，不利于全球芯片行业的良性竞争和健康发展。①

一些美国政客强调相关限制措施在地缘政治层面上对美国的意义。但他们少算了一笔账：中国的市场规模意味着它对许多美国半导体企业至关重要。英国全球数据公司 2022 年数据显示，中国消费了全球约 40% 的半导体，仅有约 12% 是自给自足的。该公司分析师迈克·奥姆表示，美国芯片行业超过 30% 的收入来自在华销售，进一步加强对华封锁将威胁美国芯片公司的未来，相关措施将伤害美国最重要的战略产业。②

此外，由于全球技术和竞争的格局在不断演变，美国对特定关键技术的限制升级不太可能奏效，甚至可能适得其反。例如，美国的出口管制措施没有影响中国 30 年来在培育稀土金属储备、熟练的芯片设计师和工程师以及数千家本土供应商方面的领先优势。尽管在芯片技术方面仍暂时落后于世界领先者，但中国已经证明，随着时间推移，它可以把新兴行业——无论是高速铁路、电信、电动汽车还是社交媒体——变成巨头。③

科技的发展离不开全人类的交流合作。科学在本质上是不断积累的：科学家通过学习前人创造的知识进而逐渐创造新的知识，而不可能是人类的各个群体都从头创造一切然后取得新的进步。不同国家的科学家通

---

① 龚婷：《美国推出"芯片法案"意欲何为》，《时事报告》2022 年第 9 期。

② Matthew Gooding, "The US wants to muzzle China's semiconductor industry. It could end up shooting itself in the foot", Tech Monitor, October 19, 2022, https://techmonitor.ai/technology/silicon/china-semiconductor-us-sanctions-nvidia-amd.

③ Stanley Chao, "U. S. sanctions will not halt rise of China's chip industry", *Nikkei Asia*, April 20, 2023, https://asia.nikkei.com/Opinion/U. S. -sanctions-will-not-halt-rise-of-China-s-chip-industry.

常有着不同的经历和看问题的视角，这种多样性促进国际合作更容易产出成果。①

与此同时，随着技术革命的发生和不断推进，新兴学科相互关联，相关研究项目遇到了目标难、投入大、人才匮乏等问题。在这种情况下，科研合作是各方资源共享、优势互补、提高科研效率的有效途径。②

当今世界面临公共卫生、粮食安全、气候变化、能源安全和可持续发展等全球性难题，这些挑战不是任何一国靠单打独斗就能解决，加强国际合作比以往任何时候都更加重要。

大量实践经验也表明，广泛的国际合作有助于催生重大科研成果。首次探测到引力波的美国"激光干涉引力波天文台"（LIGO）项目团队吸引了世界多国的 1100 余名优秀科学家，被称为"最强大脑旗舰队"。人类第一张黑洞照片诞生背后，是全球超过 200 名研究人员的共同努力。国际热核聚变实验反应堆计划（ITER）、平方公里阵列射电望远镜（SKA）等国际大科学项目正在探索创新的科研多边合作机制。

今天，越来越多的中国科研人员活跃在科技创新的国际舞台上。打开任何一本顶尖的国际学术期刊，都可能在作者栏中找到中国人的名字。中国空间站、北斗卫星导航系统、被誉为"中国天眼"的 500 米口径球面射电望远镜（FAST）等"大国重器"吸引和凝聚了国际尖端科技人才。

中美建交 40 余年来，两国科技界建立全方位、多层次、宽领域合作关系，相互成为不可或缺的科研合作伙伴。中美科技合作成果不仅使彼此受益，还为应对全球性难题提供解决方案，对世界稳定发展和增进人类福祉持续产生深远影响。

---

① ［美］谢宇、［美］亚丽珊德拉·A. 齐沃德：《美国科学在衰退吗》，社会科学文献出版社 2017 年版，第 27 页。

② Gaofeng Wang etc.，"The Dilemmas of Scientific Research Cooperation and Their Resolution From the Perspective of Evolutionary Psychology"，*Frontiers in Psychology*，November 15，2019，https：//doi. org/10. 3389/fpsyg. 2019. 02561.

破易立难。很多学者担心，美国推行科技"脱钩"政策，将对中美科技界多年来建立的信任关系产生不可逆转的损害。美国哥伦比亚大学可持续发展中心主任杰弗里·萨克斯教授2021年2月在题为《为何美国应寻求与中国合作》的署名文章中呼吁，"零和博弈"思维已经过时：美国不再面对不可调和的敌人，不再领导势不可挡的联盟，从与中国及其他国家的合作中获得的好处远远超过对抗。事实上，中美两国都能从合作中获益良多，如市场扩大、加速技术进步、强劲的全球就业复苏以及共同应对气候变化等。①

历史表明，一个国家要发展繁荣，必须把握和顺应世界发展大势，反之必然会被历史抛弃。在世界格局越来越多极化趋势下，深化全球科技合作是世界发展方向，也是绝大多数国家的共同期盼。美国若违背历史潮流，固守"一家独大、赢者通吃"的霸权思维，最终只会将自身发展之路"锁死"。

---

① Jeffrey Sachs, "Why the US Should Pursue Cooperation with China", Project Syndicate, February 25, 2021, https：//www.jeffsachs.org/newspaper-articles/73hnrctd7clt6krn6hyda9wk4b7zm5.

图书在版编目（CIP）数据

帝国真相 / 昆仑支著

-- 北京：新华出版社，2025.5

--ISBN 978-7-5166-7954-8

Ⅰ . D871.29

中国国家版本馆 CIP 数据核字第 2025KT6890 号

帝国真相

作　　者：昆仑支

出 版 人：匡乐成

出版统筹：沈　建　王永霞

责任编辑：刘　芳

编　　务：褚阳波

出版发行：新华出版社有限责任公司

　　　　　（北京市石景山区京原路 8 号　邮编：100040）

印　　刷：河北鑫兆源印刷有限公司

成品尺寸：170mm×240mm　1/16　　　印张：17.25　　字数：230 千字

版　　次：2025 年 5 月第 1 版　　　　印次：2025 年 5 月第 1 次印刷

书　　号：ISBN 978-7-5166-7954-8　　定价：62.00 元

微店

视频号小店

抖店

京东旗舰店

微信公众号

喜马拉雅

小红书

淘宝旗舰店

扫码添加专属客服